本书是北京市教育科学"十四五"规划重点课题"基于学校……
北京大中小学成本核算、成本控制与绩效评价研究"（……）的研究成果

北京市教育经费
绩效评价与提升研究

Research on the
Performance Evaluation and Improvement of
Educational Funds in Beijing

张曾莲　伊　鸣　著

经济管理出版社
ECONOMY & MANAGEMENT PUBLISHING HOUSE

图书在版编目（CIP）数据

北京市教育经费绩效评价与提升研究 / 张曾莲，伊鸣著. -- 北京：经济管理出版社，2024. -- ISBN 978-7-5243-0003-8

Ⅰ. G526.7

中国国家版本馆 CIP 数据核字第 2024TL8918 号

组稿编辑：杨　雪
责任编辑：杨　雪
助理编辑：王　蕾
责任印制：张莉琼
责任校对：陈　颖

出版发行：经济管理出版社
　　　　　（北京市海淀区北蜂窝 8 号中雅大厦 A 座 11 层　100038）
网　　　址：www.E-mp.com.cn
电　　话：(010) 51915602
印　　刷：唐山玺诚印务有限公司
经　　销：新华书店
开　　本：720mm×1000mm/16
印　　张：14.5
字　　数：268 千字
版　　次：2024 年 12 月第 1 版　　2024 年 12 月第 1 次印刷
书　　号：ISBN 978-7-5243-0003-8
定　　价：88.00 元

前　　言

　　随着经济和社会的发展，教育的重要性逐渐凸显，教育经费的投入也逐年增加。然而，教育经费的增加并不一定能够带来相应的教育质量的提升，教育经费的使用效率和绩效问题也日益引起人们的关注。本书旨在通过对教育经费绩效的研究，为教育经费的合理分配提供依据，促进教育管理的科学化。

　　本书以北京市的教育经费绩效为主要研究对象，通过分析北京市 2003~2020 年整体、北京市 2003~2020 年各教育阶段以及北京市 2005~2020 年各区的基础统计数据，对北京市教育经费的绩效水平进行了研究；运用平衡计分卡，确定适用于北京市的教育经费绩效评价指标体系；采取熵值法对北京市的教育经费绩效水平进行评价。

　　首先，通过研究发现，北京市各年的教育经费绩效整体呈上升趋势，其中财务维度明显优于其他三个维度，教育经费支出对绩效表现有较大的影响。其次，对于各个阶段教育绩效的研究表明，绩效表现最好的维度主要集中在财务维度，而学习与成长维度通常有较大的提升空间。最后，通过对北京市各年各区的教育绩效研究发现，各区绩效均有提升趋势，门头沟区、朝阳区、西城区、怀柔区的绩效表现相对优于北京市其他的城区。

　　本书通过对评价结果进行分析，发现北京市教育经费绩效的强项与不足：第一，目前北京市教育经费支出规模较为可观，但在行政人员数、生师比等方面仍有较大的上升空间。第二，北京市教育机构应该权衡自身整体绩效水平，均衡发展，从财务、内部流程、客户、学习与成长四个维度努力提升。我们在此基础上提出北京教育经费绩效评价与提升的策略：北京市的教育经费使用需要提升资金使用效率，建立合理的预算分配机制；升级教育设施，通过建设更多的学校来改善学校设施，提高教学质量和教学设备的水平；增加教育资源投入，提升和开阔老师和学生的水平和眼界，提高教育质量；加强学科建设，投入大量的资金和资源，鼓励学生和教师在各个学科领域内开展研究，促进教育质量的提高；推行优质教育，学校和教师根据学生的特点和需求，制定科学的教学方案，注重课程设置和教学方法的改进，增加教育的实用性和针对性；同时加强教育评估，建立科学的评估体系，对教育的质量和效果进行全面的评估和监测。

　　本书是北京市教育科学"十四五"规划重点课题"基于学校、部门、项目、学生四类对象的北京大中小学成本核算、成本控制与绩效评价研究"（AGAA22053）的结题成果。

目　　录

1 绪论

本章阐述了本书的选题背景、选题意义、研究内容、研究方法和创新点。

1.1 选题背景和意义

1.1.1 选题背景

教育是培养人才的重要途径，同时也是促进社会稳定、经济繁荣和文化发展的重要基石。教育是国家最重要的公共产品之一，教育经费支出的保障程度直接决定了教育资源的供给质量。近年来，国家财政性教育经费支出占 GDP 的比例稳定在4%以上[①]，有力地保障和推动了我国教育事业的全面发展，教育体制改革的重心也从充实教育经费的投入逐渐转变为注重教育公平均衡发展的目标的实现。为全面加强教育经费投入使用管理，切实提高教育资源配置效率和使用绩效，2018 年 8 月，国务院办公厅发布了《国务院办公厅关于进一步调整优化结构提高教育经费使用效益的意见》，对完善教育经费投入机制、优化教育经费使用结构、科学管理使用教育经费等提出明确要求。近年来，教育经费绩效评价已成为理论界和实务界都关注的热点问题。

北京市承担着建设国家政治中心、文化中心、国际交往中心、科技创新中心的重要使命，更要以教育为基础，打造相应的专业人才队伍，努力实现教育、科

[①] 中华人民共和国教育部. 迎难而上 积极作为 为建设高质量教育体系提供坚强保障——教育部召开全国教育财务工作会议［EB/OL］. 中华人民共和国教育部网，［2021－11－09］. http：//www. moe. gov. cn/jyb_zzjg/huodong/202111/t20211109_578738. html.

技、经济相互支持、相互促进的良性循环。在构建高质量的教育体系的过程中，北京市不断增加教育经费保障，2020年教育经费支出达到2481.03亿元①，在全国31个省份的教育经费支出中排名靠前。北京市投入的教育经费是否被合理、有效使用，是否提供了更多更好更公平的教育机会，受到财政部门、教育部门和社会各界的广泛关注，如何建立一套科学合理、可操作的北京市教育经费绩效评价体系更是成为学者关注的重点、难点问题。在此背景下，本书为北京市教育经费绩效评价的研究和实践提供了新的可能。

1.1.2　选题意义

构建科学有效的教育经费绩效评价体系既是一项复杂而长期的系统工程，也是优化财政资源配置、保障责任部门监管、促进教育部门和学校履职的必由之路，还是保障教育公平、实现教育事业可持续、高质量发展的内在要求，因此其具有重要的理论价值和现实意义，这主要体现在以下六个方面：一是有助于丰富教育经费绩效评价理论研究，促进教育经费支出与教育绩效的有效结合；二是有助于丰富教育均衡方面的理论研究，围绕经费投入与教育均衡的关系等方面进行了进一步的探索；三是有助于完善教育经费管理体制机制，提高教育资源配置效率，推动经费投入的结构进行调整和优化，化解北京市教育发展的地区差异，促进公平教育；四是有助于推动北京市各级学校加强支出管理和成本控制，有利于提高其绩效意识，提高资金使用效率和绩效；五是深入分析教育经费支出绩效评价的现状与困境，有助于有的放矢提出解决措施，推动北京市教育事业可持续、高质量发展；六是有利于评估北京市教育政策的科学性，为国家及各省份教育政策的制定提供参考。

1.2　研究内容

本书主要研究内容如下：

---

① 中华人民共和国教育部财务司，国家统计局社会科技和文化产业统计司. 中国教育经费统计年鉴（2021）[M]. 北京：中国统计出版社，2022.

第一部分：绪论。从研究背景出发，明确选题的目的及意义，依次阐明研究内容、研究方法，明确北京市教育经费绩效评价与已有绩效评价相比有哪些创新点。

第二部分：文献综述。对教育经费绩效评价的界定、指标体系、方法、各教育阶段教育经费绩效评价以及提升的相关方面进行文献综述。

第三部分：教育经费绩效评价的理论基础。介绍教育经费绩效评价所使用的相关理论，提出北京市教育经费绩效评价的目标和程序，构建出指标体系的框架，并采用熵值法作为评价方法。

第四部分：北京市整体教育经费绩效的评价与提升。分析北京市整体教育经费绩效的现状，对 2003～2020 年北京市教育经费综合绩效进行分析和评价，并提出相关建议。

第五部分：北京市学前教育经费绩效的评价与提升。分析北京市学前教育经费绩效的现状，对 2003～2020 年北京市的学前教育经费绩效进行分析和评价，并提出相关建议。

第六部分：北京市普通小学教育经费绩效的评价与提升。分析北京市普通小学教育经费绩效的现状，对 2003～2020 年北京市的普通小学教育经费绩效进行分析和评价，并提出相关建议。

第七部分：北京市普通中学教育经费绩效的评价与提升。分析北京市普通中学教育经费绩效的现状，对 2003～2020 年北京市的普通中学教育经费绩效进行分析和评价，并提出相关建议。

第八部分：北京市普通高校教育经费绩效的评价与提升。分析北京市普通高校教育经费绩效的现状，对 2003～2020 年北京市的普通高校教育经费绩效进行分析和评价，并提出相关建议。

第九部分：北京市各区教育经费绩效的评价与提升。分析北京市各区教育经费绩效的现状，对 2005～2020 年北京市 16 个城区的教育经费绩效进行分析和评价，并提出相关建议。

第十部分：研究结论与政策建议。以北京地区为例阐述教育经费绩效评价结果，提出对教育经费绩效提升的建议。

1.3 研究方法

本书主要用到的研究方法有以下五种：

（1）文献研究法

文献研究法是社会科学研究的基本方法。本书在确定选题和研究方向后，检索和阅读与本书研究主题相关的专著、刊库、论文及网络资料等；在系统梳理财政教育经费绩效评价和协同治理等相关理论及案例分析的基础上，对文献资料进行收集、筛选、整理、分析，这为本书的写作奠定了基础。

（2）理论分析法

研究公共财政理论，提升理论高度，为教育经费绩效评价的指标体系构建与方法选择提供科学的理论基础。

（3）案例分析法

运用平衡计分卡，构建教育经费绩效评价的指标体系，选取北京市各类学校的财政投入和产出数据，采用熵值法来评价北京市教育经费绩效。

（4）比较分析法

通过北京市 2003～2020 年整体教育经费绩效的比较、北京市 2003～2020 年各教育阶段教育经费绩效的比较、北京市 2005～2020 年各区教育经费绩效的比较，分析北京市教育经费绩效发展的现状和趋势，实现北京市教育经费绩效评价，探寻北京市教育经费绩效中存在的问题并提出改进建议。

（5）指标对比分析法

通过对量化指标的对比分析，实现对北京市教育经费的绩效评价。通过对两个或多个指标的对比，找出数据变化的规律，并研究分析其原因。通过纵向比较来分析相关指标在一段时间内的变化，从而确定教育经费使用绩效的长处与不足；通过横向比较来分析不同对象的绩效，从而分析出不同指标间的差异，及其对教育绩效的影响。

1.4 可能的创新点

本书可能的创新点有以下两方面：

一是研究领域比较新颖。从相关文献来看，一方面，学者们对教育绩效评价研究较多集中在财政教育经费方面，对整体的教育经费支出绩效研究比较少；另一方面，当前的研究多聚焦于某一教育阶段，如开展义务教育阶段教育绩效研究、高等教育经费绩效等。本书以北京市教育经费的数据为基础，关注北京地区各教育阶段整体经费使用绩效，采用平衡计分卡和熵值法对教育绩效进行综合评价研究，可以为相关研究提供思路、参考和借鉴。

二是研究范围比较全面。本书针对 2003～2020 年北京市整体及北京市各教育阶段教育经费绩效、2005～2020 年北京市各区教育经费绩效展开研究，有利于协助对北京市教育事业的发展情况进行评估，为促进"十四五"期间北京市教育事业的发展、建立更加科学的经费投入和支出管理以及绩效评价体系提供思路、参考和借鉴。

2　文献综述

本章对教育经费绩效评价的界定、指标体系、方法、提升方面的文献进行了梳理，尤其是对各教育阶段教育经费绩效评价方面的文献分别作了整理，最后对这些文献进行述评。

2.1　教育经费绩效评价的界定

从语言学的角度来看，绩效由"绩"和"效"构成，绩是指成绩、业绩，效的释义较为广泛，主要是指效果、效能、效率、效益等。从管理学的角度来看，绩效是组织所期望的结果。经济学意义上的绩效与薪酬是一种员工与组织间的对等承诺关系，绩效是员工对组织的承诺，薪酬则是组织对员工所做出的承诺。社会学视域下的绩效意味着每一个社会成员按照社会分工所确定的角色承担他的那一份责任。

"教育绩效"最早出现在詹姆斯·科尔曼（James Coleman）于1966年所撰写的《教育机会平等》的报告中。此后，不同学者从不同角度对教育绩效开展了研究。Hanushek和Raymond（2005）在开展美国教育进步评估项目后，认为财政教育资源的合理投入从长期来看可以缩小学生的学业成绩差距，并促进教育公平的实现。Jimenez和DEC（1994）认为，财政支出的范围和模式会影响教育投入的充足性和资源分配的合理性。

袁连生和袁强（1991）研究认为，教育投资的绩效就是教育的产出与投入之比，其中，教育的投入大致是指用于学生培养所需的货币，教育产出按教育的结果包括内部产出（即教育过程的直接成果）及外部产出（即教育事业对经济社会发展所做出的贡献）；教育的内部绩效为内部产出与教育投入之比，外部绩效为外部产出与教育投入之比。殷雅竹和李艺（2002）借鉴企业管理中的绩效评价理论，提出了教育绩效评价的概念，对从目标设定、资源使用、过程安排到效果显示的教育活动全过程实施动态评价，其最显著的特点在于提出了包含物的资源评价、人的资源评价和信息资源评价在内的观点。张红艳（2016）提出，教育绩效是在教育实施过程中，教育领域个人或组织的行为对教育目标实现的贡献程度。陈燕等（2019）通过分析现有教育绩效评价理论与方法的现状，发现现有评价面临的多方挑战；他们对教育绩效评价的理念进行深度分析，在"绩效思维"框架下，综合研判教育资源投入与产出关系评价教育绩效。

2.2 教育经费绩效评价指标体系研究

教育经费绩效评价指标体系涉及的文献有很多，尤其是针对评价指标建立的原则、具体指标设计等方面，对绩效活动的开展等具有十分重要的意义。

王善迈（1994）指出，以在校生数、生均成本确定高校拨款、教育事业费用中的综合定额，虽然体现了学校之间在享有政府拨款上的公平，但是不利于形成学校的自我约束机制，要将公平目标、效率目标、效益目标、政策目标合理组合为量化的、客观的、可操作的拨款公式。吴建南和李贵宁（2004）围绕教育财政支出总体情况、教育财政支出目标达成情况、教育财政支出合规性情况、教育财政支出直接影响、教育财政支出间接影响五个方面对教育财政支出绩效评价指标体系进行构建，并且提出具体指标的设计应当体现出公平与效率的思想。李有智（2006）从研究农村义务教育支出的绩效评价出发，探索性地提出了教职比、师生比、统考合格率、学生综合发展指标系数等六个微观评价指标和办学规模、人均教育经费、人均固定资产三个宏观评价指标，并在此基础上构建了农村义务教育支出绩效评价的指标体系。丛树海和周炜（2007）认为，评价指标选取应遵循重要性原则、非重复性原则、可得性原则、可比性原则和目的性原则，选用了公共教育支出总额等五个基础性指标以及财政教育支出占财政支出比重等七个评价性指标，形成公共教育支出绩效评价指标体系。成刚和袁佩琦（2007）以义务教育支出为研究对象，建立了由3级、37个指标构成的指标体系，推动对财政教育支出的绩效进行全面、有效的评价。任晓辉（2008）通过分析义务教育支出绩效评价的特点，在指标设计时强调以"结果"为导向和以"顾客"为导向的原则，建立由教育经费投入指标、教育发展能力指标以及产出和结果指标构成的绩效评价指标体系。郭华桥（2011）通过研究现有教育财政投入，认为教育财政投入绩效评价应把握系统性原则、重要性原则、数量性原则和可比性原则，并从经济绩效和社会绩效两个层面对我国高等教育财政投入进行分析。郑方辉和刘国歌（2019）认为开展教育经费绩效评价，在结构上可以将教育阶段分为基础教育、高中教育、中职教育、高等教育等不同教育层次间的经费分配，在指标体系上可以包括宏观评价、中观评价、微观评价三个层次；提出教育经费绩效评价维度指向经费投入、过程管理、目标实现、社会满意。张友棠等（2014）构建了"投入—产出"二维财政教育支出绩效评价指标，其中投入维度包括人、财、物的支出，产出则涵盖了人才培养、科学研究、社会服务等各个方面。胡雅妮（2015）构建了投入、过程、产出和效果四个维度财政教育支出绩效评价指标；四个维度的评价指标增加了对过程与效果方面的考虑，更加全面地衡量了财政教育支出绩效的状况。王占军和徐鑫（2022）通过对国内外高等教育绩效评价指标的理论基础的研究，提出了高校绩效评价指标应考虑的六个维度，分析了其所蕴含的决策性假设，选取了毕业生就业率等多个代表性绩效指标对假设进行阐释，为高等教育的绩效指标设计提供了新思路。

王国祥（2023）认为，指标体系设计要综合运用定量考核与定性分析的方式，提出在横向维度考察项目决策、实施过程、产出效果以及社会满意度，在纵向维度分别设置一级、二级和三级指标，扩大指标体系的适用范围；提出要提升评价数据的可靠性和可获取性，为指标体系的科学性奠定基础。

国外学者与机构同样对绩效指标框架设计与指标选取进行了大量的探索和研究。Vähämäki 等（2011）提出，绩效指标设计是绩效管理过程中最大的挑战。Hanspal（2015）认为，不同质量水平的绩效指标会影响项目有效性和效率性的评估。Bogue 和 Johnson（2010）以美国田纳西州学生毕业率、就业率、专业证书获得率等与产出有关的绩效评价指标为标准，提出对高等院校实施绩效拨款可以取得较好效果。Herbst（2007）将美国各州经常使用的绩效指标扩大到多个类别，包括投入指标，如招生人数等；过程指标，如教师工作量、教室和实验室利用率等；产出指标，如学位获得数、被资助的研究经费数等；成效指标，如毕业生就业率、雇员满意度等。Chandler（2008）基于八个维度，通过对 5 大类 25 项绩效指标进行统计分析，对美国宾夕法尼亚州 14 所大学高等教育经费进行绩效评估，并提出了可行性建议。Smart（2009）认为，新西兰对高校科研项目资金的使用效益从"质"（科研质量评价）和"量"（绩效指标考核）两方面进行考查，有力提升了新西兰各类高校的科研成果数量和质量。

2.3 教育经费绩效评价方法研究

经过多年的发展与探索，国内外对于绩效评价方法的研究已经形成了多样的方法体系，包括逻辑分析法、标杆法、关键因素法、平衡计分卡法等。绩效评价的方法主要分为定性和定量两类。虽然定性分析的文献较多，但是也有部分文献采取了定量分析的方法。

丛树海和周炜（2007）采用横向对比的方法，在设定评价标准时，以国际标准、国家教育政策目标等为基准设定及格线与满分值，通过计算具体指标，完成我国 1996~2002 年的公共教育支出评价。郭华桥（2011）利用 2002~2009 年的数据对高等教育社会经济绩效进行了经验分析，并指出了相关问题、提出了相关建议。

焦宝聪等（2007）在国内首次提出了基于数据包络分析法（DEA）建立的教育信息化绩效评价模型，对教育信息化投资有效性的绩效评价进行了实证分析。此后，DEA 方法越来越广泛地应用于对绩效评价进行的定量分析中。陈通和白建英（2003）利用 DEA 方法，选取西部地区各省、自治区、直辖市作为决策单元，评价 1999 年高等教育投入产出的相对有效性，其中投入指标为专任教师中具有博士硕士学历的比例、生均教学仪器设备值、生均预算内教育事业费，产出指标为学校数、在校生数、生师比、高校 R&D 与科技服务课题数。张世明和贾海波（2008）运用超效率 DEA 模型对我国基础教育绩效进行了实证研究，但在指标选取方面仅考虑了经费投入和教育的直接产出。上海工程技术大学课题组等（2013）运用了 DEA 的方法对 2006~2010 年上海高等教育投入和产出数据进行分析并对各高校的绩效进行排名。Afonso 等（2013）对突尼斯基础教育和中等教育阶段的学生数、生师比、生均教育经费以及技术相关指标等因素的 Malmquist 指数进行分析，认为教育生产效率与技术创新密切相关，技术创新水平的提高带动了教育生产效率的提高。何昊（2016）使用 DEA 方法对 13 个民族地区在 2013 年的财政教育经费投入进行绩效评价，并对提高民族教育经费绩效提出了建议。龚冷西等（2017）利用德尔菲法、因子分析法、DEA，以西部某省 34 所高职院校为对象，对绩效评价投入和产出指标进行了统计分析。张曾莲等（2020）基于 DEA 方法对北京市财政教育经费绩效进行分析，探讨在高等教育投入和产出方面存在的问题。范永茂和胡炅（2022）利用 DEA 方法对中部六省 2014~2018 年义务教育支出效率进行了测量分析，为提升支出管理水平进行了探索。

其他方法还包括：解洪涛等（2015）运用分层线性模型，围绕教师参与学校治理对学校绩效的影响开展实证分析，得出其对不同的国家影响效果存在差异的结论；火熠和胡春晓（2016）使用了功效系数法，从资金使用的角度出发，对江西省的中小学教育财政支出进行绩效评价；袁振国等（2013）采用了主成分分析法，对 2007~2011 年教育部直属 72 所高校的投入、产出进行了评价；原珂和廖逸儿（2022）利用国内 156 所高校 1994~2019 年的非平衡面板数据，采用渐进式双重差分法，通过对比考生满意度排名、高水平学科数量与科研经费等指标，检验重点高校专项支出对"双一流"建设的促进作用；田时中等（2023）基于预算投入、过程和效果三维度共性指标体系和中国 31 个省、市、自治区的最新面板数据，运用熵值法测算财政预算绩效指数，通过矩估计实证检验财政自主度、政府竞争对财政预算绩效的多重影响效应。

2.4 各教育阶段教育经费绩效评价研究

2.4.1 学前教育经费绩效评价

关于学前教育经费绩效评价的文献相对较少，部分文献针对宏观地区学前教育财政资金绩效进行评价，还有文献针对微观个体幼儿园的经费使用绩效进行评价。

宏观地区层面。费煜程（2019）根据投入产出理论，初步建立我国学前教育财政投入绩效指标体系，指标主要分为投入类、产出类和发展类三大类共 23 个

细化指标，并构建回归模型来测算各个影响因素具体的影响程度。娄燊锴
（2023）基于对 X 县历年学前教育投入的数据收集，以及现阶段财政对学前教
育资金投入情况的探讨，对学前教育资源供给与需求的关系进行了探讨。吴建
涛和冯婉桢（2022）构建了学前教育财政投入绩效评价指标体系，并对各地学
前教育财政投入绩效进行了分析，发现学前教育财政投入绩效整体上呈现上升
趋势，地区之间存在显著差异。范永茂和马恬静（2022）以北京市朝阳区第三
期学前教育行动计划效果为例，对学前教育地方财政支出绩效进行评价。崔洁
和孙军娜（2022）采用 DEA 对 2010~2021 年 X 市学前教育财政投入绩效进行评
价，发现 X 市学前教育财政投入综合效率为 0.94，纯技术效率为 0.99，规模效
率为 0.94。武国亮（2018）以甘肃省为例评价学前教育财政投入绩效。赖晓倩
和陈蓉晖（2021）以 DEA 模型测量城乡学前教育资源投入绩效。李叶和杨庐峰
（2021）构建了学前教育服务绩效评价指标体系。

微观个体层面。胡德仁等（2018）以河北省省直 10 所幼儿园为例评价学前
教育支出绩效。叶作龙（2018）以北海市 BA 幼儿园为例，首先探讨了将 BSC 应
用于民办幼儿园绩效管理的可行性，其次基于民办幼儿园的组织特性，运用 BSC
和 AHP 对民办幼儿园的绩效指标进行选取和赋权重，构建了适合民办幼儿园的
整体平衡计分卡指标体系和教师岗位平衡计分卡指标体系。李露（2015）通过对
A 幼儿园教师绩效考核现状的调查和分析，重点利用关键绩效考核（KPI）构建
幼儿园教师绩效考核体系，同时在初步形成幼儿园教师绩效考核体系的基础上，
为了提高绩效考核指标体系的科学性，采用层次分析法（AHP）计算各指标权
重，最终建立幼儿园教师绩效考核体系。朱一茹（2016）从吴江区新建幼儿园专
项资金案例出发，以财政支出绩效评价基本理论为基础，重点研究吴江公共教育
支出指标体系和绩效管理模式，总结吴江公共教育支出绩效评价基本目标、一般
方法和指标体系，梳理出公共教育支出综合评价指标、专项性指标。

2.4.2　普通小学经费绩效评价

关于普通小学教育经费绩效评价的文献相对较少，部分文献针对宏观地区普
通小学教育财政资金绩效进行了评价，还有文献针对微观个体小学的经费使用绩
效进行了评价。

宏观地区层面。兰舟和何娟（2014）采用 DEA 对我国普通小学义务教育财
政支出绩效进行评价。胡德仁等（2019）基于地区间小学教育成本差异的视角来

评价河北省地区间小学教育支出绩效。费睿（2020）构建了财政能力、投入规模、投入结构三项一级指标的县本级财政投入指标体系，对 2017 年广东省 121 个县（市、区，当年行政区域数）教育经费绩效进行实证评价，并对财政投入与教育经费绩效关系进行了回归分析，以此为政策制定者提供政策建议。贺冰宁（2014）依据基础教育财政支出绩效评价指标体系对广东省基础教育财政支出绩效进行实证分析，得出影响广东省基础教育财政支出绩效提升的原因并针对性地提出优化建议。刘晓敏（2018）对安徽省义务教育财政支出总体进行绩效评价，同时对安徽省城区与农村义务教育财政支出分别进行绩效评价，以考察教育部门在城乡教育方面的努力程度，并为了考察安徽省义务教育支出在全国的使用状况，对全国各省份的义务教育财政支出进行了绩效评价分析。邵丽君（2022）以 D 县为主要研究对象，从人力、物力、财力三个方面构建了 DEA 评价模型，DEA 模型较为客观，并重视相对值，能改善原有的评价指标体系。宋秉翔（2023）对于白银市的基础教育，以公共物品理论、人力资本理论、成本和效益分析理论为基础，从各项产出的原始值、投入冗余、产出不足以及目标值出发，分析地方政府对教育财政资源的分配使用情况，并提出相关政策建议。

微观个体层面。武麟（2019）采用平衡计分卡对 Y 私立小学绩效管理方面进行研究。左丹（2022）以新疆维吾尔自治区 B 市为实证案例，构建小学教育绩效评价体系，运用层次分析法和熵值法，将其权重的平均值作为绩效指标的综合权重，选取 B 市 12 所城乡小学 2011~2020 年相应的绩效指标数据做实证分析，进而得出绩效评价结果。陈严（2022）从研究案例 H 小学财政预算支出绩效评价的现状分析入手，结合 H 小学的整体战略目标和学校运行的具体情况，采用问卷调查法、平衡计分卡等方法，对 H 小学进行财政预算支出绩效评价优化设计，并对 H 小学预算绩效管理的薄弱点提出了具体改进的建议措施。

2.4.3 普通中学经费绩效评价

关于普通中学教育经费绩效评价的文献相对较少，部分文献针对宏观地区普通中学教育财政资金绩效进行了评价，还有文献针对微观个体中学的经费使用绩效进行了评价。

宏观地区层面。桓丽圆（2023）构建了普通中学教育经费投入效率的评价指标，以 31 个省、市、自治区为样本，运用三阶段 DEA 模型，客观地评价东中西教育经费投入效率的现状。裴苏英（2005）提出了构建我国财政基础教育支出绩效评价体系的基本思路——从评价的制度规范、建立评价体系的原则、分类体系、指标体系、标准体系、计分体系、组织体系七个方面，构建了我国财政基础教育绩效评价的基本框架。Omolo 等（2019）运用描述性调研的方式，证实了肯尼亚政府教育投资经费的增加会降低普通中学的辍学率。刘玮（2023）分析了中学预算绩效评价的价值取向：规范经费使用、严防预算超支、合理配置资金。宋学玲（2022）分析了中学预算绩效评价存在的问题，并提出了相应对策。左来源（2022）分析了普通高级中学全面预算绩效管理的关键环节。孙光辉（2019）对中学绩效管理体系进行了优化。

微观个体层面。张雪（2011）在研究中设计了中学教育支出绩效评价指标体系，并具体以海南省五所中学为样本，利用 2008~2010 年数据，对其财政支出绩效进行了实证分析。夏思思（2022）分析了公立中学部门整体支出绩效管理存在的问题（绩效指标设定不科学、评价结果应用效果差、管理体系不全面），并提出了相应对策（明确绩效指标选取原则、建立奖惩机制保障评价结果应用、完善绩效管理制度）。欧阳蕾（2023）以 CZLZ 中学为例对公立中学预算绩效进行评价，她以 CZLZ 中学在预算绩效上存在的问题为出发点，对绩效评价优化提出建议。王萍（2017）以江苏省苏州市第六中学为例，分析了基层学校财政资金的绩效管理。

2.4.4 普通高校经费绩效评价

关于普通高校教育经费绩效评价的文献很多，既有针对宏观地区普通高等教育财政资金绩效进行的评价，也有针对微观个体高校的经费使用绩效进行的评价。

宏观地区层面。郭芳芳和张男星（2016）使用文献分析法比较了国内外高等教育领域绩效评价实施的需求、内涵与作用机制的异同。黄永林（2020）运用我国 1993~2018 年普通高校教育经费投入的相关统计数据，以 1993 年、1998 年、2005 年、2012 年以及 2018 年 5 个重要年份为节点，重点从投入来源结构和生均支出结构两个维度对我国普通高校经费投入的历史变化和区域分布进行深入分析，根据其存在的不足及原因，提出改革发展的建议。李泉漪（2023）构建了高校绩效指标评价体系，采取因子分析法对该指标体系进行评价，计算出的综合得分即为高校绩效的衡量指标，同时构建了双向固定效应模型用以验证省属高校教育经费支出的结构对绩效的影响。鄢芷桦（2023）选取我国 31 个省（市、自治区）的所有普通高等学校作为研究对象，从高等教育经费总量以及地区差异两个方面进行具体计量分析，运用 Kernel 核密度估计方法具体测算了高等教育经费投入的动态演变，不仅对高等教育生均教育经费的地区差异的收敛性进行了分析，还对可能会影响我国高等教育经费地区差异的八大因素进行了实证分析，最后对缩小我国高等教育经费地区差异提出了政策建议。郭芳芳（2023）系统研究了英国高等教育中针对科学研究和教育教学出台的绩效评价的政策演变历程。

微观个体层面。成丽君（2022）以 H 高校为例，以资源配置理论、投入产出理论等为基础，通过对 H 高校教育经费收入和支出结构现状及存在问题的实证分析，提出优化高校教育经费收入与支出结构的合理化建议，并以此构建"标准化"支出比例模型。张守业（2019）运用文献研究和案例分析相结合的方法，重点从投入产出理论、M 高校的发展战略和规划、绩效评价原则、评价指标等方面探讨并构建了 M 高校高等教育经费绩效评价指标体系；他还根据 M 高校的实际情况，运用层次分析法、功效系数法对 M 高校的高等教育经费绩效做出评价。程莹和王莉娜（2023）以 A 高校为例，分析了高校整体预算绩效管理。邱信洁（2023）以福州市 M 高校为例，构建了高校部门目标绩效考核指标和管理体系。黄艳（2023）以 X 高校为例，分析了河南省地方高校预算绩效管理。王义浩（2022）以 S 高校为例，指出目前高校预算绩效评价方面存在的不足和问题，并针对性地从绩效评价指标体系设计、权重赋值等方面构建了基于"产出/投入"的高校整体预算绩效评价体系。吴迪雅（2020）以 S 省属本科高校财政性教育经费支出绩效评价为研究主体，系统梳理了财政性教育经费支出的相关研究，并对 S 省高校财政性教育经费支出情况进行了分析；通过使用 Super-SBM DEA 模型，发现大部分高校处于规模报酬递减阶段。

2.5 教育经费绩效评价提升研究

学者们针对现有的绩效评价体系的缺陷也提出了一些改进建议。刘敏和王萌（2015）对于整体支出绩效评价指标体系的设计提出了提升建议，对是否将顶层目标纳入指标体系进行了探讨；在共性指标与个性指标的关系方面，提出指标的选取应该以共性指标为主，结合自身特色自行设计个性化指标，并将个性差异控制在合理的范围内。龙莉莉和刘国艳（2017）从优化绩效评价指标结构、完善评价指标内容、提升个性指标设计、精准确定指标的标准值以及指标权重等方面入手，以不断完善绩效评价的指标体系。廖逸儿（2018）认为，法制化是确保教育经费绩效提升与巩固教育管理改革成果的有效路径，提出要理顺各级政府之间教育事权与财权的界限关系，及时完善教育经费绩效评价相关法律法规。曹堂哲等（2019）提出，以战略为导向、以预算为纽带，形成权责清晰、信息共享的统一协调机制，建立兼顾支撑业务和实现战略目标的绩效考评体系。付晓彤（2021）认为，高校应该从预算目标、执行意识、系统运作和监管机构四个方面发挥绩效预算评价的导向作用，提升高校资金使用效率。王国祥（2022）提出，要加强教育经费投入的绩效导向，完善教育经费绩效评价制度，加强教育经费绩效管理结果应用。

2.6 文献述评

学界对教育经费绩效评价的界定源于对绩效的深入理解，随后学者们将企业的绩效评价延伸到教育系统，对于教育经费绩效的界定从主要考虑教育支出，逐渐延伸到支出与收入的相互影响作用。此后，相关研究的主流基调基本上是对教育支出与教育投入的同步研究，并分析两者之间的关系。

在教育经费绩效评价指标体系设计方面，学者们进行了大量的探索和研究，其中不乏继承和创新，如支出方面往往会选择教育经费支出或财政教育经费支出；而其产出方面则多有变化，有对学生、教师的教学质量或效率进行研究的，也有聚焦于毕业生就业情况等教育效果表现的，根据学者的研究方向不同而有较大差别。

同时，学界在教育经费绩效评价方法上也有很多选择，如横向对比法、数据包络分析法、主成分分析法、熵值法等。通过对不同研究方法的尝试，有些教育经费绩效的评价方法逐渐可以从理论应用到实践之中。

随着对教育绩效评价研究的不断深入，学者也发现了一些值得关注的问题。例如，指标体系的设计应逐步完善，教育经费绩效评价应受到相关法规的约束，绩效评价结果的导向作用应更加明确等。这些建议与意见均使教育经费绩效评价向前迈出了有益的一步。

总的来说，学界试图采用不同的理论、视角、方法和模型，围绕教育经费及其使用绩效评价开展研究。受多种因素制约，现已开展的研究往往聚焦于特定学习阶段，如高等院校教育经费绩效评价、义务教育阶段教育经费绩效评价等，这使得评价指标体系对于具体情况、具体环境的适用度较高，而对研究的通用程度并不高，这也使得绩效评价的结果应用度较低。教育经费绩效评价的研究是一项比较新的研究主题，是一项艰巨而复杂的工作，相关研究的深度和广度都有待进一步扩展和延伸。

3 教育经费绩效评价的理论基础

本章探讨了教育经费绩效评价所使用的相关理论，提出了北京市教育经费绩效评价的目标和程序，明确了指标体系的总体构建原则和框架，对指标逐一进行介绍和分析，介绍了本书案例分析中将使用的具体指标体系和选择的教育经费绩效评价方法——熵值法。

3.1 教育经费绩效评价的相关理论

3.1.1 公共财政理论

公共财政理论是指研究政府财政收支及其调节作用的理论，其核心思想是政府应当通过合理的财政收支策略，实现经济增长、社会公平和资源合理分配的目标。公共财政理论主要包括收入分配理论、财政支出理论和财政调节理论等，这些理论的研究对政府决策和社会发展具有重要意义。

在教育支出绩效评价中，公共财政理论可以为教育支出决策提供重要的指导和支持。政府应当通过对教育支出的分配和调节，确保教育资源的合理配置和公平分配，提高教育的质量和效益。例如，政府可以通过提高教育支出的透明度和效率，优化教育资源的配置，增强教育公平性，从而推动教育事业的发展。同时，政府还应当注重教育支出的财政可持续性，通过合理的财政收支策略，保障教育支出的稳定性。因此，公共财政理论在教育支出绩效评价中的应用，可以帮助政府制定科学合理的教育支出政策，促进教育事业的健康发展。

3.1.2 平衡计分卡

平衡计分卡是一种绩效管理工具，从传统的财务角度扩展到包括财务、客户、内部流程、学习与成长四个维度，成为更全面的绩效评价体系。在平衡计分卡中，每个维度都有对应的指标，以反映其对整体绩效的贡献。这种方法使管理者能够更好地把握企业的战略方向，有效地通过绩效指标来实现战略目标。

在教育支出绩效评价中，平衡计分卡也可以被应用，其适用性主要体现在提高教育经费使用效益和绩效管理水平两方面。

在教育经费使用效益方面，平衡计分卡可以帮助学校合理分配教育经费，提高经费使用效益。平衡计分卡可以明确教育质量和学生成长为学校的战略目标，以此为基础建立相应的绩效指标体系，如生均图书册数、学校生师比、人均接受高等教育人数比例等。这些指标不仅可以反映教育经费使用效益和质量，让学校更加重视和关注经费使用的效果，还可以促使学校根据指标结果及时发现问题、突破瓶颈，并采取相应的措施和行动，不断推进教育经费使用效益的提高。

在绩效管理水平方面，平衡计分卡有助于学校建立绩效管理体系，提高学校的绩效管理水平。平衡计分卡可以帮助学校明确其战略目标和操作目标，并建立起相应的绩效指标体系。通过将不同部门的指标绑定到战略目标上，可以鼓励各部门协作，形成有利于提高学校绩效管理水平的绩效管理体系。通过使用平衡计分卡来评估教育支出的绩效，学校或教育机构可以更全面地了解其教育支出的绩效情况，并采取相应的措施来提高绩效管理水平。

3.2 教育经费绩效评价的目标与程序

3.2.1 教育经费绩效评价的目标

教育经费绩效评价是评估教育系统运作效率和效果的一种方法。随着社会经济的发展和人们对教育的日益重视，对教育经费的使用效果进行评价显得愈加重要。教育经费绩效评价的目标是确保教育资源得到最优化的利用，在经费资源有限的条件下提高学生学习成果、提升教师教学水平和学校管理水平，并最终提高整个教育系统的绩效和效率。

首先，教育经费绩效评价可以帮助政府和教育机构更好地制定教育政策和经费分配方案，从而满足社会需求和个人发展的需要。教育是国家发展的重要基础，因此，政府需要投入大量经费来支持教育事业。但是，如何使用这些经费以实现教育目标，是一个需要解决的问题。通过教育经费绩效评价，政府和教育机构可以了解不同投入方式对教育成果的影响，调整教育经费的分配方式，提高教育经费的使用效率，确保社会资源得到最大化利用。

其次，教育经费绩效评价可以提高学生学习成果和教师教学水平。教育经费的使用效果是影响学生学习成果和教师教学水平的重要因素之一。通过教育经费绩效评价，可以了解不同的教育经费投入方式对学生学习成果和教师教学水平的影响，进而调整教育经费的使用方向和投入重点，提高学生的学习成果和教师的教学水平。

最后，教育经费绩效评价可以提高整个教育系统的绩效和效率。教育经费的使用效果直接影响整个教育系统的绩效和效率。通过教育经费绩效评价，可以了解不同的教育经费投入方式对整个教育系统绩效和效率的影响，进而提高整个教育系统的绩效和效率。同时，教育经费绩效评价还可以鼓励教育机构和学校进行自我评估和改进，推动教育质量的不断提升。

3.2.2　教育经费绩效评价的程序

教育经费绩效评价的程序分为以下几个步骤：

一是明确评价目的和范围。教育经费绩效评价的目的和范围需要明确，以便确定评价指标和方法。教育经费绩效评价目的可以包括评估教育经费的使用效果、提高教育资源的利用效率和教育质量、推动整个教育系统的不断发展和进步等；其评价范围可以涵盖年份、地区、教育阶段等不同层面。

二是确定评价指标和方法。在确定评价指标和方法时，需要充分考虑教育的多元性和复杂性，同时还需要充分考虑社会和文化因素的影响，避免"一刀切"的评价方法。教育经费绩效评价指标可以包括教育投入、教育产出、学生人数、生师比等；评价方法可以包括定量和定性方法，如统计分析、熵值法等。

三是收集和整理评价数据。评价数据可以通过多种方式收集，如调查问卷、实地观察、数据统计等。收集到的数据需要进行整理，如对数据进行分类、整合、标准化处理或填补缺失的数据，以确保数据的准确性和可靠性；同时，还需要考虑数据的完整性和可比性。

四是分析评价结果。评价结果需要进行数据分析和解读，以得出教育经费绩效的评价结果与分析，制定出相应的教育经费支出改进建议，以提高其绩效；同时还需要充分考虑评价结果的可行性和实际效果，以确保评价结果的实用性和实际价值。

3.3 教育经费绩效评价指标体系的总体构建

3.3.1 教育经费绩效评价指标体系的构建原则

一是导向性原则。导向性原则要求评价指标对决策、规划和实施等方面具有指导作用，其结果有合理的参考价值。开展北京市教育经费绩效评价是教育经费支出的一次重要成果展现，通过绩效评价的开展引导北京市各类学校发挥教育经费的最大效益，引领北京市教育朝着高质量内涵式方向前进。

二是科学性原则。科学性原则要求指标选取应该遵循科学性，能实际反映出教育经费的使用情况。要保证指标数据的来源真实可靠、评价体系选择适当、评价过程以事实为依据、分析方法正确、分析过程严谨科学。只有在遵循科学性原则的前提下，评价结果才能更科学地反映教育经费的绩效，后续研究才更有意义。

三是系统性原则。系统性原则要求指标评价的整体体系框架是和谐统一的，具体包括评价指标的选择、评价指标的应用范围和方法、评价指标的评价方法和标准以及评价指标的评价结果的使用。绩效的评价要涵盖整个预算从开始到完成的过程，整体而全面地分析教育经费支出的合理性、有效性。

四是可获取原则。可获取原则要求在构建评价指标体系时，能够获得各项指标的可靠资料，而且指标的含义是清晰的，不会有歧义。在实际评价过程中，该原则主要是指评价指标数据具有可采集性、可统计性和准确性，为开展后续工作带来便利，进一步保证绩效评价的可操作性。

3.3.2 教育经费绩效评价指标体系的构建框架

对教育经费绩效进行评价的方法有很多，不同的评价方法得出的评价结果也各不相同。平衡计分卡是将组织战略落实为可操作的衡量指标和目标值的一种新型绩效管理体系，反映了财务与非财务衡量方法之间的平衡、长期目标与短期目标之间的平衡、外部和内部的平衡、结果和过程的平衡、管理业绩和经营业绩的平衡等多个方面，因此能反映组织综合经营状况，使业绩评价趋于平衡和完善，利于组织长期发展。

本书借鉴平衡计分卡在企业中的实际绩效管理应用，在运用平衡计分卡设计教育经费绩效评价指标体系时，从财务（分为投入和产出指标）、客户、内部流程、学习与成长四个维度来构建指标体系。综合这四个维度构建的指标体系弥补了仅使用财务指标进行绩效评价的不足，进而能较为全面而清晰地评价北京市教育经费的绩效。

3.4　教育经费绩效评价指标体系的具体构建

借鉴相关文献的做法，基于平衡计分卡的几个维度，教育经费绩效评价指标体系由两个层次的指标构成。其中，一级指标5个，主要包括财务维度之教育投入指标、财务维度之教育产出指标、客户维度指标、内部流程维度指标、学习与成长维度指标；二级指标19个，主要包括教育经费支出、教育经费支出增长率、生均教育经费支出、地方教育经费支出与地方财政支出之比、地方教育经费支出与GDP之比、学校生均图书册数、学校宿舍面积、学校教学及辅助用房面积、学校教学科研仪器设备资产值、城镇登记失业率、人均受教育年限、学校在校生人数、学校招生人数、学校毕业生人数、学校行政办公用房面积、学校行政人员数、学校生师比、人均接受高等教育人数比例、高等教育授予研究生学位数。

考虑到数据可获得性和教育经费绩效评价的相关性，部分指标在进行分析时会有所调整，具体指标情况可在第3.4.6节~3.4.8节中查看。

3.4.1　财务维度之教育投入指标

在企业管理业绩评价中，财务数据是不可或缺的重要组成部分。区别于企业追求利润的经营目的，教育具有非营利性质，主要是为社会提供服务。但是对于教育经费评价而言，财务指标同样重要。教育经费的投入是各级教育开展教育活动、建设基础设施、改善教学环境、产出教育成果的前提。因此,在评价教育经费绩效时,将从两个指标评价财务维度:教育投入指标与教育产出指标。教育经费的投入规模及产出效率影响着教育事业的发展。

财务维度之教育投入指标可细化为教育经费支出、教育经费支出增长率、生均教育经费支出、地方教育经费支出与地方财政支出之比、地方教育经费支出与GDP 之比;前两项衡量教育经费支出的总体规模,后三项表明了教育经费支出的相对规模。

教育经费支出指标表示每年用于教育的经费总额,主要来源于政府财政教育支出和包括企业捐赠、个人捐赠等在内的其他用于教育的经费,它反映了政府对教育的重视程度和投入程度。教育经费支出增长率指标表示教育经费支出随时间推移的增长速度。如果教育经费支出增长率为正,则说明政府对教育的投入正在增加;如果教育经费支出增长率为负,则说明政府对教育的投入正在减少。生均教育经费支出指标表示每个学生的教育经费支出量,它反映了各教育机构对教育经费的分配情况,也可以用来比较不同教育阶段不同年份的教育投入水平。地方教育经费支出与地方财政支出之比指标表示地方教育经费支出占地方财政支出的比例,它反映了地方政府对教育的投入程度,以及教育相对于其他领域的重要性。地方教育经费支出与 GDP 之比指标表示地方教育经费支出占当地 GDP 的比例,它反映了政府对教育的整体投入程度,以及教育在该地区经济中的地位。一般来说,教育经费支出占 GDP 比例越高,说明对教育的重视程度越高。

考虑到数据的可获得性,北京市各区教育经费绩效评价体系的财务维度之教育经费支出指标采用的数据均源于地方财政教育经费数据。

财务维度之教育投入的指标界定与数据来源如表 3-1 所示。

表 3-1 财务维度之教育投入指标

二级指标	指标界定	数据来源
A1 教育经费支出①	中央部门和地方的教育机构教育经费支出之和	《中国教育经费统计年鉴》《北京区域统计年鉴》
A2 教育经费支出增长率	当年教育经费支出较上一年的增长比率	根据教育经费支出数据计算得出

① 本书中的"教育经费支出"为中央部门教育机构教育经费支出与地方教育机构教育经费支出之和。

二级指标	指标界定	数据来源
A3 生均教育经费支出	一名学生年度平均教育经费支出；公式：教育经费支出÷在校生人数	综合绩效及各区绩效中该指标数据根据教育经费及在校生人数计算得出；各教育阶段该指标数据来源于《中国教育经费统计年鉴》
A4 地方教育经费支出与地方财政支出之比	地方教育经费支出与地方财政支出的比值	地方教育经费支出数据来源于《中国教育经费统计年鉴》；地方财政支出数据来源于国家统计局；各区绩效中的数据来源于《北京区域统计年鉴》
A5 地方教育经费支出与 GDP 之比	地方教育经费支出与北京市地区生产总值的比值	北京市地区生产总值数据来源于北京市统计局；北京市各区数据来源于《北京区域统计年鉴》

资料来源：笔者分析整理所得。

3.4.2　财务维度之教育产出指标

财务维度之教育产出指标包括学校生均图书册数、学校宿舍面积、学校教学及辅助用房面积以及学校教学、科研仪器设备资产值。

学校生均图书册数指标表示学校为每个学生提供了多少图书，反映学校在教育资源上的投入程度；该指标越高，说明学校的图书资源越丰富。学校宿舍面积指标表示学校提供的宿舍总面积，可以反映学校对学生住宿环境的重视程度。学校教学及辅助用房面积指标表示学校专门用于教学和辅助教学的房间总面积，可以反映学校教学设施的状况。学校教学、科研仪器设备资产值指标表示学校用于教学和科研的仪器设备的总价值，可以反映学校对科学研究和教学的投入程度。

受限于数据的可获得性，在北京市各区教育经费绩效评价体系中，不设立本维度指标。

财务维度之教育产出的指标界定与数据来源如表 3-2 所示。

表 3-2　财务维度之教育产出指标

二级指标	指标界定	数据来源
B1 学校生均图书册数	公式：学校图书册数÷在校生人数	学校图书册数的数据来源于《中国教育统计年鉴》；在校生人数数据来源于北京市统计局
B2 学校宿舍面积	幼儿园、普通小学、普通中学为宿舍面积，普通高校为学校产权宿舍面积	普通高校 2011～2020 年的数据来源于《北京教育年鉴》，2003～2010 年数据采用 2011 年数据进行填补；其他各教育阶段的数据来源于北京市统计局

续表

二级指标	指标界定	数据来源
B3 学校教学及辅助用房面积	—	普通高校 2011 年、2014~2015 年及 2020 年的数据来源于参考文献刘永武（2015）、王铭和杨楠（2016）、赵新亮（2021），其他年份采用邻近年份的数据进行填补；其他各教育阶段数据来源于北京市统计局
B4 学校教学、科研仪器设备资产值	—	无幼儿园的相关数据；其他各教育阶段的数据来源于北京市统计局

资料来源：笔者分析整理所得。

3.4.3 客户维度指标

在企业绩效管理评价中，企业根据市场定位选取目标消费者作为客户。教育是国家发展的基石，在推动人才发展和社会进步方面发挥着重要作用。通过教育，一方面，个体得到提升，获得全面发展；另一方面，社会得到人员积累，促进经济增长，国家繁荣。因此，在教育经费绩效评价中，教育经费的"消费者"是正在学校接受教育的学生和接受过教育走向社会的群众。

在客户维度指标设计中，采用城镇登记失业率与人均受教育年限来评价教育经费支出带来的社会影响；采用各教育阶段的学校在校生人数、学校招生人数及学校毕业生人数来评价教育经费支出产生的直接成果。城镇登记失业率可以衡量教育经费投入的质量。人均受教育年限反映了教育水平，是评价教育资源分配和投入情况的重要指标。各教育阶段的学校在校生人数、学校招生人数和学校毕业生人数则描述了教育体系的基本情况，对于评价教育资源配置和效率具有重要意义。城镇登记失业率为逆向指标。

客户维度的指标界定与数据来源如表 3-3 所示。

表 3-3　客户维度指标

二级指标	指标界定	数据来源
B5 城镇登记失业率	年度城镇登记失业人数占期末城镇从业人员总数与期末实有城镇登记失业人数之和的比重	北京市统计局、《北京区域统计年鉴》

二级指标	指标界定	数据来源
B6 人均受教育年限	公式：（文盲人数×1+小学学历人数×6+初中学历人数×9+高中和中专学历人数×12+大专及本科以上学历人数×16）/6 岁以上人口总数	原始数据来源于《中国统计年鉴》及第七次全国人口普查数据；该指标根据原始数据计算得出
B7 学校在校生人数	—	北京市统计局、《北京区域统计年鉴》
B8 学校招生人数	—	北京市统计局、《北京区域统计年鉴》
B9 学校毕业生人数	—	北京市统计局、《北京区域统计年鉴》

资料来源：笔者分析整理所得。

3.4.4　内部流程维度指标

在企业绩效管理评价中，内部流程维度主要是考察职能部门在实现目标过程中的作用及运转效率。在教育经费绩效评价中，同样可以采用各级教育职能部门的相关指标对教育经费的使用绩效进行评价。

内部流程维度指标包括各教育阶段的行政办公用房面积及行政人员数。学校行政办公用房面积指的是每个教育阶段用于行政办公的建筑面积，反映了教育机构在物质设施上的投入情况。学校行政人员数指的是每个教育阶段的行政人员数量，是衡量教育资源配置情况的重要指标之一。

受限于数据的可获得性，在北京市各区教育经费绩效评价体系中不设立学校行政办公用房面积指标，学校行政人员数用学校教师数与专任教师数之差代替。

内部流程维度的指标界定与数据来源如表 3-4 所示。

表 3-4　内部流程维度指标

二级指标	指标界定	数据来源
B10 学校行政办公用房面积	指办公室、服务用房、设备用房等为教学活动提供基本保障的用房	北京市统计局、《北京区域统计年鉴》
B11 学校行政人员数	指不在教学一线、以管理工作为主的在职在编人员	北京市统计局、《北京区域统计年鉴》

资料来源：笔者分析整理所得。

3.4.5　学习与成长维度指标

在企业绩效管理评价中，学习与成长维度主要考察企业及其员工的成长与发展。相应地，在教育经费绩效领域，应当主要考察学生的成长及教育的发展潜力。教育经费的投入主要是对教育事业的投资，其投资的成果体现在多方面，如师资队伍建设、高学历人才的培养等。

学习与成长维度指标包括各教育阶段的学校生师比、人均接受高等教育人数比例、高等教育授予研究生学位数。学校生师比是指某个教育阶段的在校生人数与教师人数之比；生师比越小，表明教育资源的配置情况越优秀，教师的管理和教学效果也相对较好。人均接受高等教育人数比例是指6岁及以上人口中平均每个人对应在高校接受教育的人数，可以用来评估教育资源的充分性和分配效率；人均接受高等教育人数比例越大，表明高等教育资源的分配情况越优秀，学校的教学管理和教学效果也相对较好。高等教育授予研究生学位数是指高等学校每年授予研究生学位的数量，是衡量高等教育研究和人才培养情况的重要指标；高等教育授予研究生学位数越多，表明高等教育研究和人才培养水平越高，学校的科研和教学水平也相对较高。学校生师比为逆向指标。

受限于数据的可获得性，本维度只在普通高等学校这个教育阶段设立人均接受高等教育人数比例与高等教育授予研究生学位数指标。

学习与成长维度的指标界定与数据来源如表3-5所示。

表3-5　学习与成长维度指标

二级指标	指标界定	数据来源
B12 学校生师比	公式：学校在校生人数÷专任教师数	专任教师数的数据来源于北京市统计局
B13 人均接受高等教育人数比例	公式：6岁及以上人口中大专及以上人口数÷6岁及以上人口数	原始数据来源于《中国统计年鉴》及第七次全国人口普查数据
B14 高等教育授予研究生学位数	—	《中国教育统计年鉴》

资料来源：笔者分析整理所得。

3.4.6　北京市各年整体教育经费绩效评价的指标体系

在遵照导向性原则、科学性原则、系统性原则及可获取性原则的前提下，本书参照财务、客户、内部流程、学习与成长四个维度，构建了如表 3-6 所示的指标体系，以北京市 2003~2020 年的数据为基础进行分析评价。表 3-6 后续被应用到第 4 章的分析中。

表 3-6　北京市各年整体教育经费绩效评价指标体系

一级指标	二级指标	单位
财务维度—教育经费投入	A1 教育经费支出	亿元
	A2 教育经费支出增长率	%
	A3 生均教育经费支出	元/人
	A4 地方教育经费支出与地方财政支出之比	%
	A5 地方教育经费支出与 GDP 之比	%
财务维度—教育经费产出	B1 学校生均图书册数	册/人
	B2 学校宿舍面积	万平方米
	B3 学校教学及辅助用房面积	万平方米
	B4 学校教学、科研仪器设备资产值	亿元
客户维度	B5 城镇登记失业率	%
	B6 人均受教育年限	年/人
	B7 学校在校生人数	万人
	B8 学校招生人数	万人
	B9 学校毕业生人数	万人
内部流程维度	B10 学校行政办公用房面积	万平方米
	B11 学校行政人员数	人
学习与成长维度	B12 学校生师比	—

资料来源：笔者分析整理所得。

3.4.7　北京市各年各阶段教育经费绩效评价的指标体系

教育包括学前教育、小学教育、中学教育和高等教育四个阶段，各阶段指标分别以幼儿园、普通小学、普通中学及普通高等学校（以下简称"普通高校"）2003~2020 年的数据为基础进行分析评价。在学前教育阶段，未获取幼儿园教学、科研仪器设备资产值数据，因此在表 3-7 指标体系中，不设立该指标。

表 3-7～表 3-10 分别表明了学前教育、普通小学、普通中学、普通高校的教育经费绩效评价的指标体系，后续被应用到第 5 章的分析中。

表 3-7　北京市各年学前教育经费绩效评价指标体系

一级指标	二级指标	单位
财务维度—教育经费投入	A1 幼儿园教育经费支出	亿元
	A2 幼儿园教育经费支出增长率	%
	A3 幼儿园生均教育经费支出	元/人
	A4 幼儿园地方教育经费支出与地方财政支出之比	%
	A5 幼儿园地方教育经费支出与 GDP 之比	%
财务维度—教育经费产出	B1 幼儿园生均图书册数	册/人
	B2 幼儿园宿舍面积	万平方米
	B3 幼儿园教学及辅助用房面积	万平方米
客户维度	B5 城镇登记失业率	%
	B6 人均受教育年限	年/人
	B7 幼儿园在园人数	万人
	B8 幼儿园入园人数	万人
	B9 幼儿园离园人数	万人
内部流程维度	B10 幼儿园行政办公用房面积	万平方米
	B11 幼儿园行政人员数	人
学习与成长维度	B12 幼儿园生师比	—

资料来源：笔者分析整理所得。

表 3-8　北京市各年普通小学教育经费绩效评价指标体系

一级指标	二级指标	单位
财务维度—教育经费投入	A1 普通小学教育经费支出	亿元
	A2 普通小学教育经费支出增长率	%
	A3 普通小学生均教育经费支出	元/人
	A4 普通小学地方教育经费支出与地方财政支出之比	%
	A5 普通小学地方教育经费支出与 GDP 之比	%

一级指标	二级指标	单位
财务维度—教育经费产出	B1 普通小学生均图书册数	册/人
	B2 普通小学宿舍面积	万平方米
	B3 普通小学教学及辅助用房面积	万平方米
	B4 普通小学教学、科研仪器设备资产值	亿元
客户维度	B5 城镇登记失业率	%
	B6 人均受教育年限	年/人
	B7 普通小学在校生人数	万人
	B8 普通小学招生人数	万人
	B9 普通小学毕业生人数	万人
内部流程维度	B10 普通小学行政办公用房面积	万平方米
	B11 普通小学行政人员数	人
学习与成长维度	B12 普通小学生师比	—

资料来源：笔者分析整理所得。

表 3-9 北京市各年普通中学教育经费绩效评价指标体系

一级指标	二级指标	单位
财务维度—教育经费投入	A1 普通中学教育经费支出	亿元
	A2 普通中学教育经费支出增长率	%
	A3 普通中学生均教育经费支出	元/人
	A4 普通中学地方教育经费支出与地方财政支出之比	%
	A5 普通中学地方教育经费支出与 GDP 之比	%
财务维度—教育经费产出	B1 普通中学生均图书册数	册/人
	B2 普通中学宿舍面积	万平方米
	B3 普通中学教学及辅助用房面积	万平方米
	B4 普通中学教学、科研仪器设备资产值	亿元
客户维度	B5 城镇登记失业率	%
	B6 人均受教育年限	年/人
	B7 普通中学在校生人数	万人
	B8 普通中学招生人数	万人
	B9 普通中学毕业生人数	万人

续表

一级指标	二级指标	单位
内部流程维度	B10 普通中学行政办公用房面积	万平方米
	B11 普通中学行政人员数	人
学习与成长维度	B12 普通中学生师比	—

资料来源：笔者分析整理所得。

表 3-10 北京市各年普通高校教育经费绩效评价指标体系

一级指标	二级指标	单位
财务维度—教育经费投入	A1 普通高校教育经费支出	亿元
	A2 普通高校教育经费支出增长率	%
	A3 普通高校生均教育经费支出	元/人
	A4 普通高校地方教育经费支出与地方财政支出之比	%
	A5 普通高校地方教育经费支出与 GDP 之比	%
财务维度—教育经费产出	B1 普通高校生均图书册数	册/人
	B2 普通高校宿舍面积	万平方米
	B3 普通高校教学及辅助用房面积	万平方米
	B4 普通高校教学、科研仪器设备资产值	亿元
客户维度	B5 城镇登记失业率	%
	B6 人均受教育年限	年/人
	B7 普通高校在校生人数	万人
	B8 普通高校招生人数	万人
	B9 普通高校毕业生人数	万人
内部流程维度	B10 普通高校行政办公用房面积	万平方米
	B11 普通高校行政人员数	人
学习与成长维度	B12 普通高校生师比	—
	B13 人均接受高等教育人数比例	—
	B14 普通高校授予研究生学位数	人

资料来源：笔者分析整理所得。

3.4.8 北京市各年各区教育经费绩效评价的指标体系

北京市包括东城区、西城区、朝阳区、海淀区、丰台区、石景山区、门头沟区、房山区、通州区、顺义区、昌平区、大兴区、怀柔区、平谷区、密云区以及延庆区 16 个城区。本书以北京市各区 2005～2020 年的数据为基础进行分析评价。北京市各年各区教育经费绩效评价指标体系如表 3-11 所示，该指标体系后续被应用到第 9 章的分析中。

表 3-11　北京市各年各区教育经费绩效评价指标体系

一级指标	二级指标	单位
财务维度—教育经费投入	A1 地方财政教育支出	亿元
	A2 地方财政教育支出增长率	%
	A3 生均地方财政教育支出	元/人
	A4 地方财政教育支出与地方财政支出之比	%
	A5 地方财政教育支出与 GDP 之比	%
客户维度	B5 城镇登记失业率	%
	B7 学校在校生人数	万人
	B8 学校招生人数	万人
	B9 学校毕业生人数	万人
内部流程维度	B11 学校行政人员数	人
学习与成长维度	B12 学校生师比	—

资料来源：笔者分析整理所得。

3.5　教育经费绩效评价方法

3.5.1　教育经费绩效评价方法的选择依据

在初步确定了绩效评价的指标体系之后，需选择合适的方法对指标进行处理和赋权，应结合被评价对象自身特点及战略目标，选取有针对性且有效的理论体系与绩效评价方法。权重系数是合理评价指标体系的重要步骤，直接影响指标体系构建的合理性和科学性。本书对常见的几种赋权方法进行比较，如表 3-12 所示，并最终决定采用熵值法确定北京市教育经费绩效评价指标体系的权重。

表 3-12　赋权方法的比较

赋权方法	适用范围	优点	缺点
德尔菲法	适用于历史数据较少或不可预测因素较多的情况	可以获取各种有价值的建议或评价	专家的判断具有一定的主观性，若其做出的判断不准确，则结果的可信度较低
层次分析法	适用于解决复杂的多目标决策问题	通过分层确定权重，降低传统主观赋权法的不确定性	在加权平均、分层综合后，指标值会被弱化
主成分分析法	适用于分析多变量问题	可以消除评价指标之间的相关影响	评价结果模糊
模糊评价法	适用于评价不能准确度量的问题	通过将不确定的信息转为模糊的概念，将定性问题定量化，从而提高评价的准确性和可信性	只考虑了主要因素的作用，忽视了次要因素，评价的结果不全面；评价具有明显的主观性
熵值法	适用于可获得样本数据的问题	反映了信息的效用价值，可信度较高	缺少指标之间的横向比较

资料来源：笔者分析整理所得。

3.5.2　教育经费绩效评价方法的选择：熵值法

熵值法是一种多指标绩效评价方法，它通过计算每个指标的熵值，来衡量不同指标对整体绩效的贡献。在信息系统中，熵是一种对不确定性的度量。一般来说，随着信息量的增加，不确定性会变小，信息熵值也变小，信息效用值和权重系数会变大；相反，随着信息量的减少，不确定性会变大，信息熵值也变大，信息效用值和权重系数会变小。熵值越小表示该指标对整体绩效的贡献越大、越重要。这种方法可以帮助决策者更全面地考虑不同指标的重要性，从而更精准地评估绩效和做出决策。

熵值法可以帮助学校或教育机构更全面地了解不同指标对整体绩效的贡献。通过对不同指标进行熵值计算，可以帮助学校或教育机构更准确地评估各项指标的重要性，从而更好地管理和改进教育支出绩效。这种方法具有较高的客观性和准确性，可以有效提高绩效评价的科学性和可信度。

假设选择 a 个被评价的具体指标，b 个评价维度，构成初始指标矩阵如下：

$$(I_{xy})ab = \begin{matrix} I_{11} & I_{12} & \cdots & I_{1a} \\ I_{21} & I_{22} & \cdots & I_{2a} \\ \vdots & \vdots & \ddots & \vdots \\ I_{b1} & I_{b2} & \cdots & I_{ba} \end{matrix} \qquad (3\text{-}1)$$

32

其中，I_{xy} 代表第 x 个指标在第 y 个评价对象的评价值，$x = 1$，2，3，$\cdots$，a；$y = 1$，2，3，$\cdots$，b。

建立指标矩阵并进行计算整理后，形成初始矩阵。随后采用极值法对北京市教育经费绩效评价的指标进行无纲量化处理。处理后的数据精度确定到小数点后四位，以保证数据的完整性。对于正向指标和适度指标采用公式（3-2），对于逆向指标采用公式（3-3）。

$$I'_{ab} = \frac{I_{ab} - M_{\min}}{M_{\max} - M_{\min}} \qquad (3-2)$$

$$I'_{ab} = \frac{M_{\max} - I_{ab}}{M_{\max} - M_{\min}} \qquad (3-3)$$

其中，$M_{\min}$ 表示最小值，$M_{\max}$ 表示最大值。

在对指标数据进行标准化预处理之后，运用熵值法分析指标体系。

首先，计算指标的比重：

$$P_{ab} = \frac{I'_{ab}}{\sum\limits_{a=1}^{n} I_{ab}} \qquad (3-4)$$

其次，计算指标的熵值：

$$e_a = -\frac{1}{\ln n} \sum\limits_{a=1}^{n} P_{ab} \ln(P_{ab}), \ 0 \leqslant e_a \leqslant 1 \qquad (3-5)$$

再次，计算指标的差异性系数：

$$g_b = 1 - e_i \qquad (3-6)$$

又次，给指标赋权，得到指标权重 W_b：

$$W_b = \frac{g_b}{\sum\limits_{a=1}^{m} g_b}, \ b = 1, \ 2, \ \cdots, \ m \qquad (3-7)$$

最后，计算整体支出绩效评价体系各指标及综合得分：

$$f(x) = \sum\limits_{a=1}^{n} W_b I_{ab} \qquad (3-8)$$

4 北京市整体教育经费绩效的评价与提升

本章首先分析北京市整体教育经费绩效的现状；其次采用第3.4.6节的北京市各年整体教育经费绩效评价指标体系，对北京市各年的教育经费绩效进行评价，并对评价结果进行分析；最后提出改进建议。

4.1 北京市整体教育经费绩效的现状

4.1.1 财务维度之教育经费投入情况

（1）教育经费支出的总体规模（A1、A2）

由图4-1可以看出，北京市教育经费支出规模总体呈上升趋势，由2003年

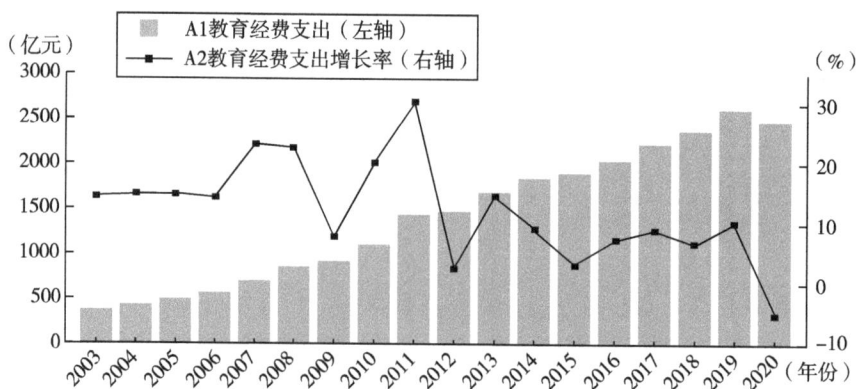

图4-1　2003~2020年北京市教育经费支出的总体规模

的 372.79 亿元增长到 2019 年的 2611.92 亿元，在 2020 年略微下降至 2481.03 亿元，整体增长约 7 倍，反映出在教育方面的经费支出金额逐渐增加，对教育的重视程度越来越高。对比同时期的教育经费支出增长率，除了在 2011 年有高达 30.24% 的增长，整体呈曲折下降趋势，在 2020 年为 -5.01%，说明教育经费支出变少。

（2）教育经费支出的相对规模（A3、A4、A5）

由图 4-2 可以看出，生均教育经费支出总体呈上升趋势，从 2003 年的 12629 元稳步上升至 2019 年的 71124 元，但 2020 年回落到 63393 元，与 2017 年基本持平，低于 2018 年生均教育经费支出水平。

由图 4-2 可以看出，地方教育经费支出占 GDP 的比率最稳定，2003~2020 年基本维持在 4% 左右。而同时期地方教育经费支出与地方财政支出的比值则波动较大：2003~2020 年的最高点为 2003 年的 24.36%；2010 年逐步回落到 20.25%；2011~2014 年，该比率在小幅波动后，达到 18 年间的次高点 22.92%；2015~2020 年，比率降至 20% 以下，其中 2018 年降至最低点 17.31%，2020 年上升到 19.35%。变化最大的是 2014~2015 年，降幅高达 4.81%。

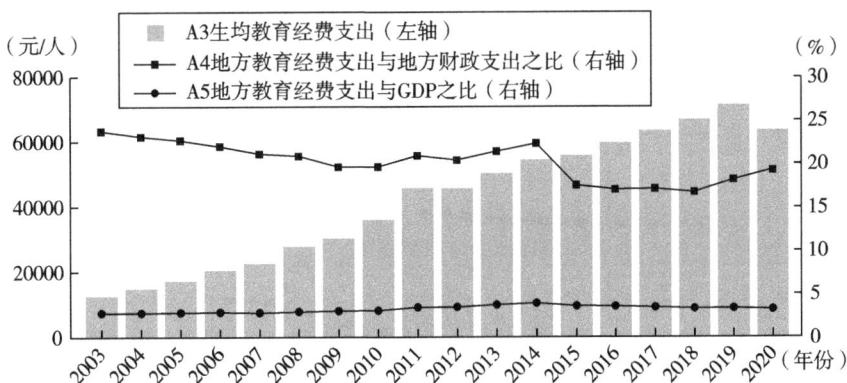

图 4-2　2003~2020 年北京市教育经费支出的相对规模

4.1.2　财务维度之教育经费产出情况

（1）学校生均图书册数情况（B1）

根据图 4-3 可以看出，2003~2018 年，生均图书册数整体平稳上升，2005 年起迈入 60 册/人门槛，2010 年起迈入 70 册/人门槛，最高点为 2015 年的

77 册；2019 年生均图书册数略有下降，2020 年下降至 71 册，是 2011 年以来的最低点。

（册/人）

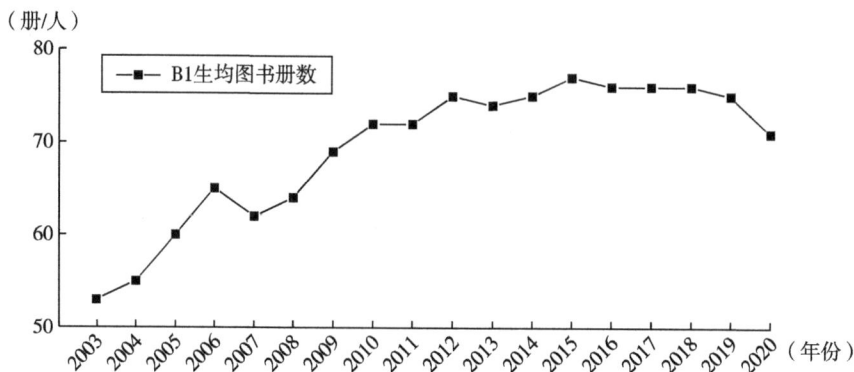

图 4-3　北京市各年学校生均图书册数情况

（2）学校宿舍面积、学校教学及辅助用房面积情况（B2、B3）

根据图 4-4 可以看出，学校宿舍面积①在 2003～2020 年逐步上升，2020 年比 2003 年增加了 58.57%，增长趋势较为平缓。学校教学及辅助用房面积②在

（万平方米）

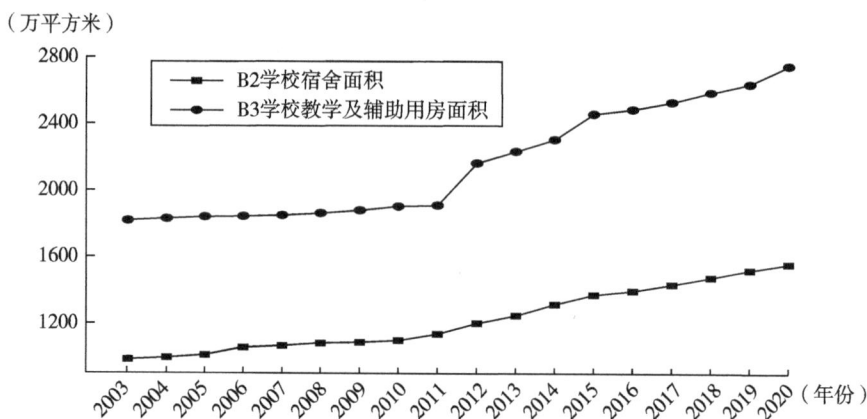

图 4-4　北京市各年学校宿舍面积、学校教学及辅助用房面积情况

---

　　① 普通高校宿舍面积中，关于普通高校的数据，可获取 2011～2020 年数据。为保证数据完整性，2003～2010 年的数据使用 2011 年数据进行填补。

　　② 普通高校教学及辅助用房面积中，关于普通高校的数据可获取 2011 年、2014～2015 年、2020 年。为保证数据完整性，其他年份使用邻近年份的数据进行填补。

2003~2011 年平缓上升；2011~2012 年增长率为 13.26%，为 2003 年以来最高增长；此后十年间学校教学及辅助用房的面积较之前有显著上升。

（3）北京市各年学校教学、科研仪器设备资产值情况（B4）

根据图 4-5 可以看出，2003~2020 年，北京市学校教学、科研仪器设备资产值迅速上升，其中 2011~2012 年的涨幅最大，增长率为 36.56%。从整体来看，2020 年的学校教学、科研仪器设备资产值较 2003 年相比增加了 850.46 亿元。

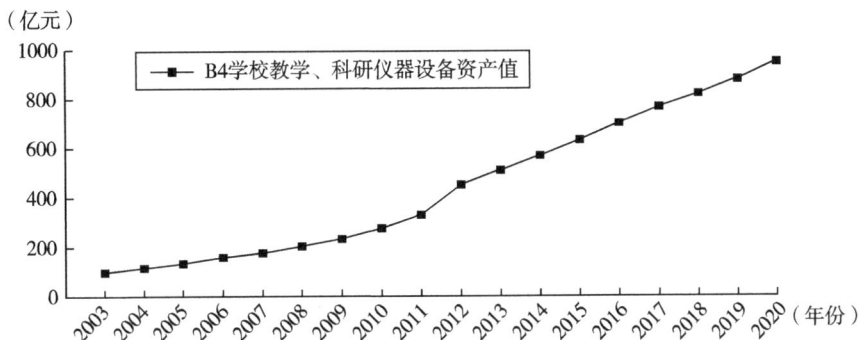

图 4-5　北京市各年学校教学、科研仪器设备资产值情况

4.1.3　客户维度情况

（1）北京市城镇登记失业率（B5）

根据图 4-6 可以看出，2003~2020 年，大多数年份的城镇登记失业率在 1.5%

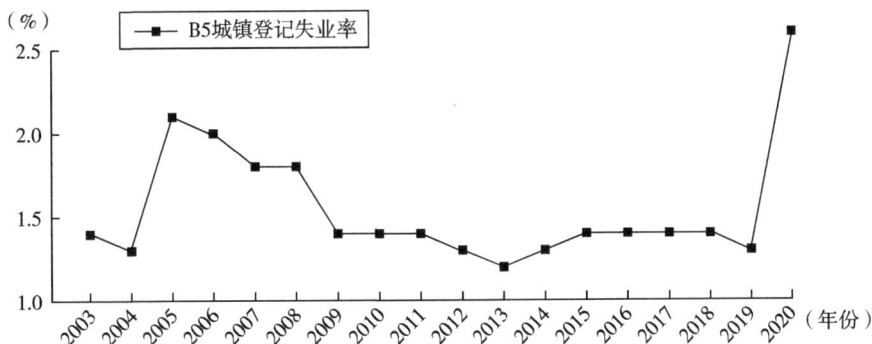

图 4-6　北京市各年城镇登记失业率

资料来源：北京市统计局、《北京区域统计年鉴》。

左右，2013 年该比率最低，为 1.2%。2005～2008 年的城镇登记失业率水平较高，呈下降趋势；2020 年的城镇登记失业率较上年有所增加，从 1.3% 增加至 2.6%。

（2）北京市人均受教育年限（B6）

根据图 4-7 可以看出，2003～2020 年，北京市人均受教育年限稳定在 10 年以上，说明居民基本接受了基础的九年义务教育。在 2020 年的统计中，人均受教育年限已高于 12 年，居民受教育的年限增长，说明教育的普及性在增强。

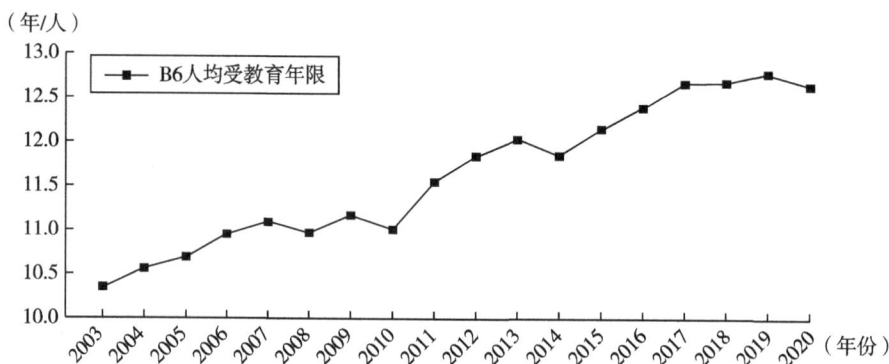

图 4-7 北京市各年人均受教育年限

（3）北京市各年学校在校生、招生、毕业生人数情况（B7、B8、B9）

根据图 4-8 可以看出，2003～2020 年，北京市学生的在校生人数经历了

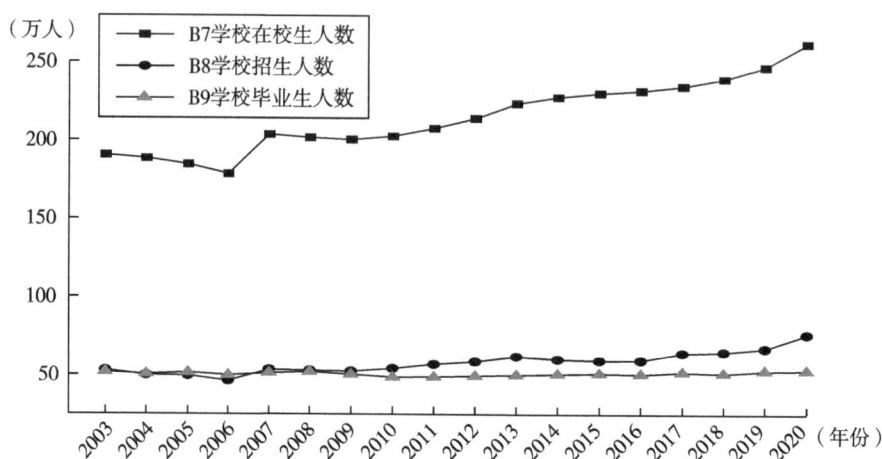

图 4-8 北京市各年学校在校生、招生、毕业生人数情况

先降后升的趋势，其中最低点出现在 2006 年，随后迅速回升，2007 年首次突破 200 万人，2020 年达到峰值，突破 250 万人。招生人数整体呈上升趋势，2020 年对比 2003 年增长约 43.90%。毕业生人数则变化不大，始终处于 50 万上下。

4.1.4　内部流程维度情况

根据图 4-9 可以看出，2003～2005 年，学校行政办公用房面积①略有下降，2010～2011 年有较明显下降，其他年份呈上升趋势。

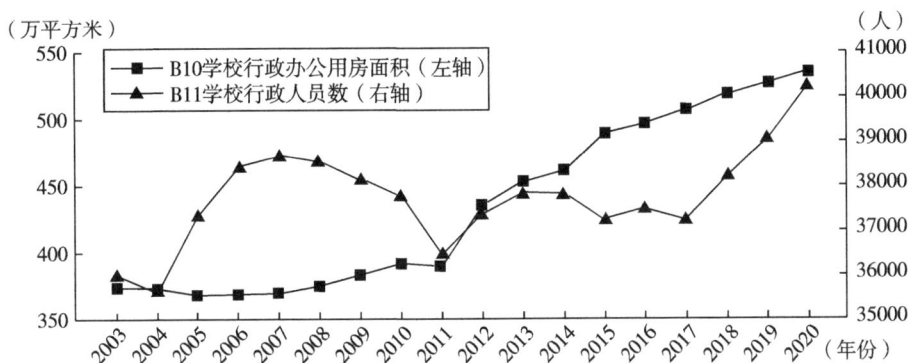

图4-9　北京市各年学校行政办公用房面积、行政人员数情况

关于学校行政人员情况，数据起伏较大。2003～2004 年，人员数量略微有所下降，2005 年起人员数量逐步上升，2008 年起又呈下降趋势，2011 年再次触底反弹，并小幅震荡，并于 2018 年、2019 年、2020 年分别突破 38000 人、39000人、40000 人。

行政办公用房面积与行政人员数的增加没有显著的相关性。

4.1.5　学习与成长维度情况

图 4-10 表明了北京市各年在校生与专任教师的比值变化情况。根据图 4-10 可以看出，生师比 2003～2006 年逐年下降，2006～2020 年波动上升。该比值除了

---

①　行政办公用房面积中，可获取的普通高校的数据年份为 2011 年、2014～2015 年。为保证数据完整性，其他年份使用邻近年份的数据进行填补。

在 2005 年、2006 年分别为 9.98、9.57，其余年份均高于 10。这说明每一位专任教师需要匹配更多的学生。

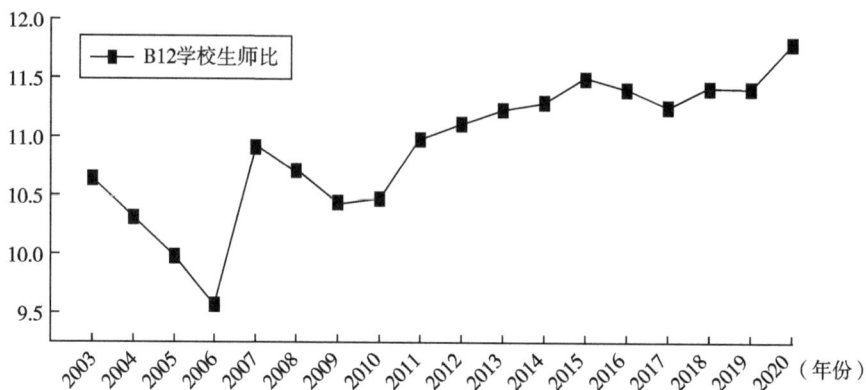

图 4-10　北京市各年学校生师比情况

4.2　基于熵值法确定北京市整体教育经费绩效评价的指标权重及得分

4.2.1　数据来源及初始矩阵的确立

关于北京市教育经费绩效评价的指标体系，本书从国家统计局网站、北京市统计局网站、《中国教育经费统计年鉴》等官方口径获取北京市 2003~2020 年共 18 年的教育经费支出及各类学校的基础统计数据。

本节根据表 4-1 确立的北京市各年整体教育经费绩效评价体系中的各项指标，进行数据的整理与汇总，构建出各指标的初始矩阵。

4.2.2　数据标准化处理

在确定了初始矩阵后，由于不同指标的量级和指标维度不同，直接进行熵值法会影响指标权重的准确性，所以需要对初始矩阵中的指标数据进行预处理。本节采取了极差法对数据进行标准化处理（见表 4-2）。

表 4-1 北京市各年综合绩效初始矩阵数据

一级指标	财务维度—教育经费投入					财务维度—教育经费产出					客户维度				内部流程维度		学习与成长维度
二级指标 / 年份	A1	A2	A3	A4	A5	B1	B2	B3	B4	B5	B6	B7	B8	B9	B10	B11	B12
2003	372.79	14.56	12629	24.36	3.40	53	983.96	1818.64	98.55	1.4	10.35	190.48	52.94	51.75	374.17	35895	10.64
2004	428.29	14.89	14841	23.74	3.41	55	995.31	1829.90	115.56	1.3	10.56	188.24	49.86	50.49	373.63	35617	10.31
2005	491.95	14.86	17231	23.30	3.45	60	1011.02	1841.12	133.28	2.1	10.69	184.50	49.50	51.51	368.40	37337	9.98
2006	562.64	14.37	20490	22.61	3.50	65	1056.98	1844.64	159.34	2.0	10.95	178.43	46.26	49.90	369.03	38419	9.57
2007	693.41	23.24	22498	21.74	3.44	62	1068.25	1850.94	177.39	1.8	11.09	203.60	53.39	51.21	369.69	38718	10.91
2008	850.30	22.63	27750	21.47	3.56	64	1084.12	1864.36	204.62	1.8	10.97	201.61	52.84	51.97	375.00	38577	10.71
2009	917.09	7.85	30254	20.23	3.64	69	1089.32	1881.78	233.92	1.4	11.17	200.39	52.39	50.35	383.48	38168	10.44
2010	1102.07	20.17	36078	20.25	3.68	72	1100.24	1905.22	277.04	1.4	11.01	202.57	54.19	48.71	392.04	37793	10.47
2011	1435.35	30.24	45785	21.53	4.06	72	1139.24	1912.49	330.92	1.4	11.55	207.71	56.99	48.80	389.71	36454	10.98
2012	1471.68	2.53	45661	21.01	4.07	75	1204.16	2166.09	451.89	1.3	11.84	214.06	58.71	49.53	435.40	37384	11.11
2013	1686.25	14.58	50231	22.00	4.35	74	1250.23	2237.28	510.23	1.2	12.03	223.50	62.04	50.15	453.71	37852	11.23
2014	1841.32	9.20	54421	22.92	4.52	75	1318.07	2308.61	569.43	1.3	11.85	227.50	60.20	50.64	461.15	37822	11.29
2015	1898.26	3.09	55735	18.11	4.19	77	1374.56	2461.15	631.56	1.4	12.15	230.08	59.43	51.08	489.35	37237	11.49
2016	2037.57	7.34	59643	17.62	4.17	76	1398.82	2489.32	701.20	1.4	12.39	231.60	59.46	50.57	496.40	37494	11.40
2017	2220.90	9.00	63341	17.72	4.05	76	1436.95	2533.15	767.40	1.4	12.67	234.46	64.24	51.92	507.29	37218	11.25
2018	2369.22	6.68	66641	17.31	3.91	76	1478.58	2592.64	820.94	1.4	12.68	239.32	64.98	51.22	518.54	38219	11.41
2019	2611.92	10.24	71124	18.75	3.92	75	1523.49	2643.23	879.35	1.3	12.78	247.23	67.21	52.80	526.70	39062	11.41
2020	2481.03	-5.01	63393	19.35	3.83	71	1560.22	2752.12	949.01	2.6	12.64	262.04	76.18	53.15	535.18	40253	11.79

资料来源:《中国教育经费统计年鉴》(2002~2020年)、国家统计局、北京市统计局、第七次全国人口普查数据及笔者分析整理(下同)。

表4-2 北京市各年综合绩效标准化处理后的数据

一级指标	财务维度—教育经费投入					财务维度—教育经费产出					客户维度				内部流程维度		学习与成长维度
二级指标 年份	A1	A2	A3	A4	A5	B1	B2	B3	B4	B5	B6	B7	B8	B9	B10	B11	B12
2003	0.0000	0.5552	0.0000	1.0000	0.0000	0.0000	0.0000	0.0000	0.0000	0.8571	0.0000	0.1441	0.2233	0.6847	0.0346	0.0600	0.5180
2004	0.0248	0.5645	0.0378	0.9121	0.0089	0.0833	0.0197	0.0121	0.0200	0.9286	0.0864	0.1173	0.1203	0.4009	0.0314	0.0000	0.6667
2005	0.0532	0.5637	0.0787	0.8496	0.0446	0.2917	0.0470	0.0241	0.0408	0.3571	0.1399	0.0726	0.1083	0.6306	0.0000	0.3710	0.8153
2006	0.0848	0.5498	0.1344	0.7518	0.0893	0.5000	0.1267	0.0279	0.0715	0.4286	0.2469	0.0000	0.0000	0.2680	0.0038	0.6044	1.0000
2007	0.1432	0.8014	0.1687	0.6284	0.0357	0.3750	0.1463	0.0346	0.0927	0.5714	0.3045	0.3010	0.2383	0.5631	0.0077	0.6689	0.3964
2008	0.2133	0.7841	0.2585	0.5901	0.1429	0.4583	0.1738	0.0490	0.1247	0.5714	0.2551	0.2772	0.2199	0.7342	0.0396	0.6385	0.4865
2009	0.2431	0.3648	0.3013	0.4142	0.2143	0.6667	0.1828	0.0676	0.1592	0.8571	0.3374	0.2626	0.2049	0.3694	0.0904	0.5503	0.6081
2010	0.3257	0.7143	0.4009	0.4170	0.2500	0.7917	0.2018	0.0927	0.2099	0.8571	0.2716	0.2887	0.2650	0.0000	0.1417	0.4694	0.5946
2011	0.4745	1.0000	0.5668	0.5986	0.5893	0.7917	0.2695	0.1005	0.2732	0.8571	0.4938	0.3502	0.3586	0.0203	0.1278	0.1805	0.3649
2012	0.4908	0.2139	0.5647	0.5248	0.5982	0.9167	0.3821	0.3722	0.4155	0.9286	0.6132	0.4261	0.4161	0.1847	0.4017	0.3811	0.3063
2013	0.5866	0.5557	0.6428	0.6652	0.8482	0.8750	0.4621	0.4485	0.4841	1.0000	0.6914	0.5391	0.5274	0.3243	0.5115	0.4821	0.2523
2014	0.6558	0.4031	0.7145	0.7957	1.0000	0.9167	0.5798	0.5249	0.5537	0.9286	0.6173	0.5869	0.4659	0.4347	0.5561	0.4756	0.2252
2015	0.6813	0.2298	0.7369	0.1135	0.7054	1.0000	0.6778	0.6883	0.6267	0.8571	0.7407	0.6177	0.4402	0.5338	0.7252	0.3494	0.1351
2016	0.7435	0.3504	0.8037	0.0440	0.6875	0.9583	0.7199	0.7185	0.7086	0.8571	0.8395	0.6359	0.4412	0.4189	0.7675	0.4049	0.1757
2017	0.8254	0.3974	0.8669	0.0582	0.5804	0.9583	0.7861	0.7654	0.7865	0.8571	0.9547	0.6701	0.6009	0.7230	0.8328	0.3453	0.2432
2018	0.8916	0.3316	0.9234	0.0000	0.4554	0.9583	0.8583	0.8292	0.8494	0.8571	0.9588	0.7283	0.6257	0.5653	0.9002	0.5613	0.1712
2019	1.0000	0.4326	1.0000	0.2043	0.4643	0.9167	0.9363	0.8834	0.9181	0.9286	1.0000	0.8229	0.7002	0.9212	0.9492	0.7431	0.1712
2020	0.9415	0.0000	0.8678	0.2894	0.3839	0.7500	1.0000	1.0000	1.0000	0.0000	0.9424	1.0000	1.0000	1.0000	1.0000	1.0000	0.0000

4.2.3　指标权重的确定

应用 SPSS 软件对 2003~2020 年数据进行标准化后的指标矩阵进行熵值计算，最终得出北京市 18 年间 17 项二级指标的信息熵值、信息效用值和权重系数，如表 4-3 的第（3）列、第（4）列和第（5）列所示。接下来运用熵值计算，基于 2003~2020 年的数据确定各一级指标和二级指标的权重，如表 4-3 的第（5）列和第（6）列所示。从一级指标来看，财务维度的教育经费产出指标重要性最高（30.68%），其次是财务维度的教育经费投入指标（28.84%）和客户维度指标（20.71%）。从二级指标来看，权重排名前三的是学校教学及辅助用房面积、学校行政办公用房面积和学校教学、科研仪器设备资产值指标。

表 4-3　北京市各年整体教育经费绩效熵值法计算结果汇总

一级指标	二级指标	信息熵值 e	信息效用值 d	权重系数 w（%）	小计（%）
（1）	（2）	（3）	（4）	（5）	（6）
财务维度—教育经费投入	A1	0.9014	0.0986	6.78	28.84
	A2	0.9561	0.0439	3.01	
	A3	0.9152	0.0848	5.83	
	A4	0.9199	0.0801	5.51	
	A5	0.8879	0.1121	7.71	
财务维度—教育经费产出	B1	0.9524	0.0476	3.27	30.68
	B2	0.8895	0.1105	7.60	
	B3	0.833	0.167	11.48	
	B4	0.8788	0.1212	8.33	
客户维度	B5	0.9714	0.0286	1.97	20.71
	B6	0.9276	0.0724	4.98	
	B7	0.9278	0.0722	4.96	
	B8	0.9336	0.0664	4.57	
	B9	0.9385	0.0615	4.23	
内部流程维度	B10	0.8345	0.1655	11.38	14.92
	B11	0.9485	0.0515	3.54	
学习与成长维度	B12	0.9293	0.0707	4.86	4.86

4.2.4 绩效评价结果

根据表4-3得到的熵值及最终权重，可以对关键绩效指标的权重求和，得到二级指标得分情况，最终得到北京市2003~2020年整体指标的综合评价得分及排名。北京市各年整体教育经费绩效一级指标综合得分情况如表4-4所示，二级指标得分情况如表4-5所示。

根据表4-5可以看出，综合得分整体呈上升趋势，财务维度的教育经费产出指标为各项指标中的最高得分，财务维度的教育经费投入指标得分和客户维度的得分几乎相同，列为第二、第三位。最后两位分别是内部流程维度和学习与成长维度。

表4-4　北京市各年整体教育经费绩效一级指标综合得分情况

年份 \ 一级指标	综合得分	财务维度—教育经费投入	财务维度—教育经费产出	客户维度	内部流程维度	学习与成长维度
2003	0.18	0.05	0.05	0.04	0.03	0.01
2004	0.18	0.05	0.05	0.04	0.03	0.01
2005	0.21	0.06	0.06	0.04	0.03	0.01
2006	0.23	0.07	0.07	0.05	0.03	0.01
2007	0.25	0.07	0.08	0.05	0.04	0.01
2008	0.28	0.08	0.09	0.06	0.04	0.01
2009	0.28	0.08	0.09	0.06	0.04	0.01
2010	0.31	0.09	0.09	0.06	0.05	0.01
2011	0.38	0.11	0.12	0.08	0.06	0.02
2012	0.46	0.13	0.14	0.10	0.07	0.02
2013	0.57	0.16	0.17	0.12	0.08	0.03
2014	0.62	0.18	0.19	0.13	0.09	0.03
2015	0.61	0.18	0.19	0.13	0.09	0.03
2016	0.64	0.18	0.20	0.13	0.10	0.03
2017	0.70	0.20	0.21	0.14	0.10	0.03
2018	0.72	0.21	0.22	0.15	0.11	0.03
2019	0.80	0.23	0.24	0.17	0.12	0.04
2020	0.80	0.23	0.25	0.17	0.12	0.04

表4-5　北京市各年整体教育经费绩效二级指标得分情况

一级指标	财务维度—教育经费投入					财务维度—教育经费产出				客户维度					内部流程维度		学习与成长维度
二级指标 年份	A1	A2	A3	A4	A5	B1	B2	B3	B4	B5	B6	B7	B8	B9	B10	B11	B12
2003	0.0119	0.0053	0.0103	0.0097	0.0136	0.0058	0.0134	0.0202	0.0147	0.0035	0.0087	0.0088	0.0081	0.0075	0.0201	0.0062	0.0086
2004	0.0119	0.0053	0.0103	0.0097	0.0136	0.0058	0.0134	0.0202	0.0147	0.0035	0.0087	0.0088	0.0080	0.0074	0.0200	0.0062	0.0085
2005	0.0140	0.0062	0.0120	0.0114	0.0159	0.0068	0.0157	0.0237	0.0172	0.0041	0.0102	0.0103	0.0094	0.0087	0.0235	0.0073	0.0100
2006	0.0153	0.0068	0.0132	0.0125	0.0174	0.0074	0.0172	0.0259	0.0188	0.0045	0.0112	0.0113	0.0103	0.0096	0.0257	0.0080	0.0110
2007	0.0167	0.0074	0.0143	0.0136	0.0190	0.0080	0.0187	0.0282	0.0205	0.0048	0.0122	0.0122	0.0112	0.0104	0.0280	0.0087	0.0120
2008	0.0190	0.0084	0.0163	0.0154	0.0216	0.0092	0.0213	0.0322	0.0234	0.0055	0.0139	0.0140	0.0128	0.0119	0.0319	0.0099	0.0136
2009	0.0191	0.0085	0.0164	0.0155	0.0217	0.0092	0.0214	0.0324	0.0235	0.0056	0.0140	0.0140	0.0129	0.0119	0.0321	0.0100	0.0137
2010	0.0208	0.0092	0.0179	0.0169	0.0237	0.0100	0.0233	0.0352	0.0256	0.0060	0.0152	0.0153	0.0140	0.0130	0.0349	0.0109	0.0149
2011	0.0257	0.0114	0.0221	0.0209	0.0292	0.0124	0.0288	0.0435	0.0316	0.0075	0.0188	0.0189	0.0173	0.0160	0.0431	0.0134	0.0184
2012	0.0315	0.0140	0.0271	0.0256	0.0358	0.0152	0.0353	0.0534	0.0387	0.0092	0.0230	0.0231	0.0212	0.0197	0.0529	0.0165	0.0226
2013	0.0385	0.0171	0.0331	0.0313	0.0438	0.0186	0.0431	0.0652	0.0473	0.0112	0.0281	0.0283	0.0259	0.0240	0.0646	0.0201	0.0276
2014	0.0419	0.0186	0.0361	0.0341	0.0477	0.0202	0.0470	0.0710	0.0515	0.0122	0.0306	0.0308	0.0283	0.0262	0.0704	0.0219	0.0301
2015	0.0414	0.0184	0.0356	0.0336	0.0471	0.0200	0.0464	0.0701	0.0509	0.0120	0.0302	0.0304	0.0279	0.0258	0.0695	0.0216	0.0297
2016	0.0433	0.0192	0.0373	0.0352	0.0493	0.0209	0.0486	0.0734	0.0532	0.0126	0.0316	0.0318	0.0292	0.0270	0.0727	0.0226	0.0311
2017	0.0471	0.0209	0.0405	0.0383	0.0536	0.0227	0.0528	0.0798	0.0579	0.0137	0.0344	0.0346	0.0318	0.0294	0.0791	0.0246	0.0338
2018	0.0485	0.0215	0.0417	0.0394	0.0552	0.0234	0.0544	0.0822	0.0596	0.0141	0.0354	0.0356	0.0327	0.0303	0.0814	0.0253	0.0348
2019	0.0541	0.0240	0.0465	0.0439	0.0615	0.0261	0.0606	0.0916	0.0664	0.0157	0.0395	0.0397	0.0365	0.0337	0.0908	0.0282	0.0388
2020	0.0544	0.0241	0.0468	0.0442	0.0619	0.0262	0.0610	0.0921	0.0668	0.0158	0.0397	0.0400	0.0367	0.0339	0.0913	0.0284	0.0390

4.3 北京市整体教育经费绩效评价结果的分析

4.3.1 整体绩效的分析

从图 4-11 中可以看到，综合得分除了在 2004 年、2015 年分别比上年略有下降，整体呈上升趋势，说明北京市教育经费综合绩效的表现越来越好。

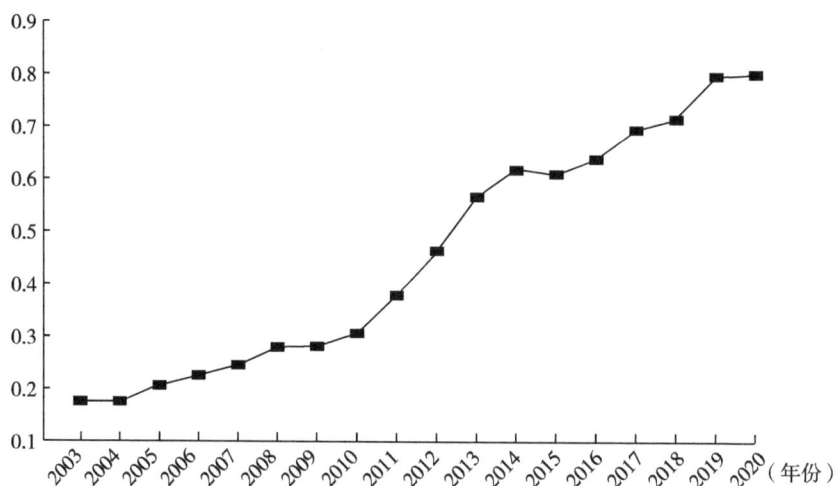

图 4-11 北京市各年整体教育经费绩效评价的综合得分情况

4.3.2 五个维度绩效的分析

图 4-12 表明了 2003～2020 年将综合得分拆解为五个维度的得分。在此 18 年间每年的得分构成相对固定。详细来看，财务维度的教育经费产出指标得分最高，学习与成长维度得分最低，财务维度的教育经费产出指标得分上升趋势最明显，学习与成长维度、客户维度、内部流程维度得分变化较小。

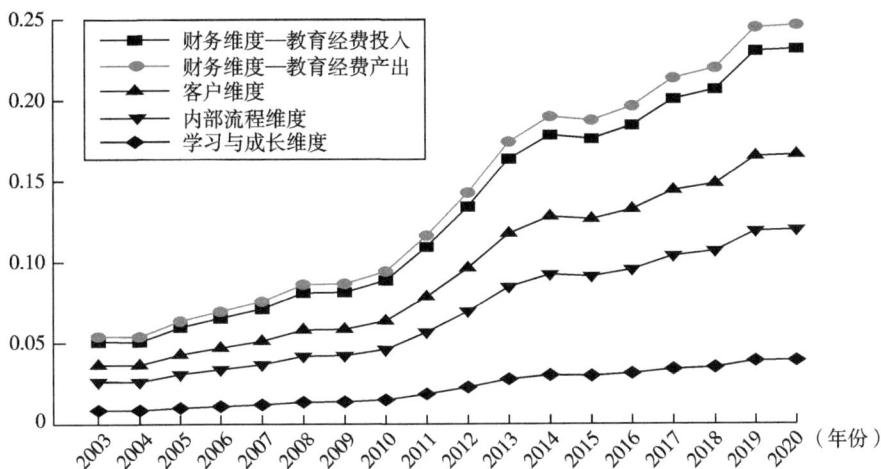

图 4-12 北京市各年整体教育经费绩效一级指标综合得分情况

4.3.3 财务维度之教育经费投入绩效的分析

从图 4-13 可以得出，从财务维度的教育经费投入层面的构成来看，2003~2020 年各年的得分排名保持稳定不变，从高到低分别为：地方教育经费支出与GDP 之比、教育经费支出、生均教育经费支出、地方教育经费支出与地方财政支出之比与教育经费支出增长率。

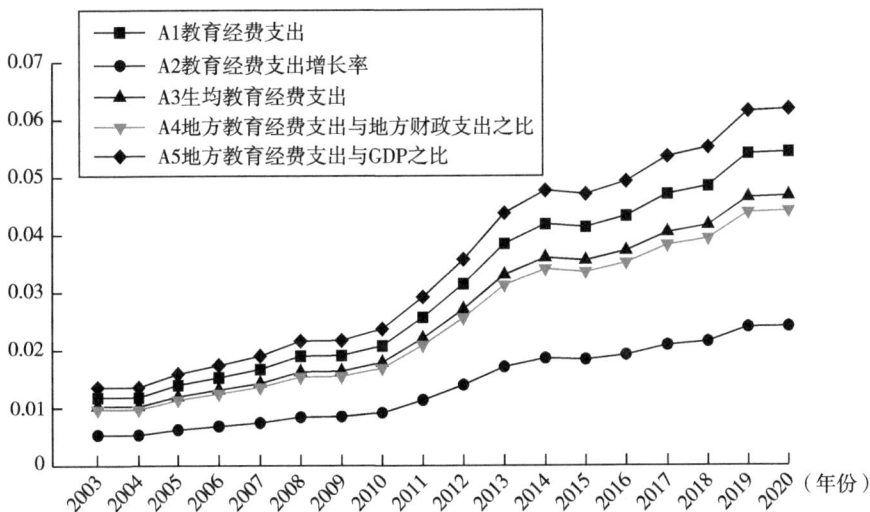

图 4-13 北京市各年整体财务维度之教育经费投入绩效指标综合得分情况

各类学校不以盈利为最主要目的，在肩负着培育人才、研究创新等任务的同时，其财务状况也潜移默化地影响着教育经费支出的绩效。根据熵值法的权重重要性得出，地方财政教育支出对综合得分影响最大。教育如果想获得长期的高质量发展，必须要有充足的经费收入和优化的财务支出结构。不然，短缺的资金将成为发展的绊脚石。

4.3.4 财务维度之教育经费产出绩效的分析

图 4-14 表明了北京市各年教育经费产出绩效指标的综合得分情况。从图 4-14 可以看出，学校教学及辅助用房面积的综合得分最高，其次是学校教学、科研仪器设备资产值和学校宿舍面积的综合得分，学校生均图书册数的综合得分最低。

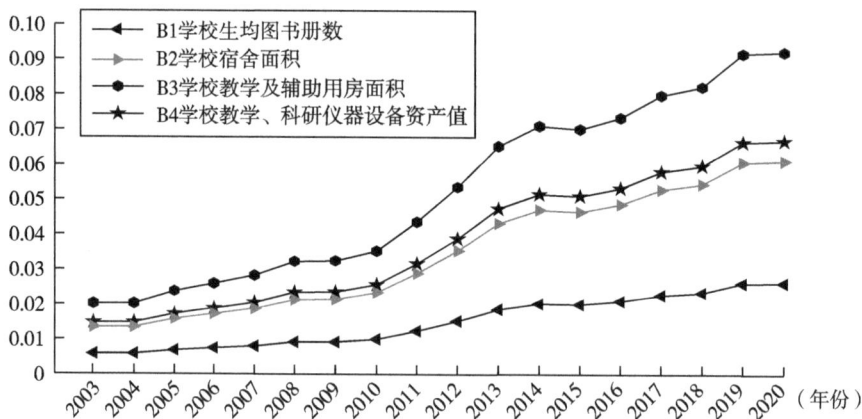

图 4-14 北京市各年整体财务维度之教育经费产出绩效指标综合得分情况

从整体来看，仪器设备、用房面积这类重资产的得分较高且增加速度较快，说明基础设施的逐年增加较为显著，而生均图书册数得分较低且增加速度较慢，说明此指标还有提升的空间。

4.3.5 客户维度绩效的分析

学校承担着教育学生及为用人单位培养人才的职责和使命，客户维度的重要性不可忽视。图 4-15 表明了北京市各年客户维度绩效指标的综合得分情况。

48

从图4-15可以看出，客户维度得分总体呈上升趋势。各类学校的在校生、招生、毕业生人数以及人均受教育年限占比最大，得分也相对较高，在一定程度上反映了北京市各地区学生在招生方面表现较好，需要继续保持。

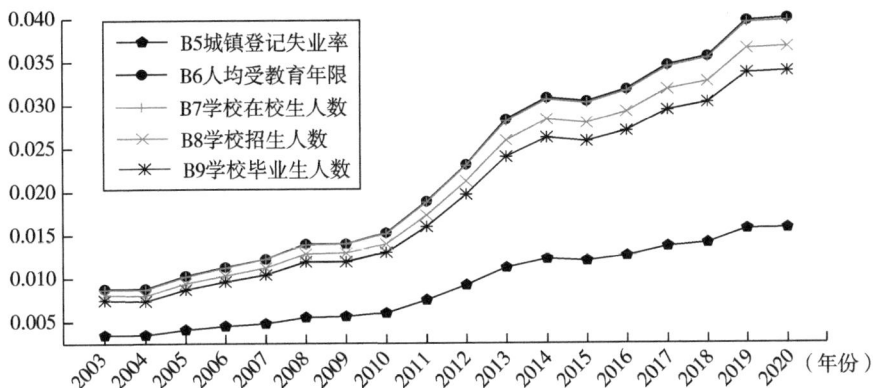

图4-15　北京市各年客户维度绩效指标的综合得分情况

4.3.6　内部流程维度绩效的分析

从图4-16可以看出，行政人员数的综合得分增减趋势与行政办公用房面积的增减趋势基本一致，但是行政人员数的综合得分增长速度明显慢于行政办公用房面积的增长速度，因此，需要关注行政办公用房的使用是否合理。

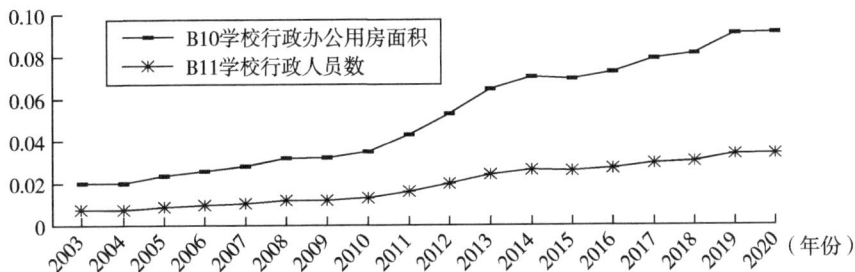

图4-16　北京市各年内部流程维度绩效指标的综合得分情况

学校行政人员数指标得分较低，学校行政人员数在3.7万人左右，说明随着教育经费支出的增加，行政人员的数量很可能不能满足学校的行政管理规模的需求，管理效率可能较低。

4.3.7　学习与成长维度绩效的分析

图4-17表明了北京市各年学习与成长维度绩效指标的综合得分情况。根据图4-17可以明显看出，2003~2020年，学校生师比指标综合得分逐年增加，说明该指标表现越来越好。

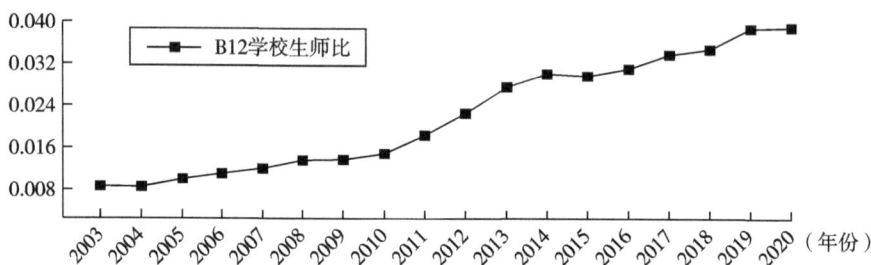

图4-17　北京市各年学习与成长维度绩效指标的综合得分情况

2003~2010年，综合得分增幅较小；2010~2013年，综合得分增幅较大；2013~2020年的综合得分幅度再次放缓。说明在2010~2013年，学校生师比指标数值较为合理，因此其综合得分的增加速度较快。

4.4　北京市整体教育经费绩效提升的建议

4.4.1　整体绩效提升的建议

教育经费支出是衡量一个地区教育发展水平的重要指标，可以通过增加教育经费支出来提高财务维度的绩效，进而对整体绩效起到促进作用。在规划教育经费支出时，需要着重考虑当前绩效的薄弱环节，如当前的生师比较高，应考虑投入更多的教育经费增加教师的数量，从而降低生师比，提高教学质量；当前的内部流程维度得分也较低，应综合评估行政人员的数量是否足够或冗余，从而采取相应的方法提高绩效。具体措施如下：

一是优化教育经费分配结构。鉴于财务维度的教育经费产出指标得分上升趋势最明显，应继续加大对该维度的投入，并确保经费能够高效、合理地用于教育产出方面，如教学设备更新、课程改革等。

二是提高经费使用效率。针对财务维度的教育经费投入指标、客户维度、内部流程维度得分变化较小的情况，应重点关注这些维度的经费使用效率。通过精细化管理、优化资源配置等方式，确保每一分钱都能产生最大的效益。建立和完善教育经费使用的绩效评价体系，定期对各个维度进行绩效评估，及时发现问题并采取改进措施。

三是加强客户维度和内部流程维度的管理。在保持现有水平的基础上，进一步提升客户维度（如学生、家长满意度）和内部流程维度（如行政管理效率、教学资源配置）的绩效。通过改进服务质量、优化内部管理流程等方式，提高教育系统的整体运行效率和服务质量。

四是强化学习与成长维度的建设。针对学习与成长维度得分最低的情况，应制订具体的提升计划。加大对教师队伍建设的投入，提供持续的培训和专业发展机会，激发教师的创新活力和教学热情。同时，关注学生的全面发展需求，提供更多元化、个性化的学习资源和成长平台。

五是建立动态调整机制。根据教育发展的实际需求和绩效评估结果，建立教育经费的动态调整机制。在确保基本教育投入的同时，灵活调整不同维度的经费分配比例，以适应教育发展的变化需求。

六是加强监管和透明度。建立健全教育经费使用的监管机制，确保经费的合规性和有效性。加大对违规使用经费的查处力度，预防和打击腐败行为。提高教育经费使用的透明度，定期公布经费使用情况和绩效评估结果，接受社会监督。

4.4.2 财务绩效之教育经费投入绩效提升的建议

教育经费投入维度的得分较高，绩效表现较好，可以将重点放在增加教育经费支出金额上。教育经费主要来源于政府预算经费和社会捐赠，政府预算经费又可以分为国家预算和地方预算。

从政府预算来看，一方面，政府可以通过提高教育预算，增加教育经费占预算的比例来保证教育经费的充足，为教育提供更多的资金支出，从而提高教育投入，改善教育资源配置；同时可以考虑提高教育相关的税收，为教育经费的增加提供保障。另一方面，政府可以进行教育改革，提高教育效率，从而节约教育经费，增加教育经费投入。

从社会捐赠来看，应激励社会各界对教育事业进行捐赠，增加教育经费可支出金额。一是可以通过建立透明的资金管理体系和发布有效的使用报告来强化捐赠者对捐赠资金去向的了解，增强其对经费捐赠的信心。二是可以通过宣传有价值的捐赠具体案例，说明教育捐赠对教育事业和社会的贡献，提高社会对教育的关注度和重视程度，引起捐赠者的兴趣，引导良性的公益文化氛围。三是可以设立相关法律，为捐赠者提供保障，保护其各项权利，支持和鼓励社会进行教育捐赠。

当然，在增加教育经费的同时，还需加强教育经费管理，避免经费的浪费和资源的不合理利用，从而保证教育经费的有效支出。

另外，还需增加地方教育经费支出并优化其结构。一是提高地方教育经费支出与 GDP 之比。鉴于该指标在得分排名中的高位，应继续努力提高地方教育经费支出占 GDP 的比例，确保教育投入与经济增长保持同步。二是优化地方教育经费支出结构。在保持总量增长的同时，要注重优化支出结构，确保经费能够按需分配，重点支持基础教育、职业教育和高等教育等关键领域。三是提高生均教育经费支出。生均教育经费支出是反映教育投入水平的重要指标之一，应逐步提高生均教育经费支出，确保每位学生都能享受到充足的教育资源。

4.4.3　财务绩效之教育经费产出绩效提升的建议

在学校生均图书册数方面，可以通过增加在图书购买方面的经费支出，或者联系图书馆等机构对学校进行图书捐赠，从而增加图书的册数。

对于学校宿舍面积，应综合评估当前面积数是否能够满足学生的使用需要：若有所不足，应适当修建学生宿舍；若有所空闲，则应将空闲房屋转作他用，避免空间的浪费。

对于学校教学、科研仪器设备资产值，先进的科研设备能够增加学生的学习兴趣，提高教育效率，提升学校的形象，促进教育经费预算的增加。因此，可以适当增加学校的教学、科研仪器设备资产的采购，形成良性循环。同时，应对已有的教学、科研仪器设备资产进行保养和维护，避免相关设备资产的损坏和浪费。

4.4.4　客户流程维度绩效提升的建议

在客户流程维度方面，对于城镇登记失业率，应增加教育投入，提高教育的质量，培养出更多的高素质人才，从而减少失业率。同时，教育投入还可以帮助提高经济增长水平，增加就业机会，进一步降低失业率。教育投入对于促进就业的作用是显著的，特别是对于城镇劳动力市场的就业情况。教育是提高个人技能和就业竞争力的重要途径。高水平的教育可以帮助个人获得高技能、高薪酬的工作，从而降低失业率。此外，改善教育质量和提高教育普及率还可以为社会培养更多的人才，提高整体的就业水平，因此，提高教育质量和提高教育普及率是降低城镇登记失业率的重要途径。具体改进措施如下：

首先，持续优化招生和培养机制。北京市各类学校的在校生、招生、毕业生人数以及人均受教育年限占比最大，得分也相对较高，这反映了北京市各地区在招生方面表现较好。为了保持这一优势，应继续优化招生与培养机制，确保能够吸引和选拔到优秀人才。一是完善招生政策。根据社会发展和人才需求的变化，适时调整招生政策，确保招生计划的合理性和科学性。二是提高选拔标准。在选拔过程中，注重考察学生的综合素质和创新能力，选拔出真正具有潜力和才华的学生。三是加强培养质量。注重学生的全面发展，提供丰富多样的课程和课外活动，培养学生的创新精神和实践能力。

其次，加强教育与就业市场的对接。一是建立就业导向的教育体系。在教育过程中，注重培养学生的职业技能和就业竞争力，使学生能够更好地适应市场需求。二是加强校企合作。与企业建立紧密的合作关系，了解企业的用人需求，为学生提供实习和就业机会，提高学生的就业成功率。三是完善就业指导服务。为学生提供全面的就业指导服务，包括职业规划、求职技巧、招聘信息等，帮助学生顺利就业。

再次，提高教育质量和普及率。一是加大教育投入。增加对教育的投入，提高教育经费的使用效率，确保学生有足够的资源从而提高教学质量。二是改革教育体制。推进教育体制改革，建立更加灵活、开放的教育体系，为学生提供更多的学习选择和机会。三是加强师资队伍建设。培养一支高素质、专业化的教师队伍，提高教师的教学水平和专业素养，为提高教学质量提供有力保障。

最后，建立客户反馈机制。为了更好地满足学生、家长、用人单位等客户的需求，应建立客户反馈机制，及时了解客户的意见和建议，不断改进教育工作。

一是定期收集客户反馈。通过问卷调查、座谈会等方式，定期收集客户对教育工作的反馈意见。二是认真分析客户需求。对客户反馈进行深入分析，了解客户需求的变化和趋势，为改进教育工作提供依据。三是及时回应客户关切。针对客户反映的问题和关切，及时采取措施进行改进和回应，提高客户满意度。

4.4.5 内部流程维度绩效提升的建议

通过分析得知，学校行政人员数的增加落后于教育经费的增加，该指标得分较低是由于行政人员数仍处于较低水平。

首先，学校可以通过增加行政岗位、细分岗位职责，以提高行政人员数量。随着教育经费支出的增加，学校的行政管理规模也在不断扩大。为确保管理工作的有效开展，应合理增加行政岗位，并细分岗位职责。这不仅可以提高行政工作的专业性和针对性，还有助于缓解行政人员的工作压力，提升整体管理效率。

其次，学校可以通过提高招聘标准和工资待遇，以确保学校能够招到素质较高的行政人员。为吸引和留住优秀的行政人才，学校应提高招聘标准，注重选拔具备良好专业素质和实践经验的人才。同时，应适当提高行政人员的工资待遇，确保他们的收入水平能够与所承担的工作职责和付出的努力相匹配。这样可以增强行政岗位的吸引力，促进人才队伍的稳定和发展。

再次，学校可以通过完善人才培养机制，提高行政人员的专业素养和能力，并优化工作环境，以提升行政人员的工作满意度和工作积极性。针对现有行政人员队伍，学校应加大培训力度，定期组织专业培训和交流活动，提升行政人员的专业素质和能力水平。建立健全激励机制，通过设立奖励制度、提供晋升机会等方式，激发行政人员的工作积极性和创新精神。

最后，优化工作环境和设施配置。良好的工作环境和设施配置是提高行政工作效率的重要保障。学校应关注行政办公用房的使用情况，合理规划办公空间布局，确保行政人员能够在舒适、便捷的环境中开展工作。应加大对行政办公设备的投入力度，积极引进先进的信息化管理系统和办公设备，提高行政工作的自动化和智能化水平。

4.4.6 学习与成长维度绩效提升的建议

降低学校生师比的方法主要是增加教师的数量，同时不能忽视教学的质量，可以通过实施一些长期的教育改革计划，增加教师的数量。政府可以制定目标，将教育系统的预算投入到教师的培训和薪酬上。另外，政府还可以开展公共宣传，鼓励更多的人选择教师作为职业，并向社会展示教师对教育和社会发展的重要性。同时，政府还可以与学校合作，开展教师培训和职业发展项目，提高教师的专业素养和教学质量。具体建议如下：

首先，增加教师数量，优化生师比。降低学校生师比是提高教育质量的有效途径。为此，北京市教育系统应加大投入，增加教师的数量。政府可以制订长期的教育改革计划，明确教师队伍建设的目标和任务，确保教育系统的预算中有足够的资金用于教师的招聘和培训。各学校也应根据自身发展需要，合理规划教师队伍规模，优化生师比，为学生提供更加优质的教育资源。

其次，提高教师薪酬，吸引优秀人才。为了提高教师队伍的整体素质，北京市教育系统应适当提高教师的薪酬待遇，吸引更多优秀的人才投身教育事业。政府可以制定相关政策，加大对教师薪酬的投入力度，确保教师的收入水平能够与其所承担的工作职责和付出的努力相匹配。各学校也应建立完善的薪酬激励机制，激发教师的工作积极性和创新精神。

再次，加强教师培训，提升专业素养。为了提升教师队伍的整体素质，北京市教育系统应加强对教师的培训和发展支持。政府可以与教育机构合作，开展多样化的教师培训项目，包括专业知识更新、教学技能提升、教育理念创新等方面。各学校也应建立完善的教师培训制度，鼓励教师积极参加培训活动，不断提升自身的专业素养和教学能力。

最后，营造良好的教学环境，促进教师成长。北京市教育系统应注重营造良好的教学环境，为教师提供舒适的工作空间和充足的教学资源。政府可以加大对学校基础设施的投入力度，改善学校的教学条件和生活环境。各学校也应积极营造尊师重教的氛围，关心教师的工作和生活，为教师提供更多的成长机会和发展空间。

5 北京市学前教育经费绩效的
评价与提升

本章首先分析北京市学前教育经费绩效的现状；其次采用第 3.4.7 节的北京市各年学前教育经费绩效评价的指标体系，对北京市各年的学前教育经费绩效进行评价，并对评价结果进行分析；最后提出改进建议。

5.1 北京市学前教育经费绩效的现状

5.1.1 财务维度之教育经费投入情况

从图 5-1 来看，2003~2020 年幼儿园教育经费支出整体呈上升趋势。幼儿园

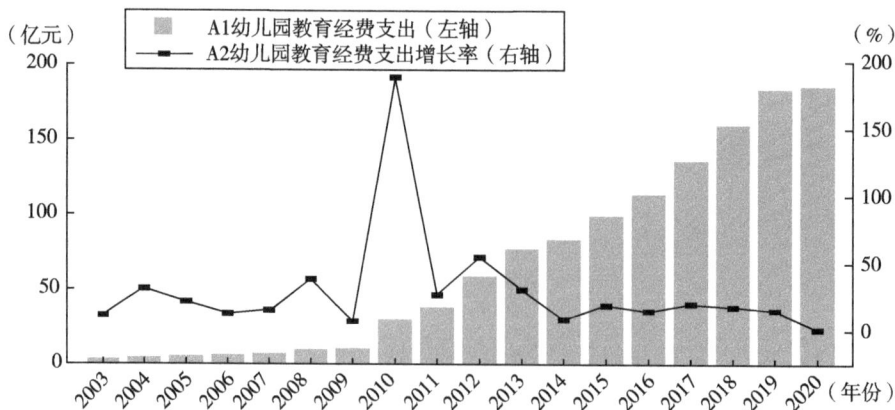

图 5-1 北京市各年学前教育经费支出的总体规模

教育经费支出增长率最高值出现在 2010 年，增长率高达 188.13%，教育经费支出较上年增加了 19.72 亿元，增长率高的原因主要在于其基准仍处于较低水平。在此之后，教育经费支出增加值较高的年份为 2012 年、2017 年、2018 年、2019 年，分别为 20.87 亿元、22.59 亿元、24.00 亿元、24.20 亿元，增长率均在 15% 以上。不过，2020 年的教育经费支出增速放缓，仅比 2019 年增加了 1.80 亿元，增长率增长了 0.98%，整体支出几乎与上年持平。

根据图 5-2 可以看出，北京市幼儿园生均教育经费支出[①]整体呈上升趋势，2015 年以前增速较快，2015 年后增速放缓；2009 年和 2014 年生均教育经费支出都出现了明显的下降；2019 年和 2020 年水平基本持平。

将教育经费支出中的地方教育经费分解出来，与地方财政支出和地方 GDP 分别计算比值。从图 5-2 可以看出，地方教育经费支出与地方 GDP 的比值虽逐年上升，但仍处于较低水平，2020 年最高时也仅为 0.52%。地方教育经费支出与地方财政支出的比值增加更为明显，从 2003 年的 0.92% 增加至 2020 年的 7.50%。

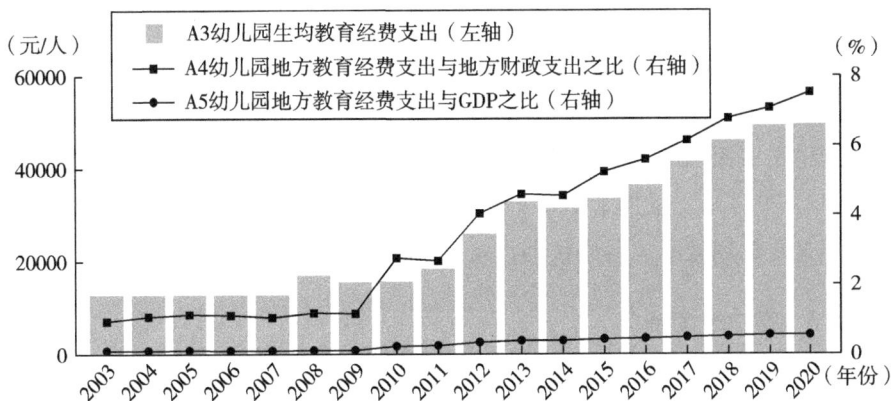

图 5-2　北京市各年学前教育经费支出的相对规模

5.1.2　财务维度之教育经费产出情况

图 5-3 表明了包括生均图书册数、宿舍面积、教学及辅助用房面积在内的北

---

① 幼儿园生均教育经费支出数据中，2003～2006 年的数据采用 2007 年的数据进行填补。

京市学前教育经费的产出情况。

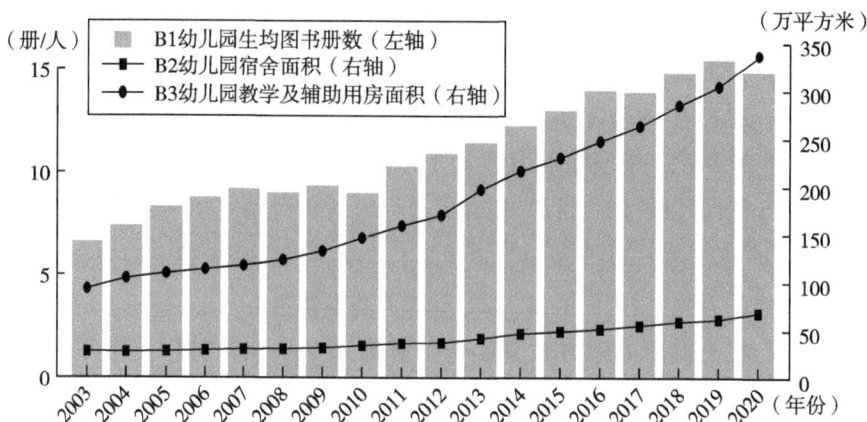

图 5-3　北京市各年学前教育经费产出情况

生均图书册数除了在 2010 年、2017 年、2020 年略微下降，整体呈缓慢增长趋势，2020 年为 14.90 册/人，是 2003 年的 2.3 倍左右。

幼儿园宿舍面积和教学及辅助用房面积呈明显的上升趋势。宿舍面积从 2003 年的 27.47 万平方米增加至 2020 年的 68.11 万平方米，增加了约 2.5 倍。教学及辅助用房面积的增加更显著，从 2003 年的 98.15 万平方米增加至 2020 年的 338.29 万平方米，增加了约 3.4 倍。

由于未获取到教学、科研仪器设备资产值的数据，故在此不做描述。

5.1.3　客户维度情况

B5 城镇登记失业率和 B6 人均受教育年限情况在第 4 章已介绍，在此不再赘述。

根据图 5-4 可以看出，幼儿园在园人数、入园人数、离园人数均呈上升趋势，增长速度从高到低分别为在园人数、入园人数和离园人数。其中，入园人数在 2006 年和 2018 年有明显的下降。2006 年的入园人数是 2003~2020 年最低的一年，也是唯一低于离园人数的年份，为 6.83 万人，当年的离园人数为 7.04万人。

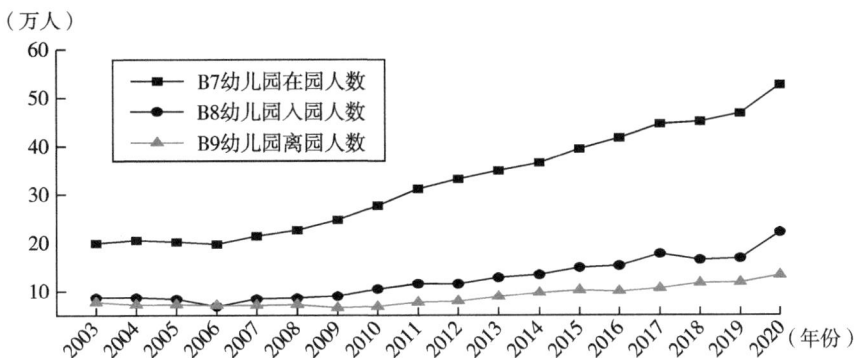

图5-4 北京市各年学前教育客户维度情况

5.1.4 内部流程维度情况

从图5-5可以看出，行政办公用房面积整体为上升趋势，除了在2011年出现近18年间的唯一一次下降，为22.15万平方米，次年又恢复至2010年的水平。在2003~2012年的10年间，行政人员数始终在2000人以下。2013年首次突破2000人，直至2017~2018年维持在2300人左右。接下来的两年中，行政人数增速有所提升，2019年和2020年的行政人数分别突破了2500人和3000人，增长率分别为12.32%和21.04%。

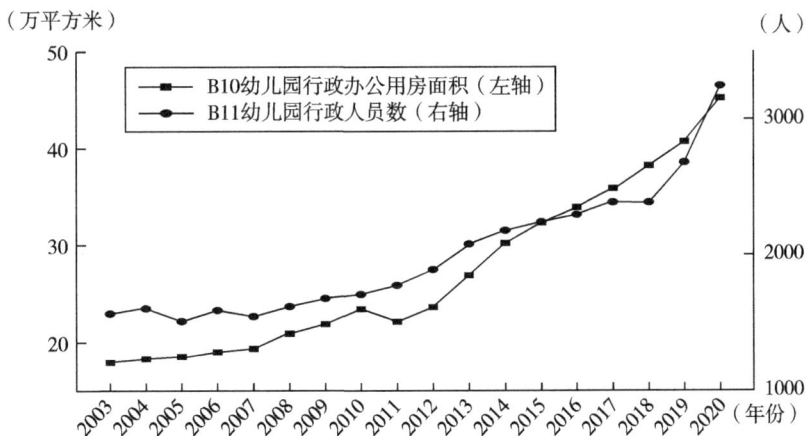

图5-5 北京市各年学前教育内部流程维度情况

5.1.5 学习与成长维度情况

图 5-6 表明了 2003~2020 年幼儿园的生师比情况。生师比值虽然在个别年份有略微的上升趋势，但整体是显著下降的，从 2003 年的 15.27 降至 2020 年的 11.75，与 2017 年的比值一致。2003~2020 年，比值最低为 2019 年的 11.35。

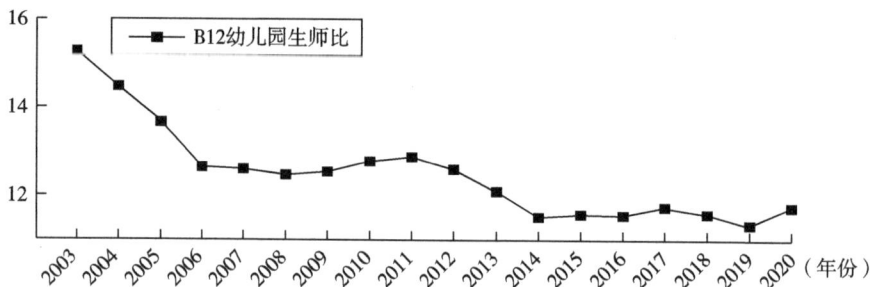

图 5-6　北京市各年学前教育学习与成长维度情况

5.2　基于熵值法确定北京市学前教育经费绩效评价的指标权重及得分

5.2.1 数据来源及初始矩阵的确立

关于北京市学前教育经费绩效评价的指标体系，本书从国家统计局网站、北京市统计局网站、《中国教育经费统计年鉴》等官方口径获取北京市 2003~2020 年的幼儿园基础统计数据。

本节根据表 5-1 确立的北京市各年学前教育经费绩效评价体系中的各项指标，进行数据的整理与汇总，构建出各指标的初始矩阵。

在确定了初始矩阵后，由于不同指标的量级和指标维度不同，直接采用熵值法会影响指标权重的准确性，所以需要对初始矩阵中的指标数据进行预处理。本节采取了极差法对数据进行标准化处理（见表 5-2）。

表5-1　北京市各年学前教育经费绩效初始矩阵数据

一级指标 二级指标 年份	财务维度—教育经费投入					财务维度—教育经费产出				客户维度				内部流程维度		学习与成长维度
	A1	A2	A3	A4	A5	B1	B2	B3	B5	B6	B7	B8	B9	B10	B11	B12
2003	3.43	11.33	**12757.54**	0.92	0.07	6.61	27.47	98.15	1.4	10.35	19.94	8.65	7.69	17.93	1569	15.27
2004	4.50	31.16	**12757.54**	1.05	0.07	7.38	27.31	103.81	1.3	10.56	20.55	8.67	7.17	18.31	1606	14.47
2005	5.47	21.52	**12757.54**	1.11	0.08	8.31	27.67	108.98	2.1	10.69	20.23	8.35	7.19	18.55	1513	13.66
2006	6.15	12.52	**12757.54**	1.09	0.07	8.76	28.94	113.15	2.0	10.95	19.75	6.83	7.04	19.01	1593	12.64
2007	7.08	15.18	12757.54	1.02	0.07	9.19	29.79	117.13	1.8	11.09	21.44	8.40	7.07	19.37	1548	12.60
2008	9.80	38.34	17071.55	1.15	0.08	9.01	30.31	123.11	1.8	10.97	22.67	8.59	7.21	20.92	1620	12.47
2009	10.49	7.02	15606.63	1.14	0.08	9.34	31.25	132.31	1.4	11.17	24.78	8.98	6.57	21.89	1679	12.54
2010	30.21	188.13	15771.11	2.74	0.20	8.99	33.67	145.86	1.4	11.01	27.70	10.50	6.81	23.44	1710	12.78
2011	38.23	26.54	18478.87	2.66	0.22	10.30	36.05	158.62	1.4	11.55	31.14	11.55	7.68	22.15	1777	12.88
2012	59.10	54.57	25994.17	4.02	0.31	10.92	36.80	169.48	1.3	11.84	33.17	11.52	7.91	23.63	1892	12.60
2013	77.10	30.46	32875.00	4.57	0.36	11.44	41.39	196.53	1.2	12.03	34.87	12.81	8.83	26.89	2079	12.10
2014	83.46	8.25	31565.85	4.53	0.36	12.26	46.40	215.84	1.3	11.85	36.50	13.40	9.65	30.21	2179	11.52
2015	99.18	18.83	33614.99	5.22	0.40	13.00	48.75	229.64	1.4	12.15	39.41	14.90	10.19	32.30	2242	11.58
2016	113.53	14.47	36516.40	5.57	0.42	13.98	51.19	247.02	1.4	12.39	41.70	15.28	9.96	33.93	2296	11.56
2017	136.12	19.90	41513.08	6.13	0.46	13.90	54.97	262.68	1.4	12.67	44.55	17.74	10.57	35.88	2388	11.75
2018	160.12	17.63	46222.54	6.76	0.48	14.83	58.80	284.40	1.4	12.68	45.06	16.51	11.71	38.22	2387	11.59
2019	184.32	15.11	49404.27	7.06	0.52	15.47	61.43	303.98	1.3	12.78	46.76	16.82	11.82	40.68	2681	11.35
2020	186.12	0.98	49669.47	7.50	0.52	14.90	68.11	338.29	2.6	12.64	52.59	22.18	13.29	45.17	3245	11.75

注：为保证数据完整性，A3指标2003~2006年的数据采用2007年数据；A3指标2003~2006年的数据采用2007年数据（2002~2020年）、国家统计局、北京市统计局、第七次全国人口普查数据及笔者分析整理（下同）。

资料来源：《中国教育经费统计年鉴》（2002~2020年）、国家统计局、北京市统计局、第七次全国人口普查数据及笔者分析整理（下同）。

表5-2 北京市各年学前教育经费绩效标准化处理后的数据

一级指标	财务维度—教育经费投入					财务维度—教育经费产出				客户维度				内部流程维度		学习与成长维度
二级指标 年份	A1	A2	A3	A4	A5	B1	B2	B3	B5	B6	B7	B8	B9	B10	B11	B12
2003	0.0000	0.0553	0.0000	0.0037	0.0039	0.0017	0.0036	0.0030	0.0007	0.0017	0.0032	0.0022	0.0031	0.0034	0.0034	0.0008
2004	0.0059	0.1613	0.0000	0.0054	0.0058	0.0025	0.0053	0.0044	0.0010	0.0026	0.0047	0.0033	0.0046	0.0050	0.0050	0.0012
2005	0.0112	0.1098	0.0000	0.0051	0.0055	0.0024	0.0051	0.0042	0.0010	0.0024	0.0045	0.0031	0.0044	0.0048	0.0048	0.0011
2006	0.0149	0.0617	0.0000	0.0056	0.0061	0.0026	0.0056	0.0046	0.0011	0.0027	0.0049	0.0034	0.0048	0.0052	0.0052	0.0012
2007	0.0200	0.0759	0.0000	0.0070	0.0075	0.0032	0.0069	0.0057	0.0013	0.0033	0.0061	0.0042	0.0059	0.0065	0.0065	0.0015
2008	0.0114	0.0114	0.0115	0.0100	0.0107	0.0046	0.0098	0.0082	0.0019	0.0047	0.0086	0.0061	0.0085	0.0093	0.0092	0.0022
2009	0.0113	0.0113	0.0114	0.0098	0.0106	0.0045	0.0097	0.0081	0.0019	0.0047	0.0085	0.0060	0.0084	0.0092	0.0091	0.0022
2010	0.0254	0.0254	0.0256	0.0222	0.0239	0.0102	0.0220	0.0182	0.0042	0.0106	0.0193	0.0135	0.0189	0.0206	0.0206	0.0049
2011	0.0233	0.0232	0.0235	0.0203	0.0219	0.0094	0.0201	0.0166	0.0038	0.0097	0.0176	0.0124	0.0173	0.0189	0.0189	0.0045
2012	0.0325	0.0324	0.0327	0.0284	0.0305	0.0130	0.0280	0.0232	0.0054	0.0135	0.0246	0.0172	0.0241	0.0264	0.0263	0.0062
2013	0.0402	0.0401	0.0405	0.0351	0.0378	0.0162	0.0347	0.0288	0.0066	0.0167	0.0305	0.0214	0.0298	0.0326	0.0326	0.0077
2014	0.0430	0.0429	0.0434	0.0376	0.0405	0.0173	0.0372	0.0308	0.0071	0.0179	0.0326	0.0229	0.0319	0.0349	0.0349	0.0083
2015	0.0494	0.0493	0.0498	0.0432	0.0465	0.0199	0.0427	0.0353	0.0082	0.0205	0.0375	0.0262	0.0367	0.0401	0.0401	0.0095
2016	0.0536	0.0535	0.0540	0.0468	0.0504	0.0215	0.0463	0.0383	0.0088	0.0223	0.0406	0.0285	0.0398	0.0435	0.0434	0.0103
2017	0.0610	0.0608	0.0615	0.0533	0.0574	0.0245	0.0526	0.0436	0.0101	0.0253	0.0462	0.0324	0.0452	0.0495	0.0494	0.0117
2018	0.0668	0.0667	0.0673	0.0583	0.0628	0.0268	0.0577	0.0478	0.0110	0.0277	0.0506	0.0355	0.0496	0.0542	0.0541	0.0128
2019	0.0731	0.0729	0.0736	0.0638	0.0687	0.0294	0.0631	0.0522	0.0121	0.0303	0.0553	0.0388	0.0542	0.0593	0.0592	0.0140
2020	0.0802	0.0800	0.0808	0.0700	0.0754	0.0322	0.0692	0.0573	0.0132	0.0333	0.0608	0.0426	0.0595	0.0651	0.0650	0.0154

5.2.2 指标权重的确定

按照前述指标构建体系和分析方法，可以计算得出学前教育各数据的权重系数（见表5-3）。

表5-3 北京市各年学前教育经费绩效熵值法计算权重结果汇总

一级指标	二级指标	信息熵值 e	信息效用值 d	权重系数 w（%）	小计（%）
财务维度—教育经费投入	A1	0.8257	0.1743	8.91	42.94
	A2	0.8261	0.1739	8.89	
	A3	0.8243	0.1757	8.98	
	A4	0.8478	0.1522	7.78	
	A5	0.8361	0.1639	8.38	
财务维度—教育经费产出	B1	0.9299	0.0701	3.58	17.64
	B2	0.8496	0.1504	7.69	
	B3	0.8755	0.1245	6.37	
	B5	0.9714	0.0286	1.47	
	B6	0.9276	0.0724	3.70	
客户维度	B7	0.868	0.132	6.75	23.26
	B8	0.9074	0.0926	4.73	
	B9	0.8707	0.1293	6.61	
内部流程维度	B10	0.8586	0.1414	7.23	14.45
	B11	0.8588	0.1412	7.22	
学习与成长维度	B12	0.9666	0.0334	1.71	1.71

5.2.3 评价结果

北京市各年学前教育经费绩效二级指标得分情况如表5-4所示，一级指标综合得分情况如表5-5所示。

由表5-4和表5-5可以看出，2003~2020年，北京市学前教育经费绩效综合得分排名大体呈上升趋势。财务维度中的教育经费投入与产出相匹配。客户维度、内部流程维度、学习与成长维度均逐年向好。因此，可以见得北京市学前教育体系建设是在逐步完善中。

表5-4 北京市各年学前教育经费绩效二级指标得分情况

一级指标	财务维度—教育经费投入					财务维度—教育经费产出				客户维度				内部流程维度		学习与成长维度
年份 \ 二级指标	A1	A2	A3	A4	A5	B1	B2	B3	B5	B6	B7	B8	B9	B10	B11	B12
2003	0.0042	0.0042	0.0042	0.0037	0.0039	0.0017	0.0036	0.0030	0.0007	0.0017	0.0032	0.0022	0.0031	0.0034	0.0034	0.0008
2004	0.0062	0.0062	0.0062	0.0054	0.0058	0.0025	0.0053	0.0044	0.0010	0.0026	0.0047	0.0033	0.0046	0.0050	0.0050	0.0012
2005	0.0059	0.0059	0.0059	0.0051	0.0055	0.0024	0.0051	0.0042	0.0010	0.0024	0.0045	0.0031	0.0044	0.0048	0.0048	0.0011
2006	0.0064	0.0064	0.0065	0.0056	0.0061	0.0026	0.0056	0.0046	0.0011	0.0027	0.0049	0.0034	0.0048	0.0052	0.0052	0.0012
2007	0.0080	0.0080	0.0080	0.0070	0.0075	0.0032	0.0069	0.0057	0.0013	0.0033	0.0061	0.0042	0.0059	0.0065	0.0065	0.0015
2008	0.0114	0.0114	0.0115	0.0100	0.0107	0.0046	0.0098	0.0082	0.0019	0.0047	0.0086	0.0061	0.0085	0.0093	0.0092	0.0022
2009	0.0113	0.0113	0.0114	0.0098	0.0106	0.0045	0.0097	0.0081	0.0019	0.0047	0.0085	0.0060	0.0084	0.0092	0.0091	0.0022
2010	0.0254	0.0254	0.0256	0.0222	0.0239	0.0102	0.0220	0.0182	0.0042	0.0106	0.0193	0.0135	0.0189	0.0206	0.0206	0.0049
2011	0.0233	0.0232	0.0235	0.0203	0.0219	0.0094	0.0201	0.0166	0.0038	0.0097	0.0176	0.0124	0.0173	0.0189	0.0189	0.0045
2012	0.0325	0.0324	0.0327	0.0284	0.0305	0.0130	0.0280	0.0232	0.0054	0.0135	0.0246	0.0172	0.0241	0.0264	0.0263	0.0062
2013	0.0402	0.0401	0.0405	0.0351	0.0378	0.0162	0.0347	0.0288	0.0066	0.0167	0.0305	0.0214	0.0298	0.0326	0.0326	0.0077
2014	0.0430	0.0429	0.0434	0.0376	0.0405	0.0173	0.0372	0.0308	0.0071	0.0179	0.0326	0.0229	0.0319	0.0349	0.0349	0.0083
2015	0.0494	0.0493	0.0498	0.0432	0.0465	0.0199	0.0427	0.0353	0.0082	0.0205	0.0375	0.0262	0.0367	0.0401	0.0401	0.0095
2016	0.0536	0.0535	0.0540	0.0468	0.0504	0.0215	0.0463	0.0383	0.0088	0.0223	0.0406	0.0285	0.0398	0.0435	0.0434	0.0103
2017	0.0610	0.0608	0.0615	0.0533	0.0574	0.0245	0.0526	0.0436	0.0101	0.0253	0.0462	0.0324	0.0452	0.0495	0.0494	0.0117
2018	0.0668	0.0667	0.0673	0.0583	0.0628	0.0268	0.0577	0.0478	0.0110	0.0277	0.0506	0.0355	0.0496	0.0542	0.0541	0.0128
2019	0.0731	0.0729	0.0736	0.0638	0.0687	0.0294	0.0631	0.0522	0.0121	0.0303	0.0553	0.0388	0.0542	0.0593	0.0592	0.0140
2020	0.0802	0.0800	0.0808	0.0700	0.0754	0.0322	0.0692	0.0573	0.0132	0.0333	0.0608	0.0426	0.0595	0.0651	0.0650	0.0154

表5-5 北京市各年学前教育经费绩效一级指标综合得分情况

年份	综合得分	财务维度—教育经费投入	财务维度—教育经费产出	客户维度	内部流程维度	学习与成长维度
2003	0.0471	0.0202	0.0083	0.0110	0.0068	0.0008
2004	0.0694	0.0298	0.0122	0.0161	0.0100	0.0012
2005	0.0661	0.0284	0.0117	0.0154	0.0096	0.0011
2006	0.0723	0.0310	0.0127	0.0168	0.0104	0.0012
2007	0.0896	0.0385	0.0158	0.0208	0.0130	0.0015
2008	0.1280	0.0550	0.0226	0.0298	0.0185	0.0022
2009	0.1266	0.0543	0.0223	0.0294	0.0183	0.0022
2010	0.2856	0.1226	0.0504	0.0664	0.0413	0.0049
2011	0.2613	0.1122	0.0461	0.0608	0.0378	0.0045
2012	0.3645	0.1565	0.0643	0.0848	0.0527	0.0062
2013	0.4514	0.1938	0.0796	0.1050	0.0652	0.0077
2014	0.4831	0.2074	0.0852	0.1124	0.0698	0.0083
2015	0.5548	0.2382	0.0979	0.1291	0.0802	0.0095
2016	0.6018	0.2584	0.1062	0.1400	0.0870	0.0103
2017	0.6845	0.2939	0.1207	0.1592	0.0989	0.0117
2018	0.7499	0.3220	0.1323	0.1744	0.1084	0.0128
2019	0.8200	0.3521	0.1446	0.1907	0.1185	0.0140
2020	0.9003	0.3866	0.1588	0.2094	0.1301	0.0154

5.3 北京市学前教育经费绩效评价结果的分析

5.3.1 整体绩效得分情况分析

北京市学前教育经费绩效得分总体呈逐年上升趋势，从2003年的0.0471分逐步增长到2020年的0.9003分，尤其是从2012年开始，绩效得分增长更快（见图5-7）。

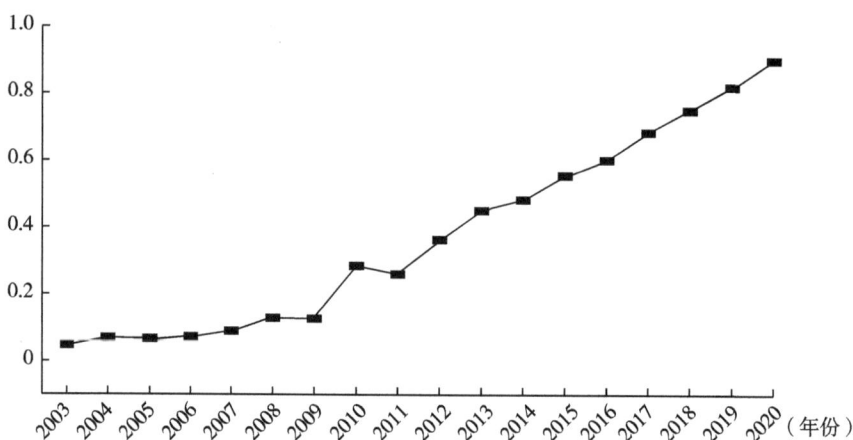

图 5-7 北京市各年学前教育经费绩效综合得分情况

5.3.2 五个维度绩效得分情况分析

根据图 5-8 可以看出，五个维度的得分变动趋势大致相同，均为上升趋势。图 5-8 清晰地表明了财务维度的教育经费投入指标综合得分始终为各维度中的最高，之后依次是客户维度指标、财务维度的教育经费产出指标、内部流程维度指标，综合得分最低的为学习与成长维度指标。

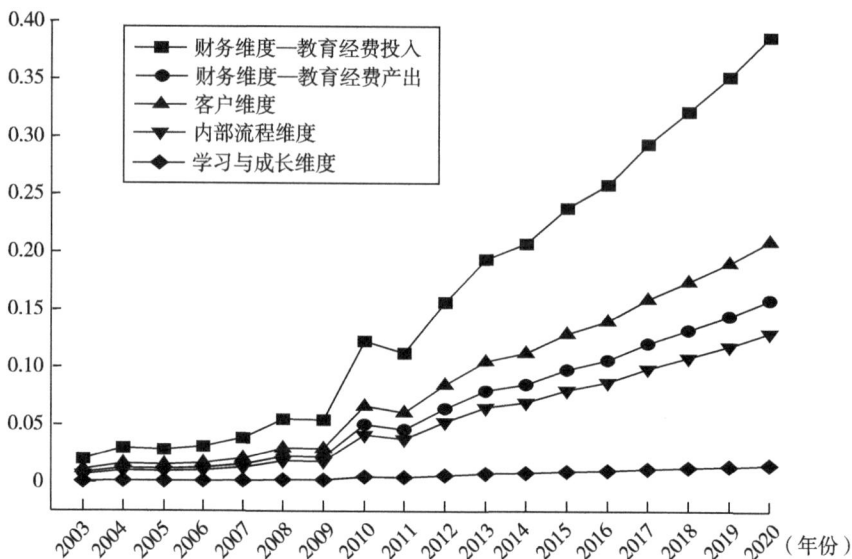

图 5-8 北京市各年学前教育经费绩效一级指标综合得分情况

各维度综合得分均在 2010 年达到小高峰，随后回归到原来的增长趋势曲线中。究其原因，2009~2010 年的综合得分突然增加来源于其教育支出的增加，其当年增长率高达 188.13%。

5.3.3　财务维度之教育经费投入综合得分情况分析

从图 5-9 可以看出，在本维度中，综合得分呈上升趋势。具体来看，幼儿园生均教育经费支出和幼儿园教育经费支出综合得分位列前二，随后是教育经费支出增长率，最后两名为幼儿园地方教育经费支出与 GDP 之比、幼儿园地方教育经费支出与地方财政支出之比。

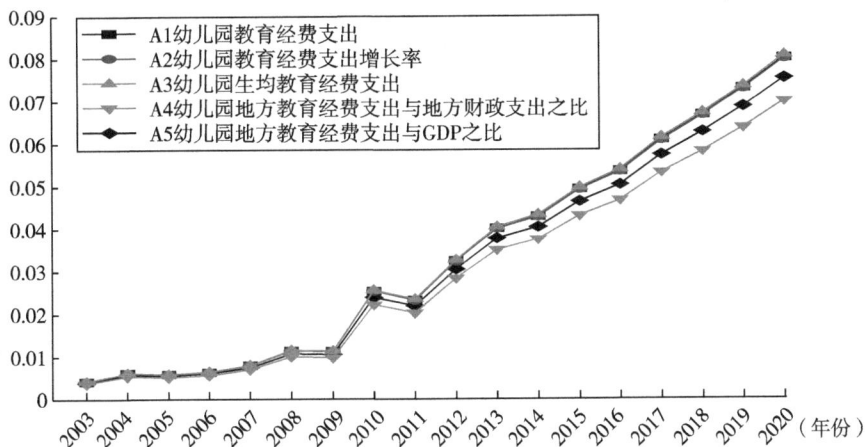

图 5-9　北京市各年学前教育财务维度之教育经费投入明细指标综合得分情况

教育经费支出和增长率综合得分较高，说明相对于其他方面，北京市把幼儿园阶段的教育放在了较为重要的地位上。但是地方教育经费支出与 GDP 和地方财政支出的比值得分较低，说明对幼儿园阶段的经费投入可能仍然处于不充足的状态。

5.3.4　财务维度之教育经费产出综合得分情况分析

从图 5-10 可以看出，综合得分从高至低分别为幼儿园宿舍面积、幼儿园教学及辅助用房面积、幼儿园生均图书册数。

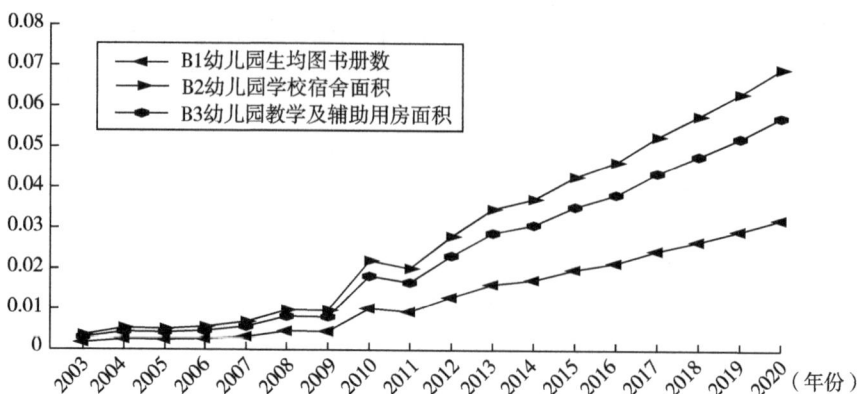

图 5-10　北京市各年学前教育财务维度之教育经费产出明细指标综合得分情况

　　宿舍面积得分较高说明了当前幼儿园的住宿条件较为不错，能够满足园内幼儿的需要。较低的生均图书册数得分则表明了园内图书册数相比于幼儿数量可能处于相对不足的状态，这种教育资源的不充足很有可能会在某种程度上影响幼儿的启蒙教学。

5.3.5　客户维度综合得分情况分析

　　从图 5-11 可以看出，幼儿园在园人数和离园人数得分较高，而入园人数得

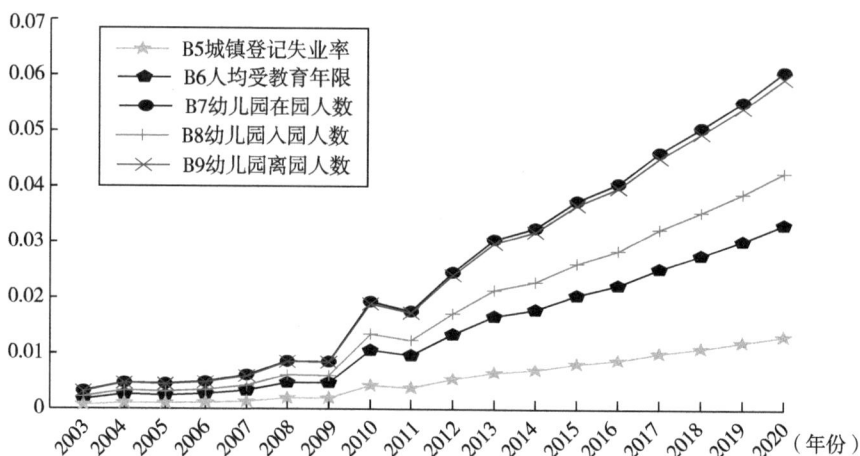

图 5-11　北京市各年学前教育客户维度明细指标综合得分情况

分相对较低，可能有几个原因：一是幼儿园教育质量下降，家长对幼儿园教育不满意；二是幼儿园教育并非强制义务教育，家长有更多的选择。

城镇登记失业率综合得分较低，需要关注幼儿园教育和就业之间的关系。幼儿园教育是孩子们接受教育的重要时期，可以帮助幼儿培养基本的社会、心理和认知能力，为他们今后的就业和职业发展打下坚实的基础。良好的幼儿园教育可以提高孩子的学习能力和智力水平，促进就业，从而降低城镇登记失业率。

5.3.6　内部流程维度综合得分情况分析

从图5-12可以看出，幼儿园行政办公用房面积和幼儿园行政人员数综合得分基本一致，稳步上升，说明这两个指标的表现越来越好，对教育经费支出的绩效有促进作用；同时，也说明这两个指标对于教育经费绩效的重要性，表明幼儿园的行政管理和环境相对较好。

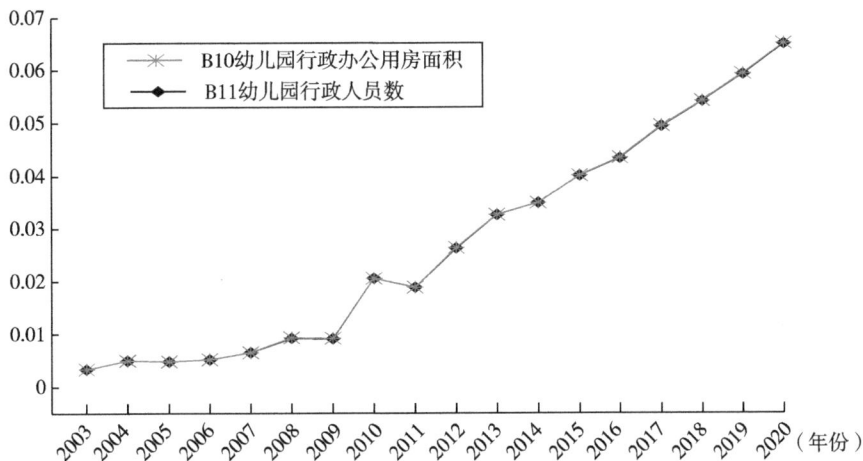

图5-12　北京市各年学前教育内部流程维度明细指标综合得分情况

5.3.7　学习与成长维度综合得分情况分析

从图5-13可以看出，幼儿园生师比指标综合得分逐年增加，说明该指标表现得越来越好。但也可以明显地看到，学习与成长维度的得分与其他维度相比总体偏低，且增长幅度很小，说明该指标仍然有较大的提升空间。

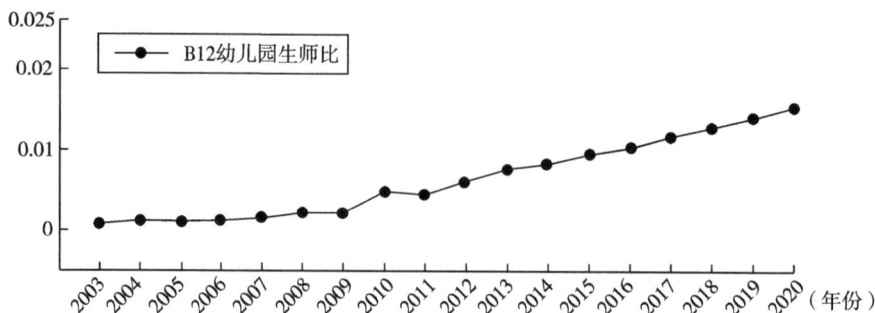

图5-13 北京市各年学前教育学习与成长维度明细指标综合得分情况

5.4 北京市学前教育经费绩效提升的建议

（1）整体绩效提升的建议

一是持续优化经费投入结构。虽然财务维度的教育经费投入指标得分始终最高，但仍需关注其投入的结构和效率。应确保经费的投入能够真正满足学前教育的实际需求，避免资源的浪费和错配。

二是关注教育经费产出效率。在保持高投入的同时，应更加注重教育经费的产出效率。通过优化教育资源配置，提高教育质量，确保每一分投入都能产生最大的教育收益。

三是加强客户维度和内部流程维度的管理。虽然这两个维度的得分呈上升趋势，但仍有提升空间。应更加关注家长和幼儿的满意度，优化内部管理流程，提高服务效率和质量。

四是重视学习与成长维度的发展。该维度的综合得分最低，说明在学前教育的发展过程中，对教职工人数的合理安排程度不足。应优化对学前教育阶段教职工数量的设置与调整频率，根据幼儿入园、在园、离园人数及时调整人员配置，避免出现幼儿人数较少而在职教职工较多或相反的情形，以提升整体教育工作效率。

五是建立长效的经费监管机制。针对 2009~2010 年教育支出陡然增加的情况，应建立长效的经费监管机制，确保经费的合理使用和有效监管。避免因短期行为导致的资源浪费和绩效波动。

六是强化绩效评估和反馈机制。定期对学前教育经费绩效进行评估，及时发现问题并进行整改。同时，将评估结果作为未来经费分配和优化的重要依据，形成良性循环。

七是鼓励社会力量的参与。在保障政府投入的基础上，积极引导和鼓励社会力量参与学前教育的发展。通过多元化的资金来源和办学模式，为学前教育注入新的活力和动力。

（2）财务维度之教育经费投入绩效提升的建议

教育经费投入是其他产出维度的基本。通过增加幼儿园的教育经费投入，增加此教育阶段的预算，从而使产出维度的提升成为可能。充裕的教育经费投入可以增加教育资源，提升教育质量。当然，要增加教育经费投入，需要设立相关的监督机制，确保经费不被滥用。具体建议如下：

首先，增加教育经费投入，优化预算分配。一是提高经费投入总量。政府应加大对学前教育的财政支持力度，增加幼儿园的教育经费投入。这不仅可以改善幼儿园的硬件设施，如扩大图书馆藏书量、更新教学设备等，还可以为幼儿园提供更多的运营资金，用于提升教学质量和师资水平。二是优化预算分配。在制定教育预算时，应充分考虑各幼儿园的实际需求和发展规划，确保经费投入的科学性和合理性。对图书资源等相对薄弱的环节应给予更多的关注和支持，以实现教育资源的均衡配置。

其次，加强经费监管，确保有效使用。一是建立完善的监管机制。政府应加强对学前教育经费使用的监管力度，确保经费能够按照预算计划合理、有效地使用。可以设立专门的监管机构或委托第三方机构进行定期检查和评估，及时发现和纠正经费使用中的问题。二是强化信息公开和透明度。幼儿园应定期公布经费使用情况和绩效评估结果，接受社会监督。这有助于增强公众对学前教育经费使用的信任度，促进教育资源的合理分配和高效利用。

（3）财务维度之教育经费产出绩效提升的建议

对于幼儿园生均图书册数综合得分较低的情况，可以通过增加图书采购方面的预算，增加该方面的教育资源配置，以激发幼儿的学习兴趣，提升启蒙教学质量；还可以考虑通过增加丰富的教育资源，如课程内容、课堂活动、教学方法和设备等，作为图书的替代品。

（4）客户维度绩效提升的建议

首先，优化幼儿园的设施和环境。幼儿园的环境和设施是家长选择幼儿园的重要因素。通过优化幼儿园的设施，如建造安全、环保、舒适的教学区域和活动区域，来吸引更多的家长送孩子到幼儿园接受教育。为提升学前教育经费绩效，必须首先投资于幼儿园的硬件设施建设。一是建造安全、环保、舒适的教学区域。教室是幼儿日常学习和活动的主要场所，其设计应考虑到幼儿的身心特点，确保安全、宽敞、明亮；使用环保材料，避免有害物质的释放，保证幼儿的健康。二是打造功能多样的活动区域。户外活动场地、游戏设施、体育器械等都应得到充分考虑。这些设施不仅能增强幼儿的体质，还有助于培养他们的团队协作能力和社交技巧。三是提供丰富的教育资源。图书馆、科学实验室、艺术工作室等专用教室的建设也不容忽视。这些资源可以丰富幼儿的学习体验，激发他们的创造力和探索精神。

其次，提高教育质量。优秀的教师团队、高水平的教育管理体系和严格的课程管理都有助于提高幼儿园的教育质量，吸引更多的家长。一是组建优秀的教师团队。教师的专业素养和教育理念直接影响幼儿的发展。幼儿园应严格选拔教师，提供持续的在职培训，确保他们具备教育幼儿所需的知识和技能。二是建立高水平的教育管理体系。明确的教学目标、科学的教学计划、完善的教学评价系统是高质量教育的保障。幼儿园应借鉴国内外先进的教育理念和实践经验，不断完善自身的教育管理体系。三是灵活的课程管理。课程设置应符合幼儿的身心发展规律和学习特点，既要注重知识的传授，也要关注能力的培养和情感的熏陶。幼儿园还应根据家长的需求和反馈，灵活调整课程内容，以满足不同家庭的教育期望。

（5）内部流程维度绩效提升的建议

幼儿园行政人员数与行政办公用房面积的得分基本一致且稳步上升，可以看出幼儿园在内部流程维度情况较好，这是北京市学前教育体系的优势所在。建议在保持当前行政人员数的前提下，提高行政管理的效率和质量。此外，可以通过改善办公用房的硬件设施和软件环境，提高员工的工作环境和工作效率以继续维持该维度的较高水准。行政环境和行政效率的提高都有利于提升教育经费支出绩效。

（6）学习与成长维度绩效提升的建议

幼儿园生师比为 11.75，综合得分从整体来看较低，仍有提升的空间。一方面，可以通过增加教师的数量来降低该指标的比值，增加教师数量可以提高教师对每个孩子的关注度，有益于教育效果。另一方面，可以对幼儿园教师进行相关的系统培训，提高教师的教学质量和教学效率，使教育效果更加优化。

6 北京市普通小学教育经费绩效的评价与提升

本章首先分析北京市普通小学教育经费绩效的现状；其次采用第 3.4.7 节的北京市各年普通小学教育经费绩效评价的指标体系，对北京市各年的普通小学教育经费绩效进行评价，并对评价结果进行分析；最后提出改进建议。

6.1 北京市普通小学教育经费绩效的现状

6.1.1 财务维度之教育经费投入情况

从图 6-1 可以看出，教育经费支出在 2003～2020 年逐年增加，从最初34.71 亿元增加至 416.29 亿元，增加了约 12 倍。教育经费支出增长率具有明显的波动性，最高的增长率出现在 2007 年，为 40.29%，较上年增加 20.74 亿元；最低的增长率出现在 2015 年，为 1.72%，较上年增加 4.52 亿元。

从图 6-2 得知，普通小学生均教育经费支出整体呈上升趋势，2014 年以前增速较快，2015 年出现明显下降，从 2014 年的 34876.71 元/人降至 2015 年的33559.11 元/人，2016 年以后增速放缓。2019 年和 2020 年水平基本持平。

图 6-2 中的指标还将教育经费支出中的地方教育经费分解出来，与地方财政支出和地方 GDP 分别计算比值。

两个比值的数据趋势较为相似，均整体上升，并且在 2006 年出现低谷、在2016 年出现峰值。2020 年的两个比值几乎均是 2003 年各自比值的 2 倍，地方教育经费支出与地方财政支出的比值从 9.31% 增长至 16.78%，与地方 GDP 的比值从 0.66% 增长至 1.16%。不过 2011 年有明显不同，当年与地方财政支出的比值低于前一年，而与当年 GDP 的比值高于上年。2019~2020 年，地方教育经费支出与地方财政支出的比值增幅高于与地方 GDP 的比值。

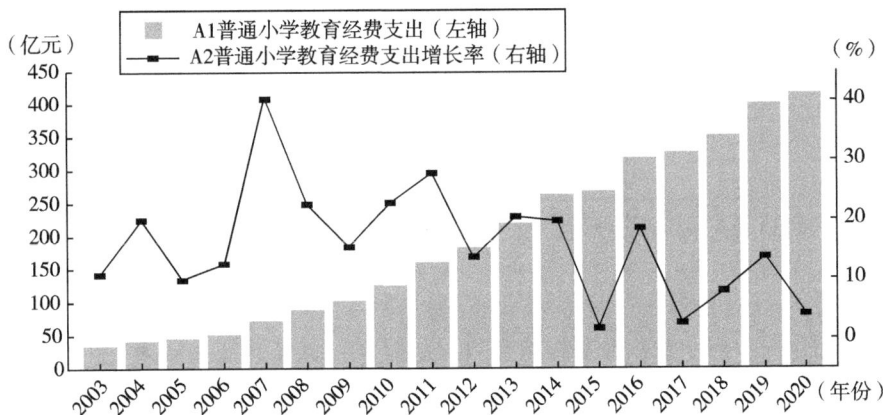

图 6-1 北京市各年普通小学经费支出的总体规模

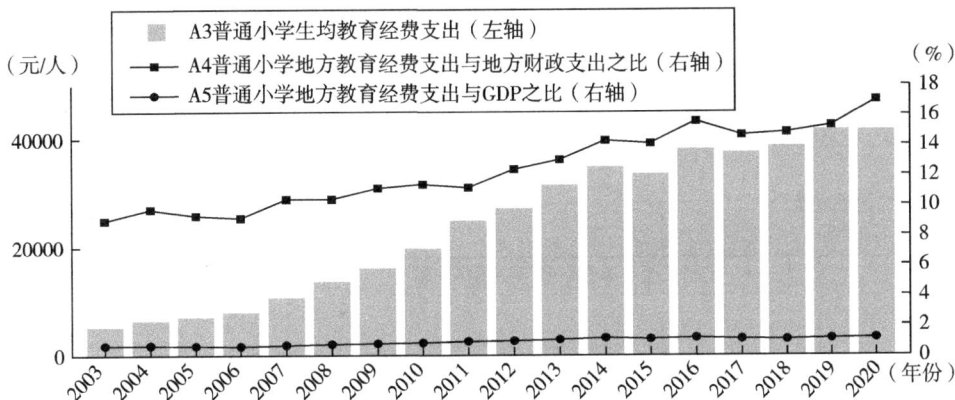

图 6-2 北京市各年普通小学经费支出的相对规模

6.1.2 财务维度之教育经费产出情况

图 6-3 表明了北京市普通小学的生均图书册数、宿舍面积、教学及辅助用房面积与教学、科研仪器设备资产值的变化情况。

75

（册/人）

B1普通小学生均图书册数

（万平方米）

B2普通小学宿舍面积

（万平方米）

B3普通小学教学及辅助用房面积

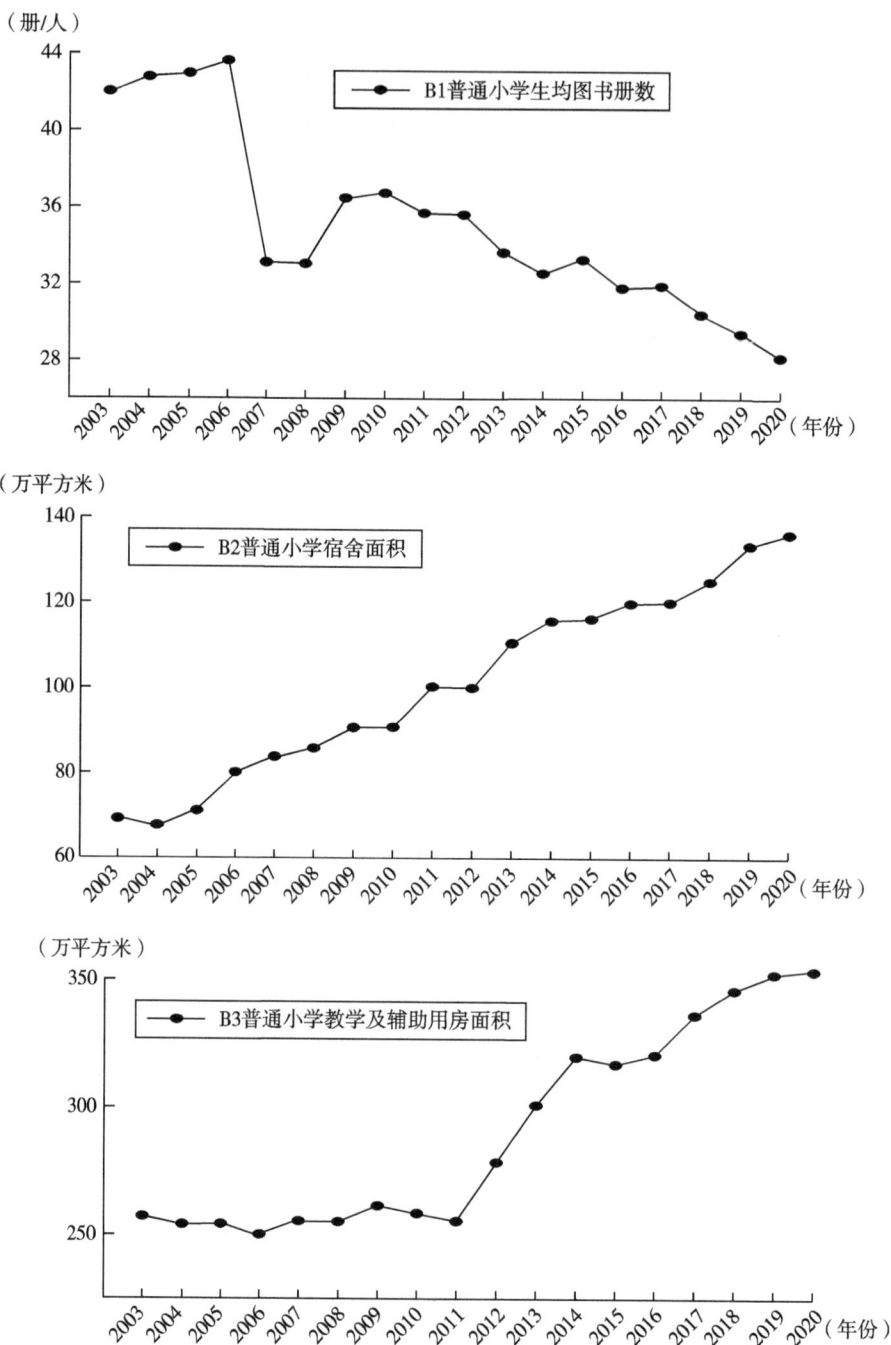

图6-3 北京市各年普通小学教育经费产出情况

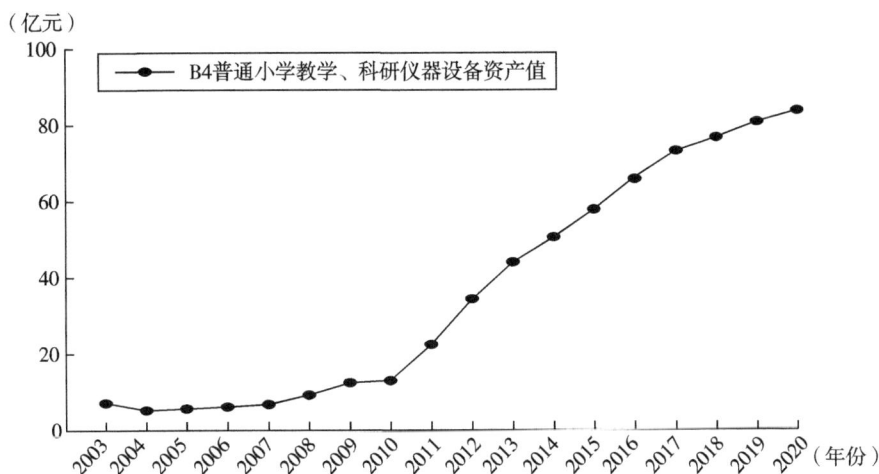

图6-3　北京市各年普通小学教育经费产出情况（续图）

普通小学生均图书册数在 2003~2006 年超过 40 册/人，2007~2018 年超过 30 册/人，2019~2020 年降至 30 册/人的水平以下，整体呈缓慢下降的趋势。

普通小学宿舍面积呈波动上升趋势，从 2003 年的 69.19 万平方米增加至 2020 年的 136.11 万平方米，几乎翻了一番。

普通小学教学及辅助用房面积在 2003~2011 年基本在 255 万平方米左右，接下来仅用两年时间突破了 300 万平方米，平均年增长率约为 4%。在此之后的 6 年，教学及辅助用房面积增速放缓，但仍有明显的攀升。

普通小学教学、科研仪器设备资产值在 2003~2010 年增速较缓，从 7.15 亿元增加至 12.99 亿元；2010~2020 年增速大幅提高，从 12.99 亿元增加至 83.72 亿元，增加了约 6.4 倍。

6.1.3　客户维度情况

B5 城镇登记失业率和 B6 人均受教育年限情况在第 4 章已介绍，此处不再赘述。

图 6-4 表明了 2003~2007 年普通小学的在校生人数、招生人数和毕业生人数变化趋势相似，均为连续下降 3 年，在 2007 年有明显的增长，且除了毕业生人数，另外两个指标 2007 年的数据均高于 2003 年。

此后，在校生人数主要呈平滑上升趋势，而招生人数和毕业生人数的波动性更强。在 2020 年，在校生人数和招生人数较上年有所增加，而毕业生人数有所减少。

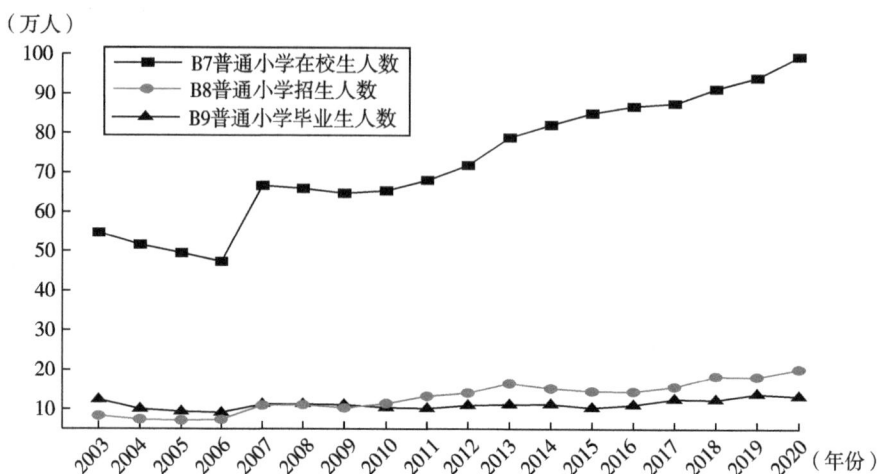

图 6-4　北京市各年普通小学客户维度情况

6.1.4　内部流程维度情况

从图 6-5 可以清楚地看到，普通小学的行政办公用房面积和行政人员数变动方向相反，前者逐渐增加而后者逐渐降低。行政办公用房面积从 69.43 万平方米增加至 90.09 万平方米，增长率约为 30%。行政人员数从 6967 人降至 2962 人，下降了约 57%。

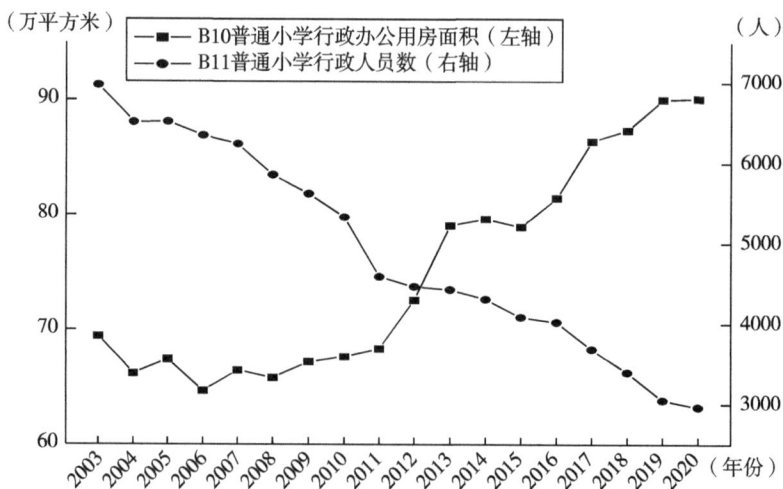

图 6-5　北京市各年普通小学内部流程维度情况

6.1.5 学习与成长维度情况

图 6-6 表明了北京市普通小学生师比的变化情况。普通小学生师比值虽然在个别年份有所下降，但整体为上升趋势。2003～2006 年逐渐下降至 10 以下，2007 年骤然增加至 13.83，随后波动上升，到 2020 年为 17.64。

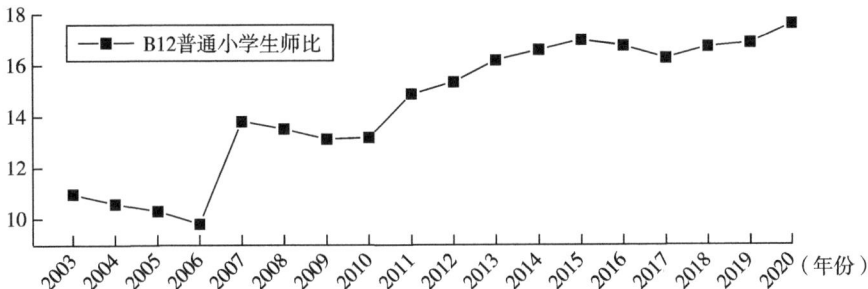

图 6-6 北京市各年普通小学学习与成长维度情况

6.2 基于熵值法确定北京市普通小学教育经费绩效评价的指标权重及得分

6.2.1 数据来源及初始矩阵的确立

关于北京市普通小学教育经费绩效评价的指标体系，本书从国家统计局网站、北京市统计局网站、《中国教育经费统计年鉴》等官方口径获取北京市 2003～2020 年的普通小学基础统计数据。

本节根据表 6-1 确立的北京市各年普通小学教育经费绩效评价体系中的各项指标，进行数据的整理与汇总，构建出各指标的初始矩阵。受限于论文篇幅，各指标的原始数据不在本书中展示。

6.2.2 数据标准化处理

在确定了初始矩阵后，由于不同指标的量级和指标维度不同，直接采用熵值法会影响指标权重的准确性，所以需要对初始矩阵中的指标数据进行预处理。本节采取了极差法对数据进行标准化处理（见表 6-2）。

表6-1　北京市各年普通小学教育经费绩效初始矩阵数据

一级指标	财务维度—教育经费投入					财务维度—教育经费产出					客户维度				内部流程维度		学习与成长维度
二级指标 年份	A1	A2	A3	A4	A5	B1	B2	B3	B4	B5	B6	B7	B8	B9	B10	B11	B12
2003	34.71	10.73	5245.24	9.31	0.66	42.02	69.19	257.16	7.15	1.40	10.35	54.65	8.26	12.36	69.43	6967	10.97
2004	41.65	19.99	6411.28	9.73	0.67	42.77	67.65	254.08	5.24	1.30	10.56	51.60	7.36	10.01	66.17	6508	10.58
2005	45.73	9.80	7100.98	9.30	0.64	42.96	71.10	254.20	5.70	2.10	10.69	49.45	7.10	9.35	67.40	6514	10.31
2006	51.48	12.56	7985.58	9.15	0.61	43.62	80.07	250.17	6.14	2.00	10.95	47.33	7.31	9.08	64.67	6343	9.82
2007	72.22	40.29	10684.09	10.41	0.69	33.12	83.77	255.34	6.77	1.80	11.09	66.66	10.92	11.23	66.45	6239	13.83
2008	88.54	22.61	13652.49	10.41	0.75	33.05	85.73	255.14	9.22	1.80	10.97	65.95	11.04	11.23	65.81	5855	13.54
2009	102.13	15.34	16061.18	11.14	0.79	36.47	90.60	261.38	12.48	1.40	11.17	64.71	10.24	11.07	67.18	5621	13.14
2010	125.50	22.88	19762.12	11.39	0.84	36.73	90.74	258.48	12.99	1.40	11.01	65.33	11.37	10.30	67.65	5327	13.20
2011	160.42	27.83	24920.45	11.18	0.93	35.69	100.33	255.41	22.40	1.40	11.55	68.05	13.27	10.17	68.35	4586	14.89
2012	182.36	13.68	27159.87	12.39	0.96	35.62	100.02	278.43	34.31	1.30	11.84	71.87	14.17	10.95	72.58	4463	15.36
2013	219.79	20.52	31501.72	13.03	1.04	33.65	110.51	300.92	44.00	1.20	12.03	78.93	16.58	11.18	79.06	4426	16.20
2014	263.37	19.83	34876.71	14.30	1.15	32.56	115.67	319.79	50.54	1.30	11.85	82.12	15.32	11.28	79.61	4304	16.61
2015	267.89	1.72	33559.11	14.11	1.08	33.28	116.19	316.89	57.80	1.40	12.15	85.03	14.59	10.39	78.92	4081	16.99
2016	317.63	18.57	38119.95	15.59	1.17	31.80	119.78	320.55	65.67	1.40	12.39	86.84	14.53	11.15	81.46	4020	16.77
2017	325.85	2.59	37520.87	14.67	1.09	31.91	119.99	336.12	73.13	1.40	12.67	87.58	15.76	12.59	86.40	3684	16.29
2018	351.76	7.95	38690.04	14.85	1.06	30.40	124.95	345.93	76.66	1.40	12.68	91.32	18.43	12.46	87.36	3393	16.75
2019	399.86	13.67	41743.93	15.31	1.13	29.41	133.45	352.18	80.76	1.30	12.78	94.16	18.29	13.90	90.01	3047	16.89
2020	416.29	4.11	41649.21	16.78	1.16	28.18	136.11	353.40	83.72	2.60	12.64	99.50	20.22	13.29	90.09	2962	17.64

资料来源：《中国教育经费统计年鉴》（2002~2020年）、国家统计局、北京市统计局、第七次全国人口普查数据及笔者分析整理（下同）。

表6-2 北京市各年普通小学教育经费绩效标准化处理后的数据

一级指标	财务维度—教育经费投入					财务维度—教育经费产出				客户维度					内部流程维度		学习与成长维度
二级指标 年份	A1	A2	A3	A4	A5	B1	B2	B3	B4	B5	B6	B7	B8	B9	B10	B11	B12
2003	0.0000	0.2336	0.0000	0.0210	0.0893	0.8964	0.0225	0.0677	0.0243	0.8571	0.0000	0.1403	0.0884	0.6805	0.1873	1.0000	0.8529
2004	0.0182	0.4737	0.0319	0.0760	0.1071	0.9449	0.0000	0.0379	0.0000	0.9286	0.0864	0.0818	0.0198	0.1929	0.0590	0.8854	0.9028
2005	0.0289	0.2095	0.0508	0.0197	0.0536	0.9573	0.0504	0.0390	0.0059	0.3571	0.1399	0.0406	0.0000	0.0560	0.1074	0.8869	0.9373
2006	0.0439	0.2810	0.0751	0.0000	0.0000	1.0000	0.1814	0.0000	0.0115	0.4286	0.2469	0.0000	0.0160	0.0000	0.0000	0.8442	1.0000
2007	0.0983	1.0000	0.1490	0.1651	0.1429	0.3199	0.2355	0.0501	0.0195	0.5714	0.3045	0.3705	0.2912	0.4461	0.0700	0.8182	0.4872
2008	0.1411	0.5416	0.2303	0.1651	0.2500	0.3154	0.2641	0.0481	0.0507	0.5714	0.2551	0.3569	0.3003	0.4461	0.0448	0.7223	0.5243
2009	0.1767	0.3531	0.2963	0.2608	0.3214	0.5369	0.3352	0.1086	0.0923	0.8571	0.3374	0.3331	0.2393	0.4129	0.0987	0.6639	0.5754
2010	0.2379	0.5486	0.3977	0.2936	0.4107	0.5538	0.3373	0.0805	0.0988	0.8571	0.2716	0.3450	0.3255	0.2531	0.1172	0.5905	0.5678
2011	0.3294	0.6770	0.5391	0.2661	0.5714	0.4864	0.4774	0.0508	0.2187	0.8571	0.4938	0.3972	0.4703	0.2261	0.1448	0.4055	0.3517
2012	0.3869	0.3101	0.6004	0.4246	0.6250	0.4819	0.4728	0.2738	0.3704	0.9286	0.6132	0.4704	0.5389	0.3880	0.3112	0.3748	0.2916
2013	0.4850	0.4874	0.7194	0.5085	0.7679	0.3543	0.6261	0.4916	0.4939	1.0000	0.6914	0.6057	0.7226	0.4357	0.5661	0.3655	0.1841
2014	0.5992	0.4695	0.8119	0.6750	0.9643	0.2837	0.7014	0.6744	0.5772	0.9286	0.6173	0.6669	0.6265	0.4564	0.5877	0.3351	0.1317
2015	0.6111	0.0000	0.7758	0.6501	0.8393	0.3303	0.7090	0.6463	0.6697	0.8571	0.7407	0.7226	0.5709	0.2718	0.5606	0.2794	0.0831
2016	0.7414	0.4369	0.9007	0.8440	1.0000	0.2345	0.7615	0.6818	0.7700	0.8571	0.8395	0.7573	0.5663	0.4295	0.6605	0.2642	0.1113
2017	0.7630	0.0226	0.8843	0.7235	0.8571	0.2416	0.7645	0.8326	0.8651	0.8571	0.9547	0.7715	0.6601	0.7282	0.8548	0.1803	0.1726
2018	0.8309	0.1615	0.9163	0.7471	0.8036	0.1438	0.8370	0.9276	0.9100	0.8571	0.9588	0.8432	0.8636	0.7012	0.8926	0.1076	0.1138
2019	0.9569	0.3098	1.0000	0.8073	0.9286	0.0797	0.9611	0.9882	0.9623	0.9286	1.0000	0.8976	0.8529	1.0000	0.9969	0.0212	0.0959
2020	1.0000	0.0620	0.9974	1.0000	0.9821	0.0000	1.0000	1.0000	1.0000	0.0000	0.9424	1.0000	1.0000	0.8734	1.0000	0.0000	0.0000

6.2.3 指标权重的确定

按照前述指标构建体系和分析方法，可以计算得出普通小学各数据的权重系数（见表6-3）。

表6-3 北京市各年普通小学教育经费绩效熵值法计算权重结果汇总

一级指标	二级指标	信息熵值 e	信息效用值 d	权重系数 w（％）	小计（％）
财务维度——教育经费投入	A1	0.8788	0.1212	7.43	30.14
	A2	0.9219	0.0781	4.79	
	A3	0.9030	0.0970	5.95	
	A4	0.8937	0.1063	6.52	
	A5	0.9112	0.0888	5.45	
财务维度——教育经费产出	B1	0.9235	0.0765	4.69	30.01
	B2	0.9162	0.0838	5.14	
	B3	0.8364	0.1636	10.04	
	B4	0.8347	0.1653	10.14	
客户维度	B5	0.9714	0.0286	1.75	20.25
	B6	0.9276	0.0724	4.44	
	B7	0.9247	0.0753	4.62	
	B8	0.9098	0.0902	5.53	
	B9	0.9362	0.0638	3.91	
内部流程维度	B10	0.8680	0.1320	8.09	13.04
	B11	0.9193	0.0807	4.95	
学习与成长维度	B12	0.8930	0.1070	6.56	6.56

6.2.4 评价结果

北京市各年普通小学教育经费绩效二级指标综合得分情况如表6-4所示，一级指标综合得分情况如表6-5所示。

表6-4 北京市各年普通小学教育经费绩效二级指标得分情况

一级指标 年份	财务维度—教育经费投入					财务维度—教育经费产出					客户维度			内部流程维度			学习与成长维度
二级指标	A1	A2	A3	A4	A5	B1	B2	B3	B4	B5	B6	B7	B8	B9	B10	B11	B12
2003	0.0188	0.0121	0.0151	0.0165	0.0138	0.0119	0.0130	0.0255	0.0257	0.0044	0.0113	0.0117	0.0140	0.0099	0.0205	0.0125	0.0166
2004	0.0175	0.0113	0.0140	0.0153	0.0128	0.0110	0.0121	0.0236	0.0239	0.0041	0.0104	0.0109	0.0130	0.0092	0.0190	0.0116	0.0154
2005	0.0158	0.0102	0.0126	0.0138	0.0116	0.0099	0.0109	0.0213	0.0215	0.0037	0.0094	0.0098	0.0117	0.0083	0.0172	0.0105	0.0139
2006	0.0160	0.0103	0.0128	0.0140	0.0117	0.0101	0.0111	0.0216	0.0218	0.0038	0.0096	0.0099	0.0119	0.0084	0.0174	0.0107	0.0141
2007	0.0207	0.0134	0.0166	0.0182	0.0152	0.0131	0.0143	0.0280	0.0283	0.0049	0.0124	0.0129	0.0154	0.0109	0.0226	0.0138	0.0183
2008	0.0200	0.0129	0.0160	0.0175	0.0146	0.0126	0.0138	0.0270	0.0272	0.0047	0.0119	0.0124	0.0148	0.0105	0.0217	0.0133	0.0176
2009	0.0229	0.0148	0.0183	0.0201	0.0168	0.0145	0.0158	0.0309	0.0313	0.0054	0.0137	0.0142	0.0170	0.0121	0.0249	0.0153	0.0202
2010	0.0243	0.0157	0.0195	0.0213	0.0178	0.0154	0.0168	0.0329	0.0332	0.0057	0.0145	0.0151	0.0181	0.0128	0.0265	0.0162	0.0215
2011	0.0273	0.0176	0.0218	0.0239	0.0200	0.0172	0.0189	0.0369	0.0372	0.0064	0.0163	0.0170	0.0203	0.0144	0.0297	0.0182	0.0241
2012	0.0324	0.0209	0.0259	0.0284	0.0238	0.0205	0.0224	0.0438	0.0442	0.0076	0.0194	0.0201	0.0241	0.0171	0.0353	0.0216	0.0286
2013	0.0405	0.0261	0.0324	0.0355	0.0297	0.0255	0.0280	0.0547	0.0552	0.0095	0.0242	0.0252	0.0301	0.0213	0.0441	0.0270	0.0357
2014	0.0444	0.0286	0.0355	0.0389	0.0325	0.0280	0.0307	0.0600	0.0606	0.0105	0.0265	0.0276	0.0330	0.0234	0.0483	0.0296	0.0392
2015	0.0418	0.0269	0.0335	0.0367	0.0307	0.0264	0.0289	0.0565	0.0570	0.0098	0.0250	0.0260	0.0311	0.0220	0.0455	0.0278	0.0369
2016	0.0487	0.0314	0.0390	0.0427	0.0357	0.0307	0.0337	0.0658	0.0664	0.0115	0.0291	0.0303	0.0362	0.0256	0.0530	0.0324	0.0430
2017	0.0508	0.0327	0.0407	0.0446	0.0373	0.0321	0.0351	0.0686	0.0693	0.0120	0.0304	0.0316	0.0378	0.0267	0.0553	0.0338	0.0448
2018	0.0534	0.0344	0.0427	0.0468	0.0392	0.0337	0.0369	0.0721	0.0728	0.0126	0.0319	0.0332	0.0397	0.0281	0.0581	0.0356	0.0471
2019	0.0583	0.0376	0.0467	0.0512	0.0428	0.0368	0.0403	0.0788	0.0796	0.0137	0.0349	0.0363	0.0434	0.0307	0.0635	0.0389	0.0515
2020	0.0577	0.0372	0.0462	0.0507	0.0423	0.0364	0.0399	0.0780	0.0788	0.0136	0.0345	0.0359	0.0430	0.0304	0.0629	0.0385	0.0510

表6-5　北京市各年普通小学教育经费绩效一级指标综合得分情况

年份	综合得分	财务维度—教育经费投入	财务维度—教育经费产出	客户维度	内部流程维度	学习与成长维度
2003	0.2535	0.0764	0.0761	0.0513	0.0331	0.0166
2004	0.2352	0.0709	0.0706	0.0476	0.0307	0.0154
2005	0.2120	0.0639	0.0636	0.0429	0.0276	0.0139
2006	0.2153	0.0649	0.0646	0.0436	0.0281	0.0141
2007	0.2791	0.0841	0.0837	0.0565	0.0364	0.0183
2008	0.2685	0.0809	0.0806	0.0544	0.0350	0.0176
2009	0.3082	0.0929	0.0925	0.0624	0.0402	0.0202
2010	0.3274	0.0987	0.0983	0.0663	0.0427	0.0215
2011	0.3671	0.1106	0.1102	0.0743	0.0479	0.0241
2012	0.4361	0.1314	0.1309	0.0883	0.0569	0.0286
2013	0.5446	0.1641	0.1634	0.1103	0.0710	0.0357
2014	0.5972	0.1800	0.1792	0.1209	0.0779	0.0392
2015	0.5625	0.1695	0.1688	0.1139	0.0734	0.0369
2016	0.6550	0.1974	0.1966	0.1326	0.0854	0.0430
2017	0.6836	0.2060	0.2052	0.1384	0.0891	0.0448
2018	0.7184	0.2165	0.2156	0.1455	0.0937	0.0471
2019	0.7850	0.2366	0.2356	0.1590	0.1024	0.0515
2020	0.7769	0.2342	0.2331	0.1573	0.1013	0.0510

6.3　北京市普通小学教育经费绩效评价结果的分析

6.3.1　整体绩效得分情况分析

从图6-7可知，北京市普通小学整体绩效综合得分总体呈逐年上升趋势，从2003年的0.2535分波动增长到2020年的0.7769分。

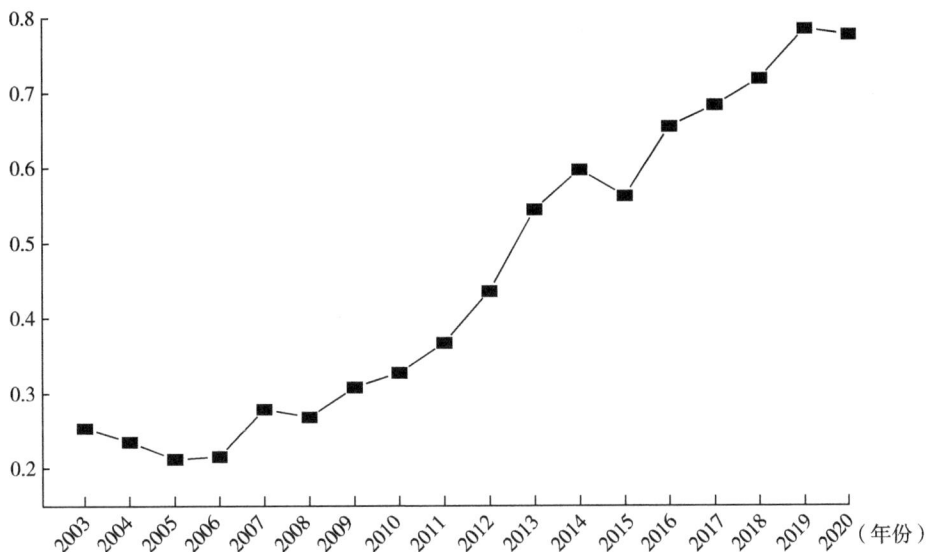

图 6-7　北京市各年普通小学各年教育经费绩效综合得分情况

6.3.2　五个维度绩效得分情况分析

根据图 6-8 可知，财务维度的投入与产出指标得分基本相同，客户维度与内部流程维度的两个指标趋势相同，学习与成长维度的指标的综合得分变化较小。从图 6-8 可以清楚地看到，综合得分从高到低的指标依次为教育经费投入指标、

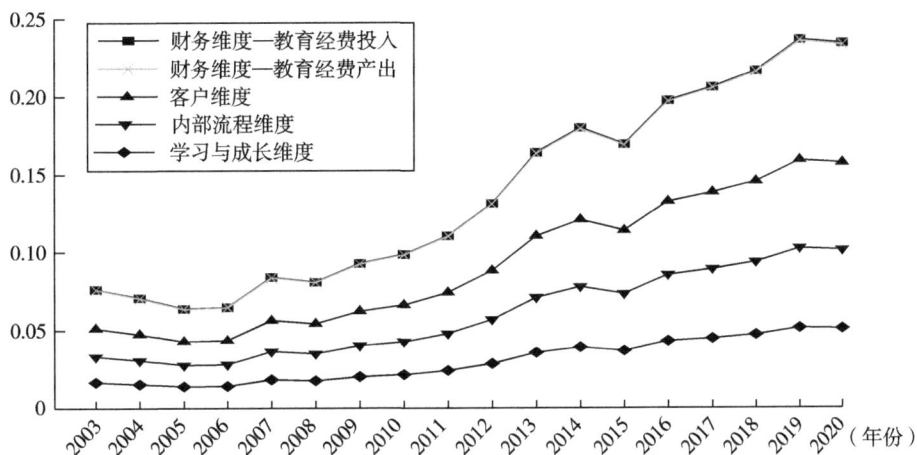

图 6-8　北京市各年普通小学教育经费绩效一级指标综合得分情况

教育经费产出指标、客户维度指标、内部流程维度指标以及学习与成长维度指标。

2007 年，教育经费支出增长率为 40.29%，2015 年教育经费支出增长率为 1.72%，从而造成了在这两年前后，得分趋势分别呈凸形和凹形。由此可见，财务维度的教育经费投入指标对综合得分的高低起重要作用，而教育经费支出则在该维度内有着重要意义。

6.3.3　财务维度之教育经费投入综合得分情况分析

从图 6-9 可以看出，在本维度中，综合得分呈上升趋势。具体来说，普通小学教育经费支出和普通小学教育经费支出与地方财政支出之比综合得分列为前两名，随后是生均教育经费支出，最后两名为普通小学地方教育经费支出与 GDP 之比和教育经费支出增长率。

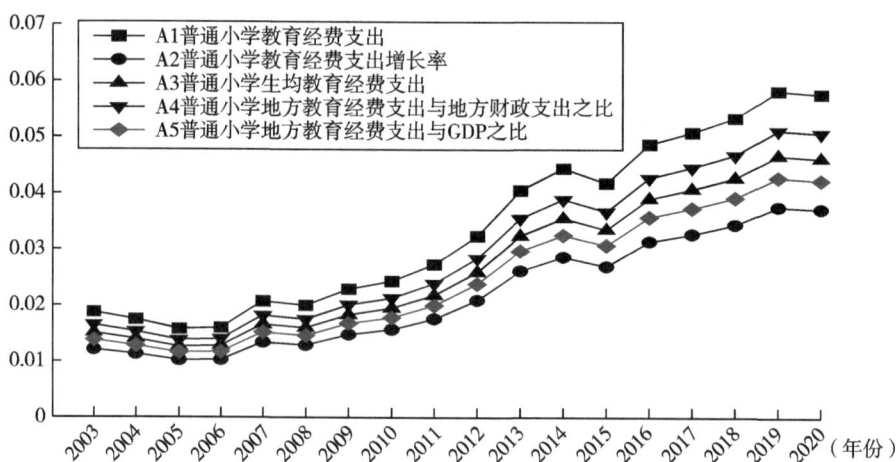

图6-9　北京市各年普通小学财务维度之教育经费投入明细指标综合得分情况

教育经费支出综合得分较高说明教育经费支出的水平较高，但教育经费支出增长率得分低可能意味着对普通小学的教育经费投入仍然不足，不利于提高教育质量和教育发展水平。

普通小学地方教育经费支出与 GDP 之比综合得分较低，但是普通小学地方教育经费支出与地方财政支出之比综合得分较高，说明当地地方财政投入教育的比例较高，但整体上与国民经济发展水平相比不够协调。

6.3.4   财务维度之教育经费产出综合得分情况分析

从图 6-10 可以看出，普通小学生均图书册数和普通小学宿舍面积的综合得分几乎一致，普通小学教学及辅助用房面积与普通小学教学、科研仪器设备资产值综合得分基本相等。生均图书册数和宿舍面积综合得分较低，说明图书册数和目前的小学宿舍面积可能相对不足。

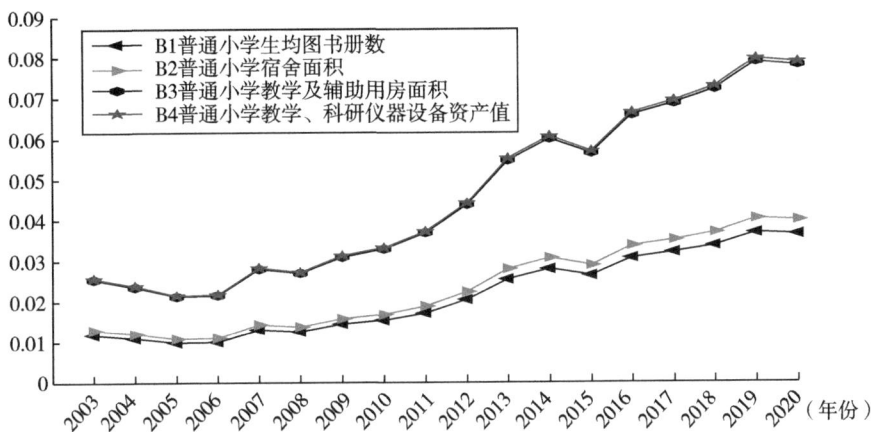

图 6-10   北京市各年普通小学财务维度之教育经费产出明细指标综合得分情况

6.3.5   客户维度综合得分情况分析

从图 6-11 可以看出，普通小学招生人数综合得分最高，其次是在校生人数和人均受教育年限，然后是普通小学毕业生人数，城镇登记失业率在该维度内综合得分最低。

普通小学毕业生人数综合得分低可能是由于教育资源的不足，学生学习动力较低，从而对教育经费绩效产生不利影响。

城镇登记失业率综合得分较低，需要关注小学教育和就业之间的关系。学生在接受小学教育的过程中，会逐渐形成基本的社会、心理和认知能力，为他们今后的就业和职业发展打下坚实的基础。

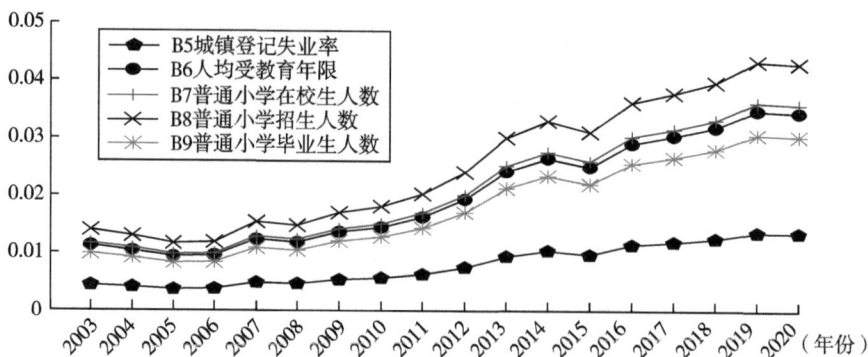

图 6-11　北京市各年普通小学客户维度明细指标综合得分情况

6.3.6　内部流程维度综合得分情况分析

从图 6-12 可以看出，普通小学行政办公用房面积综合得分高，而行政办公人员数综合得分低，可能是由于学校拥有了较多的行政办公用房面积，但人员数量却相对较少，说明学校的管理效率可能不够高；也可能是由于学校的经费管理不足，缺少足够的资金来招聘更多的行政人员。

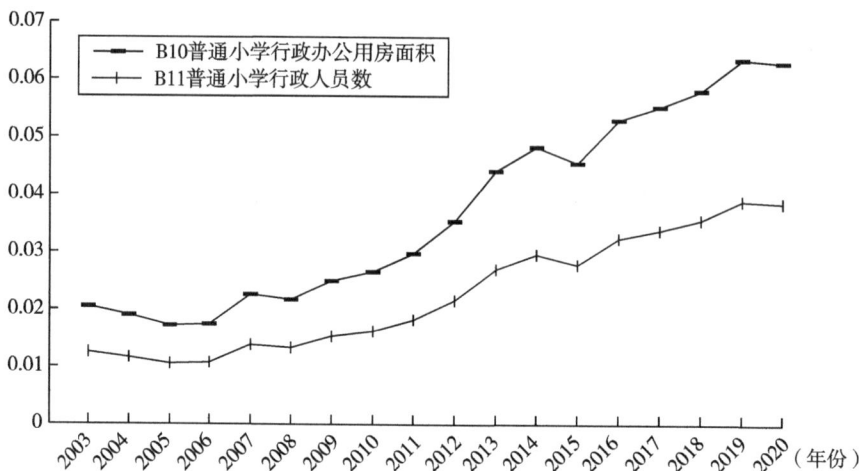

图 6-12　北京市各年普通小学内部流程维度明细指标综合得分情况

6.3.7 学习与成长维度综合得分情况分析

从图 6-13 可以看出，普通小学生师比指标综合得分逐年增加，这说明该指标表现越来越好。但是该指标综合得分增加较为缓慢，且该得分在 2019~2020 年有微微下降的趋势，需要对这种变化保持关注。同时，学习与成长维度与其他维度相比综合得分较低，普通小学生师比指标仍有上升的空间。

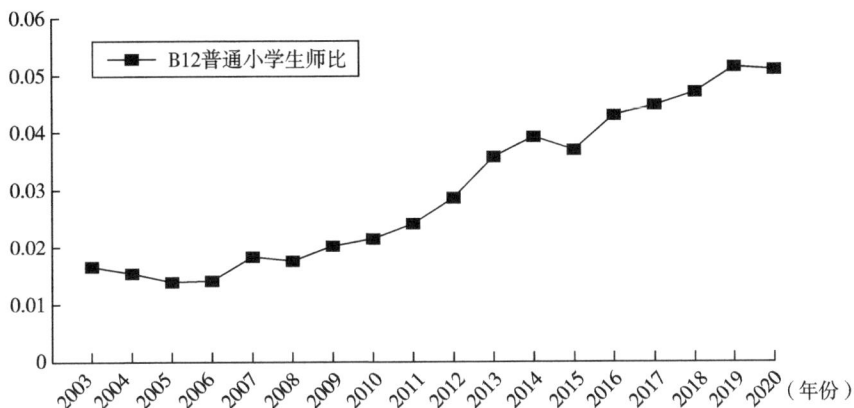

图 6-13 北京市各年普通小学学习与成长维度明细指标综合得分情况

6.4 北京市普通小学教育经费绩效提升的建议

（1）整体绩效提升的建议

首先，优化教育经费投入与支出管理。一是提高教育经费投入。政府应继续加大对北京市普通小学的教育经费投入力度，确保学校有足够的资源来改善教学设施、提升教师素质、丰富教学内容和活动。同时，要优化经费投入结构，注重向薄弱学校和薄弱环境倾斜，促进教育均衡发展。二是加强教育经费支出监管。建立健全教育经费支出监管机制，确保经费使用合规、有效。要加强对学校财务工作的指导和监督，帮助学校提高财务管理水平。同时，要鼓励学校开展内部审计和自查自纠工作，及时发现和纠正经费使用中的问题。

其次，关注学生需求，提升客户满意度。一是了解学生和家长需求。学校应定期开展学生和家长满意度调查，了解他们对学校教育、教学、管理等方面的意见和建议。通过调查结果分析，找出学校存在的问题和不足，为改进工作提供依据。二是提升教育教学质量。学校应注重课堂教学改革和创新，采用多样化的教学方法和手段激发学生的学习兴趣和积极性。加强师德师风建设，提高教师的专业素养和教育教学能力。关注学生的全面发展，提供丰富多彩的课外活动和社团活动，满足学生的个性化需求。

再次，优化内部流程，提高管理效率。一是完善内部管理制度。学校应建立健全各项内部管理制度和规章制度，明确各部门和岗位的职责和权限。通过制度化管理，规范学校的各项工作流程和操纵规范，提高工作效率和管理水平。二是推进信息化建设。利用现代信息技术手段推动学校的信息化建设进程，实现教学、管理、服务等方面的信息化、智能化。通过信息化手段提高工作效率、优化管理流程、提升服务质量。

最后，关注学习与成长维度，促进教师发展。一是加强教师培训。定期组织教师参加各类培训和学习活动，提高教师的专业素养和教育教学能力。同时要注重培训内容的针对性和实效性，确保培训成果能够应用到实际教学工作中去。二是建立激励机制。建立健全教师激励机制和考核评价体系，对表现优秀的教师给予表彰和奖励。通过奖励机制激发教师的工作热情和积极性，促进教师队伍的稳定和发展。

（2）财务维度之教育经费投入绩效提升的建议

建议增加教育经费支出，以提高学校教学质量和学生学习体验。可以通过增加政府对教育的投入、鼓励社会资本进入教育领域等途径来实现；同时，学校也要加强内部管理，确保资金的合理使用。还可以通过合理规划，提升教育经费支出增长率，以满足各部门的教育相关需求，为合理配置更多的教育资源提供保障。

（3）财务维度之教育经费产出绩效提升的建议

建议学校加强图书馆建设，增加图书的种类和数量，以提高学生的阅读水平和知识储备。同时，鼓励学生积极利用图书馆资源，培养良好的阅读习惯。通过增加图书采购方面的预算，增加该方面的教育资源配置，丰富学生的视野，激发学生的学习兴趣。

对于学校宿舍，建议学校加大对宿舍的投入，提高宿舍舒适度和安全性，让学生有一个良好的学习和生活环境。同时，学校应该建立健全宿舍管理制度，确保宿舍的正常使用和维护。对于有住宿需要的小学，应考虑安排更多宿舍供学生使用。

（4）客户维度绩效提升的建议

建议普通小学要注重提高学生和家长的满意度，切实解决他们关心的问题，提升学校的口碑和知名度。如提供优质的教学和辅导服务，确保学生取得优秀的学业成绩，同时关注学生全面发展，提高学生综合素质；对学校严格管理，确保学生安全和身心健康，以及学校的卫生和环境质量；积极开展家长和学校之间的沟通和交流，关注家长的意见和建议，令其及时反馈学生学习和生活情况。

（5）内部流程维度绩效提升的建议

普通小学在规划和利用行政办公用房时，应充分考虑校区规模和行政工作需要，合理规划和利用行政办公用房面积，同时加强行政用房的管理和维护，避免行政用房面积过大或者过小，以保证行政工作的顺利开展。

普通小学应充分考虑学校规模和行政工作需要，合理配置行政人员数量。需要根据学校规模、行政工作量等情况进行适当调整，避免行政人员过多或者过少，以保证行政工作的质量和效率。此外，应加强对行政人员的培训和管理，提升其工作能力和素质，确保行政工作的顺利开展。

（6）学习与成长维度绩效提升的建议

2020 年普通小学生师比为 17.64，综合得分从整体来看较低，仍有提升的空间。一方面可以通过增加教师的数量来提高教师对每个孩子的关注度，从而增强教学效果。另一方面还可以通过对小学教师进行相关的系统培训，提高教师的教学质量和教学效率，使在现有的生师比下教育效果更加优化。

7 北京市普通中学教育经费
绩效的评价与提升

本章首先分析北京市普通中学教育经费绩效的现状；其次采用第 3.4.7 节的北京市各年普通中学教育经费绩效评价的指标体系，对北京市各年的普通中学教育经费绩效进行评价，并对评价结果进行分析；最后提出改进建议。

7.1 北京市普通中学教育经费绩效的现状

7.1.1 财务维度之教育经费投入情况

从图 7-1 可以看出，普通中学教育经费支出在 2003～2020 年逐年增加，从最初的 54.72 亿元增加至 380.08 亿元，增加了约 7 倍。而教育经费支出增长率具有很明显的波动性，最高的增长率出现在 2010 年，为 25.53%，较上年增加了 33.19 亿元；最低的增长率出现在 2015 年，为 -1.21%，较上年减少了 3.43 亿元，也是 2003～2020 年唯一的一次负增长。

图 7-2 表明了普通中学生均教育经费支出整体呈上升趋势，2020 年比起上年略有下降，减少了 2913.63 元/人。2020 年生均教育经费支出为 80455.54 元/人，是 2003 年 7667.27 元/人的 10.5 倍。

将教育经费支出中的地方教育经费分解出来，与地方财政支出和地方 GDP 分别计算比值。地方教育经费支出与地方财政支出的比值基本在 13.5%～15.5%，2008 年的比值最低，为 13.46%，2016 年比值最高，为 15.61%。地方教育经费支出与地方 GDP 的比值呈先上升后降低的趋势，最低比值在 2008 年，

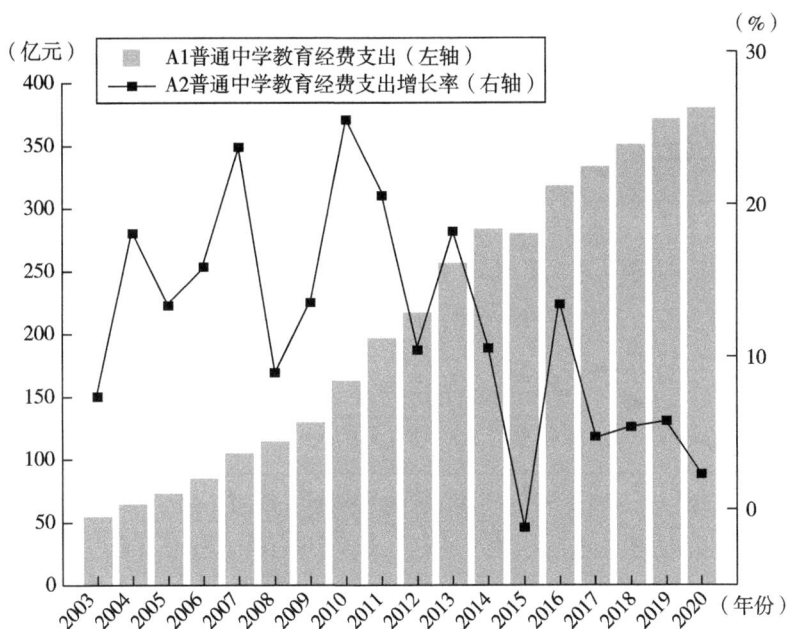

图 7-1　北京市各年普通中学经费支出的总体规模

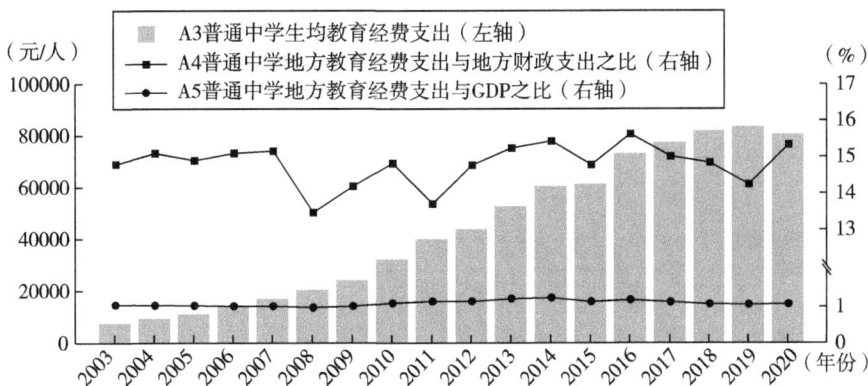

图 7-2　北京市各年普通中学经费支出的相对规模

为 0.97%，也是 2003～2020 年唯一低于 1% 的一年；2014 年比值最高，为 1.24%，此后比值逐渐降低，2020 年比值为 1.06%。

7.1.2　财务维度之教育经费产出情况

图 7-3 表明了北京市普通中学的生均图书册数、宿舍面积、教学及辅助用房

面积与教学、科研仪器设备资产值的变化情况。

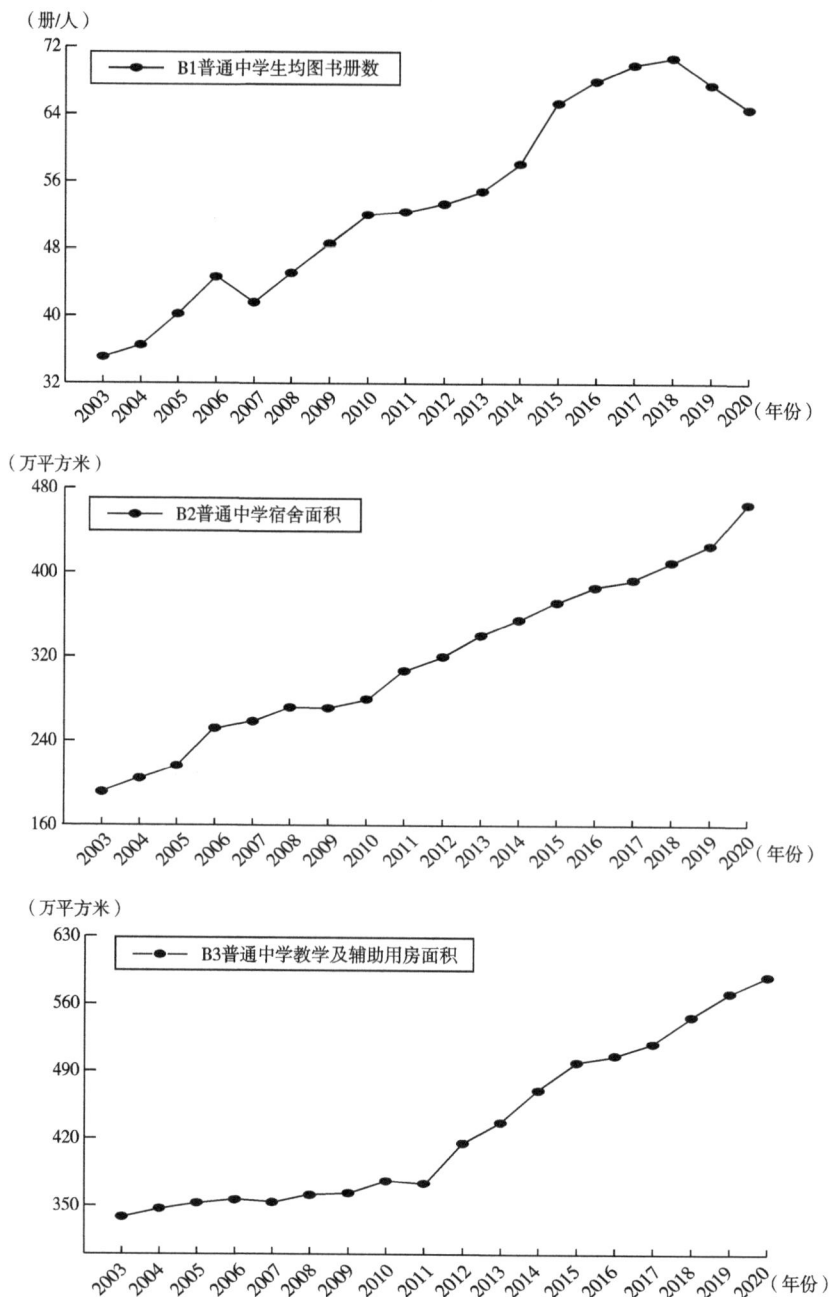

图7-3　北京市各年普通中学教育经费产出情况

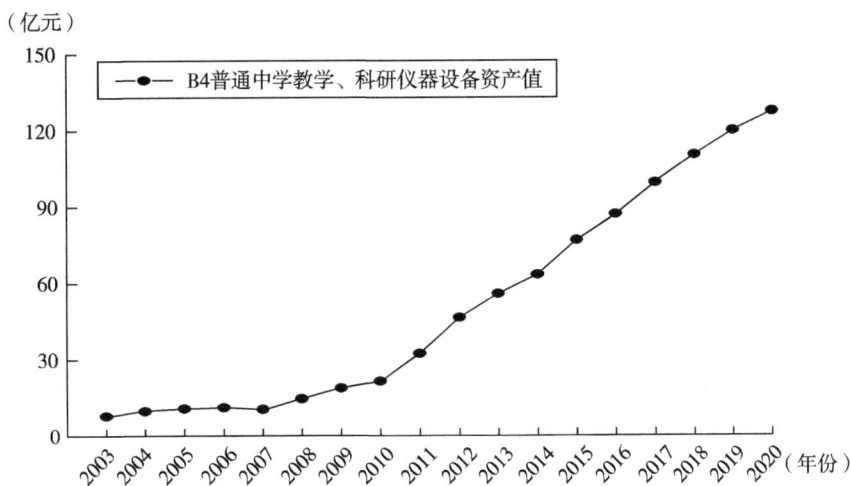

图7-3　北京市各年普通中学教育经费产出情况（续图）

普通中学生均图书册数在2003～2004年低于40册/人，此后均超过40册/人。2003～2018年呈上升趋势，2018年为70.73册/人，2018～2020年逐年下降，2020年为64.60册/人，与2015年的水平基本持平。普通中学宿舍面积数波动上升，从2003年的191.30万平方米增加至2020年的465.01万平方米，增加了约2.4倍。普通中学教学及辅助用房面积除在2011年较上年减少了2.42万平方米，整体呈上升趋势。普通中学的教学、科研仪器设备资产值在2003～2010年增速较缓，从8.04亿元增加至21.53亿元；2010～2020年增速大幅提高，从21.53亿元增加至127.26亿元，增加了约6倍。

7.1.3　客户维度情况

B5城镇登记失业率和B6人均受教育年限情况在第4章已介绍，此处不再赘述。

从图7-4可以看出，普通中学的在校生人数、招生人数和毕业生人数在2003～2018年呈波动下降的趋势，2018～2020年有所上升。对于招生人数和毕业生人数，2003～2009年毕业生人数高于招生人数，2009～2020年，毕业生人数除了在2015年略高于招生人数，整体低于招生人数，且数差逐年增大。

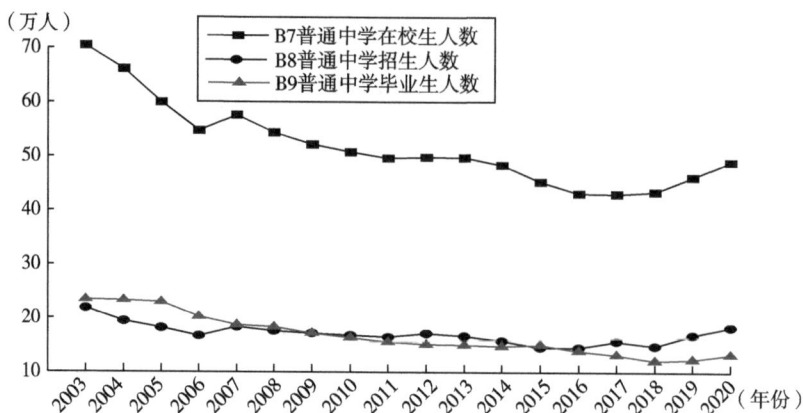

图 7-4 北京市各年普通中学客户维度情况

7.1.4 内部流程维度情况

图 7-5 表明了普通中学的行政办公用房面积和行政人员数变动方向相反，前者逐渐增加而后者逐渐降低。行政办公用房面积从 2003 年的 111.19 万平方米增加至 2020 年的 169.22 万平方米，增长率约为 52.19%。行政人员数从 2003 年的 11231 人降至 2020 年的 7259 人，增长率约为-35.37%；2017~2020 年行政人员数略有回升，增加了 136 人。

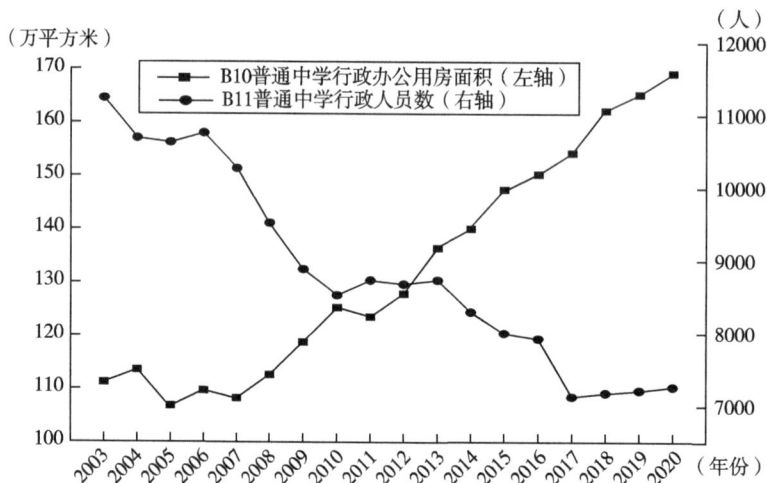

图 7-5 北京市各年普通中学内部流程维度情况

7.1.5 学习与成长维度情况

从图 7-6 可以看到，北京市普通中学的生师比虽然在个别年份略微有所上升，但整体为下降趋势。从 2003 年的 8.22 降至 2020 年的 4.39，比值降低近一半。2018 年的生师比最低，为 4.16。说明一位专任教师对应的在校生人数逐渐减少，这对教学的质量和效率会产生正向的影响。

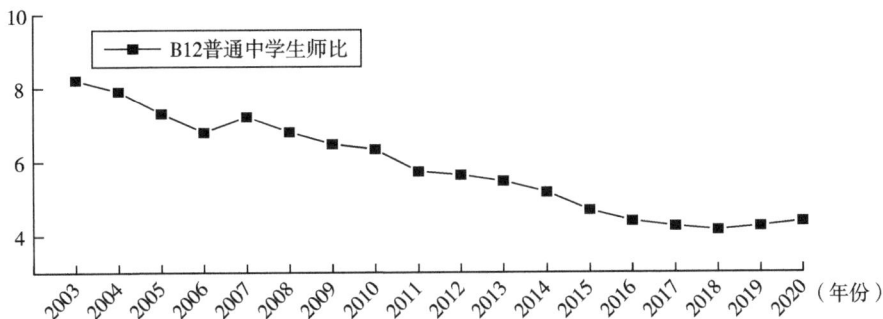

图7-6　北京市各年普通中学学习与成长维度情况

7.2　基于熵值法确定北京市普通中学教育经费绩效评价的指标权重及得分

7.2.1　数据来源及初始矩阵的确立

关于北京市普通中学教育经费绩效评价的指标体系，本书从国家统计局网站、北京市统计局网站、《中国教育经费统计年鉴》等官方口径获取了北京市2003~2020 年的普通中学基础统计数据。

本节根据表 7-1 确立的北京市各年普通中学教育经费绩效评价体系中的各项指标，进行数据的整理与汇总，构建出各指标的初始矩阵。

7.2.2　数据标准化处理

在确定了初始矩阵后，由于不同指标的量级和指标维度不同，直接采用熵值法会影响指标权重的准确性，所以需要对初始矩阵中的指标数据进行预处理。本节采取了极差法对数据进行标准化处理（见表 7-2）。

表7-1 北京市各年普通中学教育经费绩效初始矩阵数据

一级指标	财务维度—教育经费投入					财务维度—教育经费产出				客户维度					内部流程维度		学习与成长维度
二级指标 年份	A1	A2	A3	A4	A5	B1	B2	B3	B4	B5	B6	B7	B8	B9	B10	B11	B12
2003	54.72	7.40	7667.27	14.68	1.04	35.09	191.30	338.17	8.04	1.4	10.35	70.44	21.86	23.42	111.19	11231	8.22
2004	64.62	18.10	9454.77	15.09	1.03	36.52	204.36	346.85	9.91	1.3	10.56	66.13	19.40	23.30	113.52	10683	7.91
2005	73.25	13.35	11175.08	14.89	1.02	40.22	216.26	352.80	10.86	2.1	10.69	59.99	18.17	22.96	106.81	10622	7.31
2006	84.89	15.90	14158.77	15.09	1.01	44.62	251.97	356.17	11.32	2.0	10.95	54.77	16.71	20.23	109.72	10752	6.80
2007	105.06	23.75	17102.25	15.15	1.01	41.60	258.69	353.32	10.59	1.8	11.09	57.68	18.34	18.71	108.24	10266	7.22
2008	114.48	8.97	20461.72	13.46	0.97	45.11	272.08	360.95	14.76	1.8	10.97	54.43	17.59	18.32	112.63	9513	6.81
2009	130.00	13.55	24190.34	14.18	1.01	48.60	271.47	362.93	18.94	1.4	11.17	52.24	17.19	17.19	118.78	8880	6.48
2010	163.19	25.53	32221.74	14.81	1.09	52.03	279.83	375.73	21.53	1.4	11.01	50.83	16.80	16.34	125.32	8524	6.34
2011	196.71	20.54	40036.33	13.70	1.14	52.38	306.87	373.31	32.41	1.4	11.55	49.73	16.48	15.59	123.57	8729	5.74
2012	217.20	10.42	43901.17	14.76	1.14	53.33	320.33	415.25	46.43	1.3	11.84	49.90	17.15	15.14	127.90	8674	5.64
2013	256.77	18.22	52689.07	15.23	1.21	54.84	340.33	436.90	55.77	1.2	12.03	49.82	16.67	15.04	136.48	8730	5.48
2014	283.89	10.56	60406.68	15.42	1.24	58.13	354.99	470.05	63.30	1.3	11.85	48.43	15.79	14.79	140.05	8292	5.18
2015	280.46	-1.21	61353.79	14.77	1.13	65.34	371.63	498.95	76.84	1.4	12.15	45.28	14.59	15.05	147.42	7996	4.70
2016	318.12	13.43	73007.12	15.61	1.18	67.94	385.86	506.09	86.93	1.4	12.39	43.14	14.54	13.93	150.30	7921	4.40
2017	333.24	4.75	77330.04	15.00	1.12	69.89	392.99	518.68	99.29	1.4	12.67	43.04	15.70	13.21	154.30	7123	4.26
2018	351.25	5.41	81840.61	14.83	1.06	70.73	409.83	546.64	110.25	1.4	12.68	43.44	14.83	12.13	162.25	7174	4.16
2019	371.60	5.79	83369.17	14.23	1.05	67.50	425.62	571.40	119.77	1.3	12.78	46.16	16.88	12.37	165.30	7209	4.26
2020	380.08	2.28	80455.54	15.32	1.06	64.60	465.01	588.55	127.26	2.6	12.64	49.06	18.32	13.29	169.22	7259	4.39

表7-2 北京市各年普通中学教育经费绩效标准化处理后的数据

一级指标	财务维度—教育经费投入					财务维度—教育经费产出				客户维度				内部流程维度			学习与成长维度
二级指标 年份	A1	A2	A3	A4	A5	B1	B2	B3	B4	B5	B6	B7	B8	B9	B10	B11	B12
2003	0.0000	0.3220	0.0000	0.5674	0.2593	0.0000	0.0000	0.0000	0.0000	0.8571	0.0000	1.0000	1.0000	1.0000	0.0702	1.0000	0.0000
2004	0.0304	0.7221	0.0236	0.7581	0.2222	0.0401	0.0477	0.0347	0.0157	0.9286	0.0864	0.8427	0.6639	0.9894	0.1075	0.8666	0.0764
2005	0.0570	0.5445	0.0463	0.6651	0.1852	0.1439	0.0912	0.0584	0.0237	0.3571	0.1399	0.6186	0.4959	0.9593	0.0000	0.8518	0.2241
2006	0.0927	0.6399	0.0858	0.7581	0.1481	0.2674	0.2217	0.0719	0.0275	0.4286	0.2469	0.4281	0.2964	0.7174	0.0466	0.8834	0.3498
2007	0.1547	0.9334	0.1246	0.7860	0.1481	0.1827	0.2462	0.0605	0.0214	0.5714	0.3045	0.5343	0.5191	0.5828	0.0229	0.7651	0.2463
2008	0.1837	0.3807	0.1690	0.0000	0.0000	0.2811	0.2951	0.0910	0.0564	0.5714	0.2551	0.4157	0.4167	0.5483	0.0933	0.5818	0.3473
2009	0.2314	0.5520	0.2183	0.3349	0.1481	0.3791	0.2929	0.0989	0.0914	0.8571	0.3374	0.3358	0.3620	0.4482	0.1918	0.4277	0.4286
2010	0.3334	1.0000	0.3244	0.6279	0.4444	0.4753	0.3234	0.1500	0.1132	0.8571	0.2716	0.2843	0.3087	0.3729	0.2966	0.3410	0.4631
2011	0.4364	0.8134	0.4276	0.1116	0.6296	0.4851	0.4222	0.1403	0.2044	0.8571	0.4938	0.2442	0.2650	0.3065	0.2685	0.3909	0.6108
2012	0.4994	0.4349	0.4786	0.6047	0.6296	0.5118	0.4714	0.3079	0.3220	0.9286	0.6132	0.2504	0.3566	0.2666	0.3379	0.3776	0.6355
2013	0.6210	0.7266	0.5947	0.8233	0.8889	0.5542	0.5445	0.3943	0.4004	1.0000	0.6914	0.2474	0.2910	0.2578	0.4754	0.3912	0.6749
2014	0.7044	0.4402	0.6967	0.9116	1.0000	0.6465	0.5980	0.5267	0.4635	0.9286	0.6173	0.1967	0.1708	0.2356	0.5326	0.2846	0.7488
2015	0.6938	0.0000	0.7092	0.6093	0.5926	0.8488	0.6588	0.6421	0.5771	0.8571	0.7407	0.0818	0.0068	0.2586	0.6507	0.2125	0.8670
2016	0.8096	0.5475	0.8631	1.0000	0.7778	0.9217	0.7108	0.6707	0.6617	0.8571	0.8395	0.0036	0.0000	0.1594	0.6968	0.1943	0.9409
2017	0.8560	0.2229	0.9202	0.7163	0.5556	0.9764	0.7369	0.7209	0.7654	0.8571	0.9547	0.0000	0.1585	0.0957	0.7609	0.0000	0.9754
2018	0.9114	0.2476	0.9798	0.6372	0.3333	1.0000	0.7984	0.8326	0.8573	0.8571	0.9588	0.0146	0.0396	0.0000	0.8883	0.0124	1.0000
2019	0.9739	0.2618	1.0000	0.3581	0.2963	0.9094	0.8561	0.9315	0.9372	0.9286	1.0000	0.1139	0.3197	0.0213	0.9372	0.0209	0.9754
2020	1.0000	0.1305	0.9615	0.8651	0.3333	0.8280	1.0000	1.0000	1.0000	0.0000	0.9424	0.2197	0.5164	0.1027	1.0000	0.0331	0.9433

7.2.3 指标权重的确定

按照前述指标构建体系和分析方法，可以计算得出普通中学各数据的权重系数（见表7-3）。

表7-3 北京市各年普通中学教育经费绩效熵值法计算权重结果汇总

一级指标	二级指标	信息熵值 e	信息效用值 d	权重系数 w（%）	小计（%）
财务维度—教育经费投入	A1	0.8998	0.1002	6.58	24.92
	A2	0.9439	0.0561	3.68	
	A3	0.8917	0.1083	7.13	
	A4	0.9598	0.0402	2.65	
	A5	0.9258	0.0742	4.88	
财务维度—教育经费产出	B1	0.9254	0.0746	4.91	29.43
	B2	0.9265	0.0735	4.84	
	B3	0.8609	0.1391	9.15	
	B4	0.8400	0.1600	10.53	
客户维度	B5	0.9714	0.0286	1.88	26.63
	B6	0.9276	0.0724	4.76	
	B7	0.8845	0.1155	7.60	
	B8	0.9152	0.0848	5.58	
	B9	0.8965	0.1035	6.81	
内部流程维度	B10	0.8809	0.1191	7.83	14.98
	B11	0.8913	0.1087	7.15	
学习与成长维度	B12	0.9385	0.0615	4.04	4.04

7.2.4 评价结果

北京市各年普通中学教育经费绩效二级指标综合得分情况如表7-4所示，一级指标综合得分情况如表7-5所示。

表7-4　北京市各年普通中学教育经费绩效二级指标得分情况

一级指标 年份	财务维度—教育经费投入					财务维度—教育经费产出					客户维度			内部流程维度			学习与成长维度
二级指标	A1	A2	A3	A4	A5	B1	B2	B3	B4	B5	B6	B7	B8	B9	B10	B11	B12
2003	0.0225	0.0126	0.0244	0.0091	0.0167	0.0168	0.0166	0.0313	0.0361	0.0064	0.0163	0.0260	0.0191	0.0233	0.0268	0.0245	0.0138
2004	0.0226	0.0127	0.0245	0.0091	0.0168	0.0169	0.0166	0.0315	0.0362	0.0065	0.0164	0.0261	0.0192	0.0234	0.0269	0.0246	0.0139
2005	0.0202	0.0113	0.0218	0.0081	0.0150	0.0150	0.0148	0.0280	0.0323	0.0058	0.0146	0.0233	0.0171	0.0209	0.0240	0.0219	0.0124
2006	0.0201	0.0112	0.0218	0.0081	0.0149	0.0150	0.0148	0.0279	0.0321	0.0057	0.0145	0.0232	0.0170	0.0208	0.0239	0.0218	0.0123
2007	0.0211	0.0118	0.0229	0.0085	0.0157	0.0158	0.0155	0.0294	0.0338	0.0060	0.0153	0.0244	0.0179	0.0219	0.0251	0.0230	0.0130
2008	0.0177	0.0099	0.0191	0.0071	0.0131	0.0132	0.0130	0.0246	0.0283	0.0050	0.0128	0.0204	0.0150	0.0183	0.0210	0.0192	0.0108
2009	0.0197	0.0110	0.0214	0.0080	0.0146	0.0147	0.0145	0.0275	0.0316	0.0056	0.0143	0.0228	0.0167	0.0204	0.0235	0.0215	0.0121
2010	0.0233	0.0130	0.0253	0.0094	0.0173	0.0174	0.0172	0.0324	0.0373	0.0067	0.0169	0.0269	0.0198	0.0241	0.0278	0.0253	0.0143
2011	0.0249	0.0139	0.0270	0.0100	0.0185	0.0186	0.0183	0.0347	0.0399	0.0071	0.0180	0.0288	0.0211	0.0258	0.0297	0.0271	0.0153
2012	0.0285	0.0159	0.0308	0.0115	0.0211	0.0212	0.0209	0.0396	0.0456	0.0081	0.0206	0.0329	0.0241	0.0295	0.0339	0.0309	0.0175
2013	0.0338	0.0189	0.0366	0.0136	0.0251	0.0252	0.0249	0.0470	0.0541	0.0097	0.0245	0.0391	0.0287	0.0350	0.0402	0.0367	0.0208
2014	0.0350	0.0196	0.0380	0.0141	0.0260	0.0261	0.0258	0.0487	0.0561	0.0100	0.0254	0.0405	0.0297	0.0363	0.0417	0.0381	0.0215
2015	0.0343	0.0192	0.0372	0.0138	0.0254	0.0256	0.0252	0.0477	0.0549	0.0098	0.0248	0.0396	0.0291	0.0355	0.0408	0.0373	0.0211
2016	0.0391	0.0219	0.0423	0.0157	0.0290	0.0292	0.0287	0.0543	0.0625	0.0112	0.0283	0.0451	0.0331	0.0404	0.0465	0.0425	0.0240
2017	0.0390	0.0218	0.0422	0.0157	0.0289	0.0291	0.0287	0.0542	0.0624	0.0111	0.0282	0.0450	0.0331	0.0403	0.0464	0.0424	0.0239
2018	0.0403	0.0225	0.0437	0.0162	0.0299	0.0301	0.0296	0.0560	0.0645	0.0115	0.0291	0.0465	0.0342	0.0417	0.0479	0.0438	0.0247
2019	0.0432	0.0242	0.0468	0.0174	0.0320	0.0322	0.0318	0.0601	0.0691	0.0123	0.0312	0.0499	0.0366	0.0447	0.0514	0.0469	0.0265
2020	0.0454	0.0254	0.0492	0.0183	0.0337	0.0339	0.0334	0.0632	0.0727	0.0130	0.0329	0.0525	0.0385	0.0470	0.0541	0.0494	0.0279

表 7-5　北京市各年普通中学教育经费绩效一级指标综合得分情况

年份	综合得分	财务维度—教育经费投入	财务维度—教育经费产出	客户维度	内部流程维度	学习与成长维度
2003	0.3425	0.0853	0.1008	0.0912	0.0513	0.0138
2004	0.3438	0.0857	0.1012	0.0915	0.0515	0.0139
2005	0.3064	0.0764	0.0902	0.0816	0.0459	0.0124
2006	0.3051	0.0760	0.0898	0.0812	0.0457	0.0123
2007	0.3211	0.0800	0.0945	0.0855	0.0481	0.0130
2008	0.2685	0.0669	0.0790	0.0715	0.0402	0.0108
2009	0.3000	0.0748	0.0883	0.0799	0.0449	0.0121
2010	0.3545	0.0883	0.1043	0.0944	0.0531	0.0143
2011	0.3790	0.0945	0.1115	0.1009	0.0568	0.0153
2012	0.4327	0.1078	0.1273	0.1152	0.0648	0.0175
2013	0.5138	0.1280	0.1512	0.1368	0.0770	0.0208
2014	0.5326	0.1327	0.1567	0.1418	0.0798	0.0215
2015	0.5211	0.1299	0.1534	0.1388	0.0781	0.0211
2016	0.5939	0.1480	0.1748	0.1581	0.0890	0.0240
2017	0.5923	0.1476	0.1743	0.1577	0.0887	0.0239
2018	0.6123	0.1526	0.1802	0.1630	0.0917	0.0247
2019	0.6563	0.1635	0.1931	0.1748	0.0983	0.0265
2020	0.6903	0.1720	0.2032	0.1838	0.1034	0.0279

7.3　北京市普通中学教育经费绩效评价结果的分析

7.3.1　整体绩效得分情况分析

从图 7-7 可知，北京市普通中学教育经费绩效综合得分总体呈逐年上升趋势，从 2003 年的 0.3425 分逐步波动增长到 2020 年的 0.6903 分。

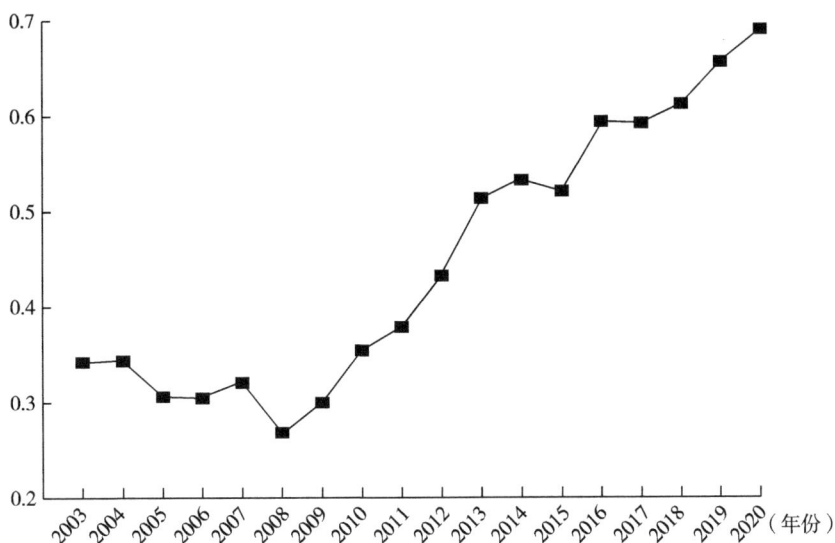

图 7-7　北京市各年普通中学教育经费绩效综合得分情况

7.3.2　五个维度绩效得分情况分析

从图 7-8 可以看出，北京市普通中学教育经费绩效五个维度综合得分在 2003~2008 年缓慢下降，2008~2020 年波动上升。在各维度的综合得分中，财务

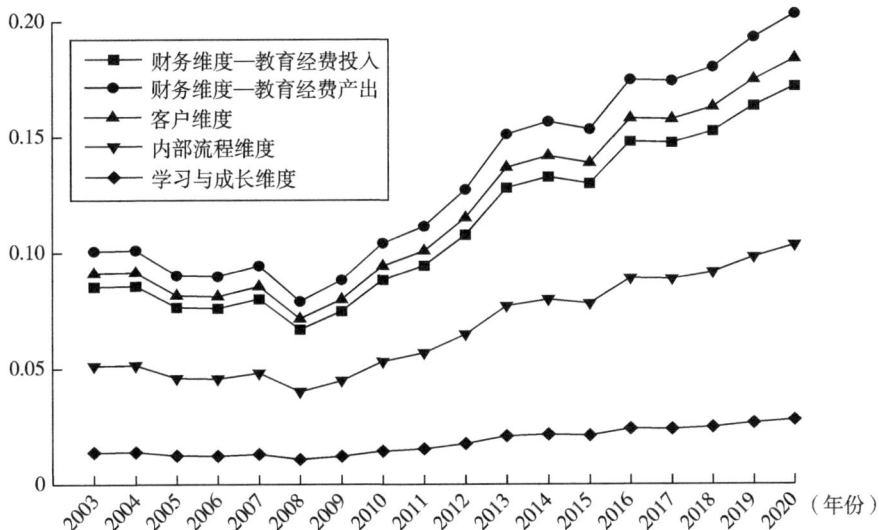

图 7-8　北京市各年普通中学教育经费绩效一级指标综合得分情况

维度的教育经费投入、教育经费产出和客户维度得分较高而且较为接近，其次是内部流程维度，学习与成长维度得分最低。

7.3.3　财务维度之教育经费投入综合得分情况分析

从图 7-9 可以看出，在本维度中，综合得分呈上升趋势。具体来说，普通中学生均教育经费支出和普通中学教育经费支出综合得分为前两名，随后是普通中学地方教育经费支出与 GDP 之比、普通中学教育经费支出增长率和普通中学地方教育经费支出与地方财政支出之比。

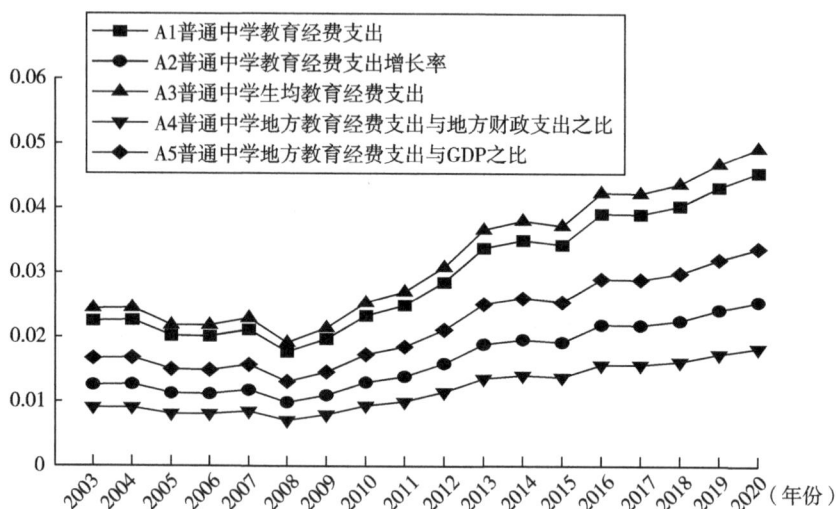

图 7-9　北京市各年普通中学财务维度之教育经费投入明细指标综合得分情况

教育经费支出综合得分较高说明教育经费支出处在相对较高的水平，但教育经费支出增长率得分低可能意味着对普通中学投入的教育经费仍然不足，不利于提高教育质量和教育发展水平。

普通中学生均教育经费支出综合得分最高，说明中学教育向教育资源和教育投入方面注入大量的资金和其他资源，为每个学生提供了充足的教育资源，使他们有更好的学习环境和更充分的发展机会。这样的结果有助于提高学生的学习成绩，培养出更高水平的人才，推动中学教育的发展。

7.3.4　财务维度之教育经费产出综合得分情况分析

从图 7-10 可以看出，得分最高的为普通中学教学、科研仪器设备资产值，其次为普通中学教学及辅助用房面积，普通中学生均图书册数和普通中学宿舍面积的综合得分几乎一致，为该维度内最低得分。

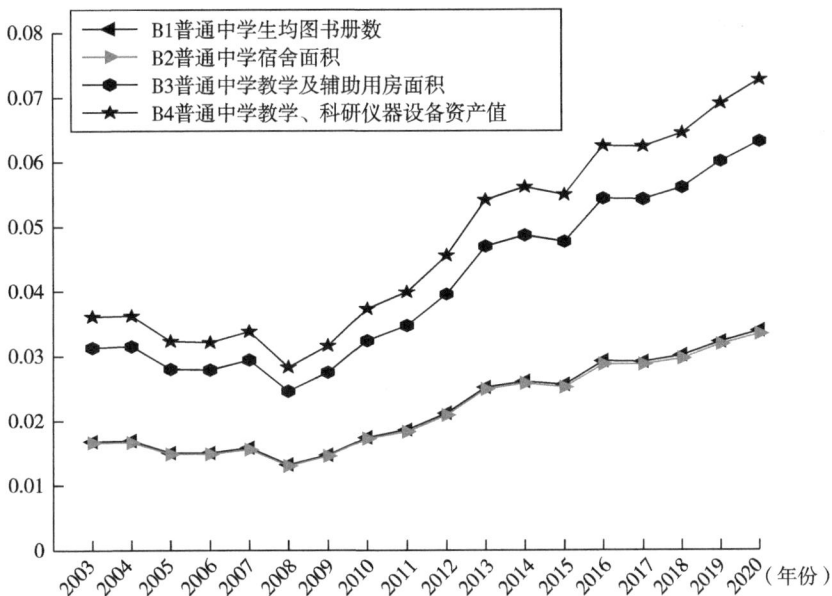

图 7-10　北京市各年普通中学财务维度之教育经费产出明细指标综合得分情况

普通中学生均图书册数和普通中学宿舍面积综合得分较低，说明图书册数和目前的中学宿舍可能相对不足。普通中学教学、科研仪器设备资产值综合得分高，说明在中学教育中，仪器设备重要性较高。这些仪器设备可以为学生和教师进行实验、实践等活动提供基础设施，是教育水平高的体现。

7.3.5　客户维度综合得分情况分析

从图 7-11 可以看出，普通中学在校生人数综合得分最高，其次是毕业生人数、招生人数和人均受教育年限，城镇登记失业率的综合得分远低于其他四个指标。

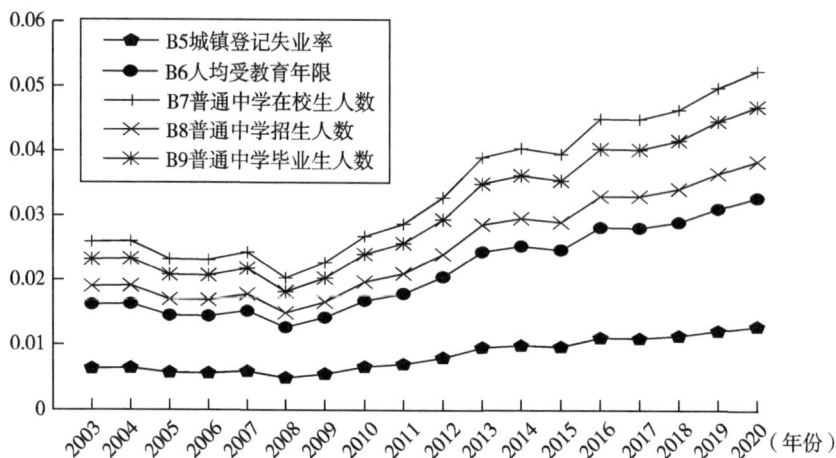

图 7-11　北京市各年普通中学客户维度明细指标综合得分情况

人均受教育年限综合得分较低说明该地区的教育水平较低，教育资源投入相对较少，这也会导致教育经费占 GDP 的比重较低，人均受教育年限也相应较短。这可能会影响该地区人才的培养和增长，对经济和社会的发展造成一定影响。

城镇登记失业率综合得分较低，需要关注中学教育和就业之间的关系。中学教育覆盖义务教育的初中教育和非义务教育的高中教育。如果学生不接受高中教育而选择就业，就可能会对城镇登记失业率产生不利影响。

7.3.6　内部流程维度综合得分情况分析

从图 7-12 可以看出，普通中学教育经费的内部流程维度的综合得分较低，其中普通中学行政办公用房面积综合得分略高于行政人员数综合得分。行政人员数指标综合得分低说明可能存在人员较少的情况；行政办公用房指标的综合得分也比较低，需要考虑行政办公用房面积是否存在与行政人员数配比不合理的情况。同时，可以看到这两个指标的得分在逐年增加，说明北京市普通中学在这两方面的问题逐渐得到改善。

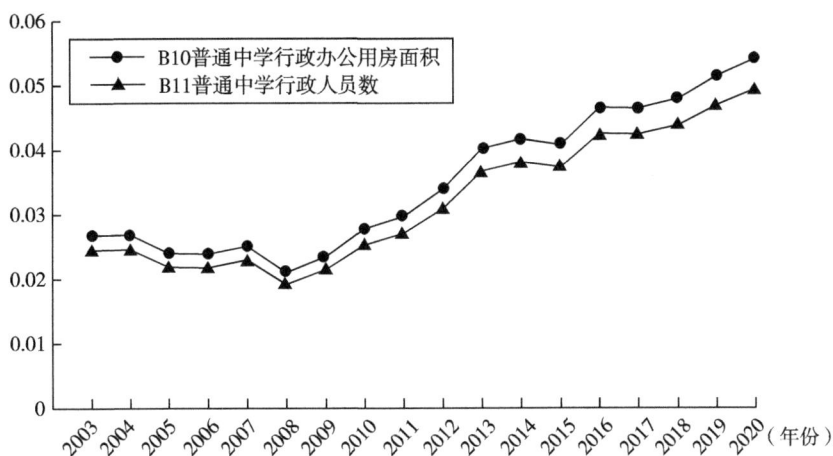

图7-12 北京市各年普通中学内部流程维度明细指标综合得分情况

7.3.7 学习与成长维度综合得分情况分析

生师比是指学校的学生人数与师资队伍人数的比例，是衡量学校师资配置情况的重要指标。从图7-13可以看出，北京市普通中学的生师比综合得分较低，说明普通中学存在师资力量不足的问题，这可能导致学生的学习质量下降，也可能会影响学校的声誉和竞争力。

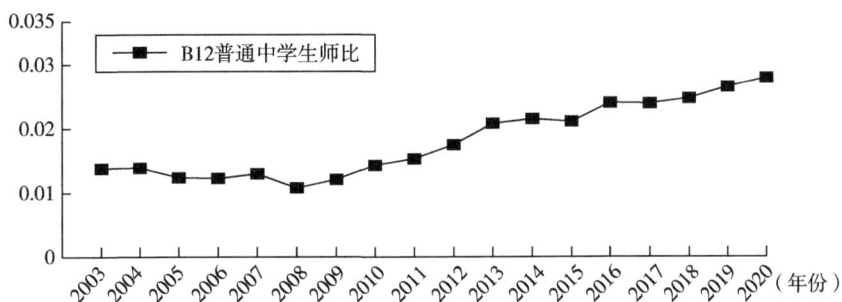

图7-13 北京市各年普通中学学习与成长维度明细指标综合得分情况

7.4 北京市普通中学教育经费绩效提升的建议

（1）整体绩效提升的建议

首先，优化经费分配和使用。基于财务维度的高得分，应继续保持对经费的合理使用和有效管理，确保资金能够按需分配，避免浪费。加强对教育经费使用的监管和评估，确保每一笔经费都能产生最大的教育效益。

其次，关注学生和家长需求。客户维度的高得分表明学校较好地满足了学生和家长的需求。为进一步提升满意度，应定期收集学生和家长的反馈，及时调整教育服务和资源分配。

再次，改进内部流程。针对内部流程的相对低分，应对学校现有流程进行全面审查，识别效率低下的环节并进行改进。引入现代化管理工具和技术，如教育信息化平台，以提高管理效率和透明度。

又次，加强教师队伍建设。学习与成长维度的低分可能反映了生师比方面的问题。应加大对教师队伍建设的投入，合理安排学校现任教职员工数量。学校内部相关科室应根据机构编制设置，综合评估学校用人规模，建立健全自查机制。真正将优秀教师用到实处，才能提升学校整体教育教学水平。

最后，创新教育模式和方法。探索新的教学模式和方法，比如项目式学习、翻转课堂等，以激发学生的学习兴趣和创造力。加强与社区、企业等外部机构的合作，为学生提供更多的实践机会和资源，促进其全面发展。

（2）财务维度之教育经费投入绩效提升的建议

提高政府的教育投入，增加教育经费预算，促进教育经费的合理使用和科学管理，确保教育经费使用效益最大化。同时，加强预算编制和监管，合理分配教育经费，提高教育经费使用效率，增强教育经费的持续性和稳定性。

政府不仅应增强对教育的重视，还应促进社会团体对于教育的投入，有规划地增加教育经费支出，提高地方教育经费在财政支出中的占比，以满足各部门的教育相关需求，为合理配置更多的教育资源提供保障。

（3）财务维度之教育经费产出绩效提升的建议

学校应注重基础设施建设，加大对学校图书馆、实验室、宿舍等场所的投入，提高学校设施和设备的水平和品质，改善教学和科研条件。通过增加图书采购方面的预算，增加该方面的教育资源配置，丰富学生的视野、激发学生的学习兴趣。对于有住宿需要的中学生，应考虑安排更多宿舍供学生使用。

（4）客户维度绩效提升的建议

除了重视学业上的教学质量和效率以外，中学教育还应重视学生们的实践技能。尽量延长学生们在学校的学习时间，使学生们掌握更多学习或就业技能，从而增强就业能力，降低城镇登记失业率。同时，加强对学生的培养和管理，加强职业教育，提高学生就业质量和就业率，推动教育与产业结合。

（5）内部流程维度绩效提升的建议

普通中学行政办公用房面积和普通中学行政人员数的重要程度相近。一方面，为了提升中学教育的质量和效率，可以增加匹配需求的办公用房和招聘相关岗位的行政人员。另一方面，可以通过优化学校管理体制，提高管理效率，减少行政管理成本，加强对行政管理工作的监督和评估。

（6）学习与成长维度绩效提升的建议

2020 年的普通中学生师比为 4.39，综合得分从整体来看较低，但很难再从降低生师比来提高综合得分促进教育经费绩效增加。因此，可以通过对中学教师进行有规划的职业培训，增强教师的授课技能，提高教师的教学质量和教学效率，使在现有的生师比下教育效果更加优化。

8 北京市普通高校教育经费绩效的评价与提升

本章首先分析北京市普通高校教育经费绩效的现状；其次采用第3.4.7节的北京市各年普通高校教育经费绩效评价的指标体系，对北京市各年的普通高校教育经费绩效进行评价，并对评价结果进行分析；最后提出改进建议。

8.1 北京市普通高校教育经费绩效的现状

8.1.1 财务维度之教育经费投入情况

根据图 8-1 可以看出，教育经费支出在 2003~2019 年（除 2012 年）逐年增加，从最初的 213.93 亿元增加至 1320.67 亿元，增加了约 6 倍；2020 年的教育

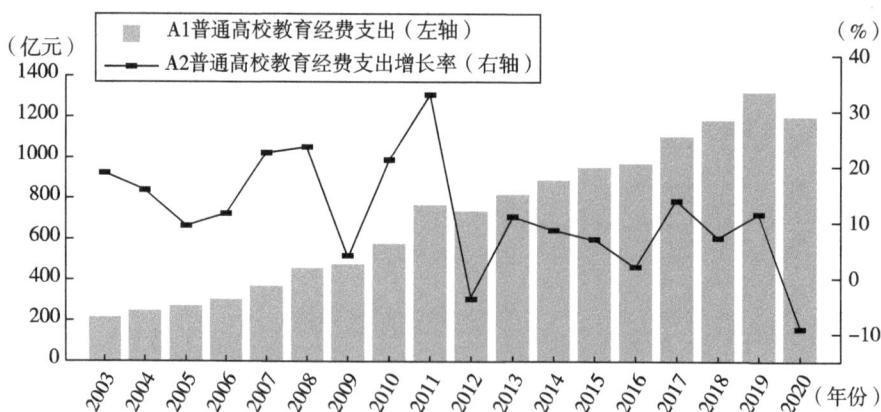

图 8-1 北京市各年普通高校教育经费支出的总体规模

经费支出较上年有所降低，为 1199. 49 亿元。而教育经费支出增长率具有很明显的波动性，最高的增长率出现在 2011 年，为 32.91%，较上年增加了 189.62 亿元；最低的增长率出现在 2020 年，为−9.18%，较上年减少了 121.18 亿元，除此之外，2012 年的教育经费支出增长率也是负数，为−3.79%。

图 8-2 表明了普通高校生均教育经费支出整体呈上升的趋势，2011 年和 2019 年有较明显的峰值，2011 年生均教育经费支出为 65806.78 元/人，2019 年的生均教育经费支出为 82077.48 元/人。2020 年生均教育经费支出为 73145.79 元/人，是 2003 年 30822.67 元/人的 2.4 倍。

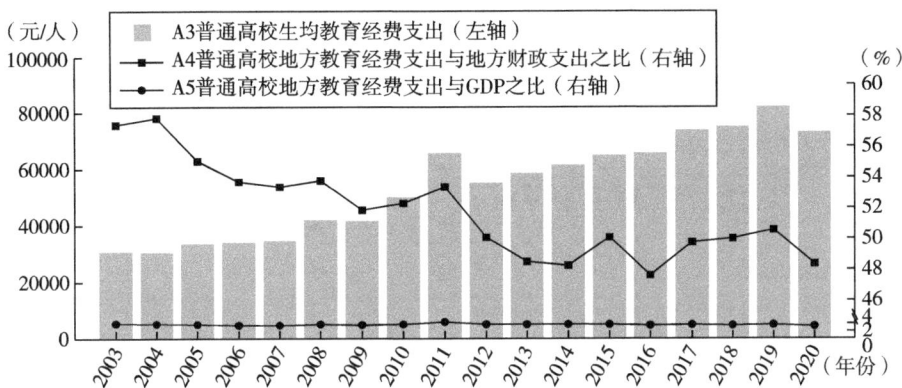

图 8-2　北京市各年普通高校教育经费支出的相对规模

将教育经费支出中的地方教育经费分解出来，与地方财政支出和地方 GDP 分别计算比值。普通高校地方教育经费支出与地方财政支出之比波动下降，最高值在 2004 年，为 57.83%，从 2012 年起为 50% 左右，最低比值为 2016 年的47.62%。相对地，普通高校地方教育经费支出与 GDP 之比较为稳定，在 4% 左右。

8.1.2　财务维度之教育经费产出情况

图 8-3 表明了普通高校的教育经费产出情况。普通高校生均图书册数总体处于较高水平，超过 100 册/人。2003~2019 年平稳上升，从 114.13 册/人增加至199.22 册/人，在 2020 年回降至 195.34 册/人。普通高校宿舍面积数缓慢上升，2020 年略有降低，与 2019 年相比下降了 12 万平方米。普通高校教学及辅助用房面积在 2003~2020 年有显著增加的趋势，2020 年的教学及辅助用房面积为1471.88 万平方米，是 2010 年 764.49 万平方米的约 2 倍。普通高校的教学、科研仪器设备资产值整体呈匀速增长，从 2003 年的 83.36 亿元增长至 2020 年的

738.03 亿元，增加了约 9 倍。

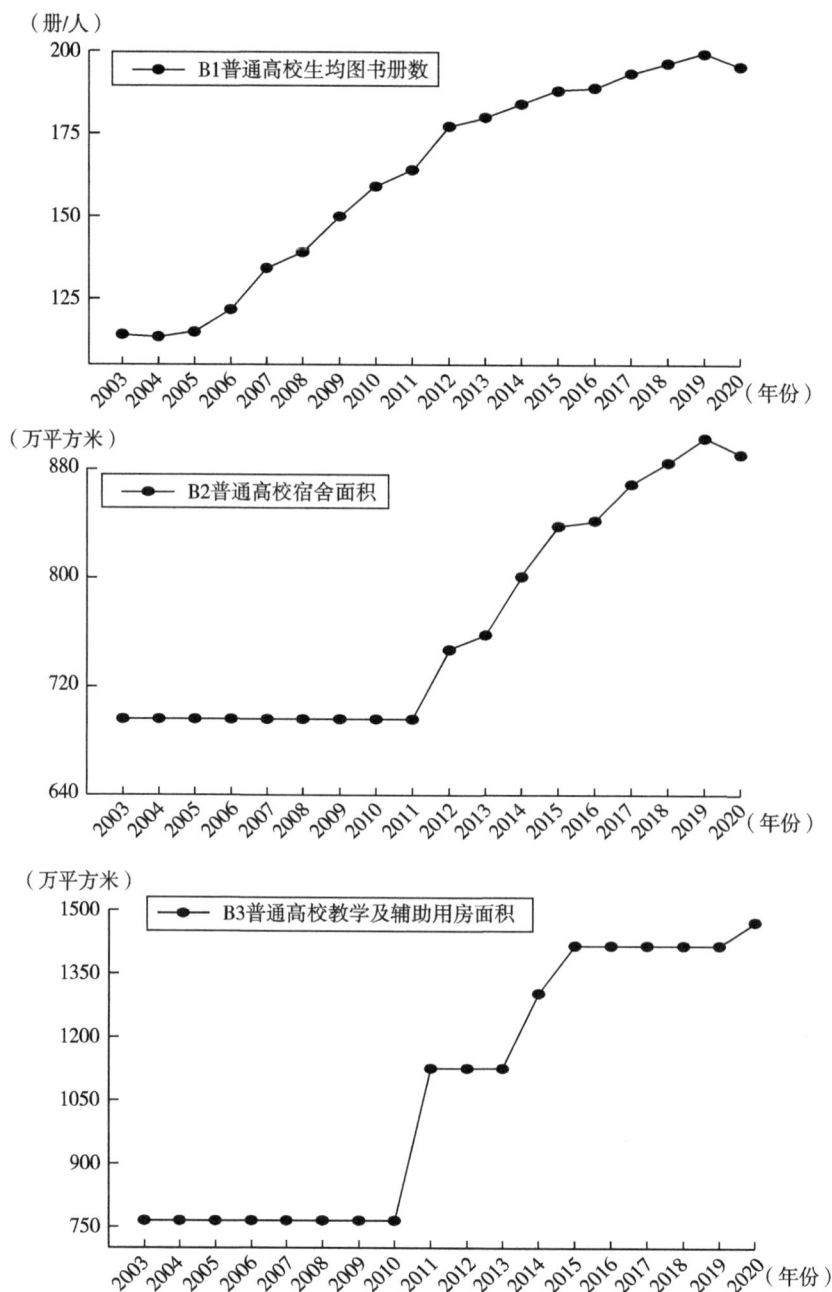

图 8-3　北京市各年普通高校教育经费产出情况

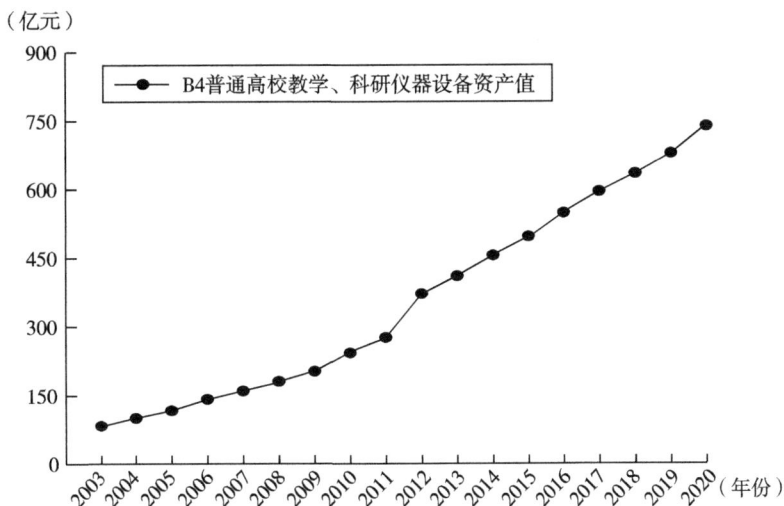

图8-3 北京市各年普通高校教育经费产出情况（续图）

8.1.3 客户维度情况

B5 城镇登记失业率和 B6 人均受教育年限情况在第 4 章已介绍，此处不再赘述。

从图 8-4 可以看出，普通高校的在校生人数在 2003~2005 年增幅较大，增长率约为 20.64%，此后增速放缓，逐渐稳定在 60 万人左右。普通高校的招生人

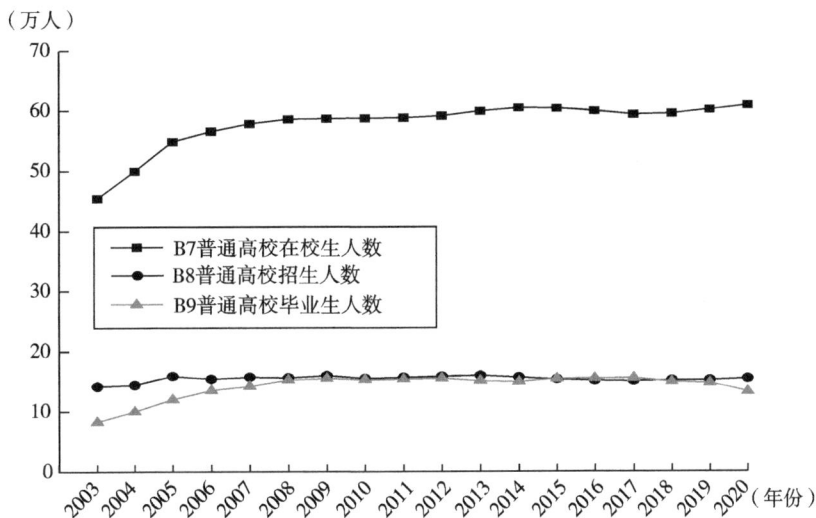

图8-4 北京市各年普通高校客户维度情况

113

数在 2003~2020 年的数据变化更加稳定，基本保持在 15 万人左右。普通高校的毕业生人数在 2003~2008 年增幅相对较高，从 2003 年的 8.28 万毕业生增加至 2008 年的 15.22 万毕业生，几乎增加了一倍；2008~2019 年，毕业生人数稳定在每年 15 万人左右，2020 年略有下降，为 13.29 万人，是 2006 年以来毕业生人数最少的一年。

8.1.4 内部流程维度情况

从图 8-5 可以看出，北京市普通高校的行政办公用房面积和行政人员数基本呈上升趋势。行政人员数增加的幅度较大，从 2003 年的 16128 人增加至 2020 年的 26787 人，增加了 10659 人，增长率约为 66.09%。行政办公用房面积则从 2011 年的 175.63 万平方米增加至 2020 年的 230.71 万平方米，增长率约为 31.36%。

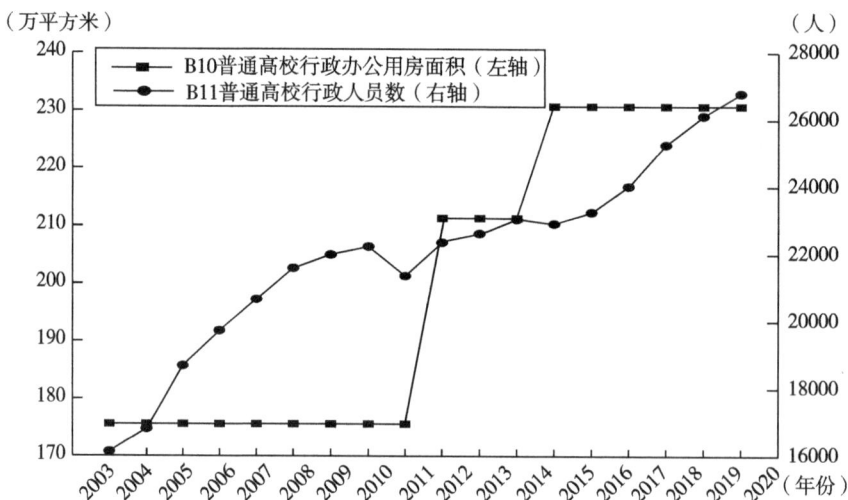

图 8-5　北京市各年普通高校内部流程维度情况

8.1.5 学习与成长维度情况

图 8-6 主要体现了北京市普通高校教育经费绩效评价中学习与成长维度数据的变化情况。普通高校生师比整体呈平稳下降趋势，从 11.96 降至 8.21。人均接受高等教育人数比例逐年上升，在 2019 年达到近 18 年最高值 0.50，次年下降至 0.42，与 2015 年水平持平。普通高校授予研究生学位数稳步上升，最高增长率

约为 25.64%，从 2016 年的 83373 人增长至 2017 年的 104751 人，在随后的两年授予的研究生学位数稍微有所下降，但在 2020 年又增加至 108743 人。

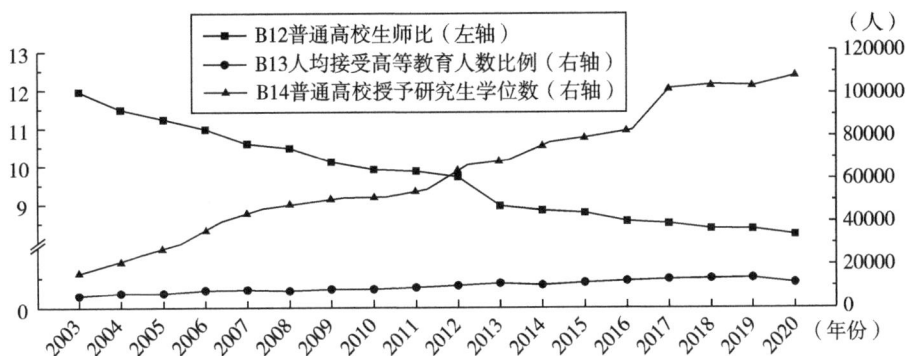

图 8-6　北京市各年普通高校学习与成长维度情况

8.2　基于熵值法确定北京市普通高校教育经费绩效评价的指标权重及得分

8.2.1　数据来源及初始矩阵的确立

关于北京市普通高校教育经费绩效评价的指标体系，本书从国家统计局网站、北京市统计局网站、《中国教育经费统计年鉴》等官方口径获取了北京市2003～2020 年的普通高校基础统计数据。

本节根据表 8-1 的北京市各年普通高校教育经费绩效评价体系中的各项指标，进行数据的整理与汇总，构建出各指标的初始矩阵。

8.2.2　数据标准化处理

在确定了初始矩阵后，由于不同指标的量级和指标维度不同，直接采用熵值法会影响指标权重的准确性，所以需要对初始矩阵中的指标数据进行预处理。本节采取了极差法对数据进行标准化处理（见表 8-2）。

表8-1 北京市各年普通高校教育经费绩效初始矩阵数据

一级指标	财务维度									客户维度					内部流程维度		学习与成长维度		
二级指标	教育经费投入					教育经费产出													
年份	A1	A2	A3	A4	A5	B1	B2	B3	B4	B5	B6	B7	B8	B9	B10	B11	B12	B13	B14
2003	213.93	18.82	30822.67	57.39	4.06	114.13	696.00	764.49	83.36	1.4	10.35	45.45	14.18	8.28	175.63	16128	11.96	0.20	18296
2004	247.68	15.77	30633.80	57.83	3.96	113.46	696.00	764.49	100.42	1.3	10.56	49.95	14.43	10.01	175.63	16820	11.49	0.24	24607
2005	270.83	9.35	33591.50	55.05	3.79	114.91	696.00	764.49	116.72	2.1	10.69	54.83	15.89	12.00	175.63	18688	11.23	0.24	30136
2006	302.12	11.55	34151.39	53.70	3.60	121.67	696.00	764.49	141.88	2.0	10.95	56.58	15.41	13.55	175.63	19731	10.97	0.29	40428
2007	370.07	22.49	34656.19	53.37	3.55	134.18	696.00	764.49	160.03	1.8	11.09	57.82	15.74	14.20	175.63	20665	10.59	0.30	46386
2008	457.19	23.54	42052.15	53.77	3.87	138.95	696.00	764.49	180.64	1.8	10.97	58.56	15.61	15.22	175.63	21589	10.47	0.28	48914
2009	475.53	4.01	41695.66	51.85	3.69	149.81	696.00	764.49	202.50	1.4	11.17	58.67	15.98	15.51	175.63	21988	10.11	0.31	51502
2010	576.25	21.18	50070.41	52.29	3.85	158.96	696.00	764.49	242.53	1.4	11.01	58.71	15.51	15.27	175.63	22232	9.91	0.31	51767
2011	765.87	32.91	65806.78	53.36	4.46	163.98	696.00	1125.16	276.11	1.3	11.55	58.79	15.69	15.37	175.63	21362	9.87	0.34	55400
2012	736.82	-3.79	55261.45	50.07	3.87	177.13	747.00	1125.16	371.15	1.3	11.84	59.12	15.86	15.52	211.29	22355	9.72	0.37	66935
2013	817.77	10.99	58673.81	48.50	3.87	179.99	758.00	1125.16	410.47	1.2	12.03	59.89	15.98	15.09	211.29	22617	8.96	0.41	69141
2014	888.38	8.63	61556.51	48.25	3.87	184.05	801.00	1302.93	455.59	1.3	11.85	60.46	15.69	14.92	211.29	23047	8.84	0.38	77460
2015	950.51	6.99	64997.26	50.07	3.84	187.96	838.00	1415.67	496.93	1.4	12.15	60.36	15.35	15.44	230.71	22918	8.78	0.42	80127
2016	970.27	2.08	65789.12	47.62	3.59	188.78	842.00	1415.67	548.60	1.4	12.39	59.92	15.12	15.53	230.71	23257	8.56	0.45	83373
2017	1104.83	13.87	73841.30	49.75	3.70	193.28	869.00	1415.67	594.98	1.4	12.67	59.29	15.05	15.54	230.71	24023	8.50	0.48	104751
2018	1184.59	7.22	75141.95	50.00	3.58	196.39	885.00	1415.67	634.03	1.4	12.68	59.49	15.20	14.92	230.71	25265	8.37	0.49	104530
2019	1320.67	11.49	82077.48	50.56	3.73	199.22	903.00	1415.67	678.82	1.3	12.78	60.15	15.22	14.71	230.71	26125	8.36	0.50	104111
2020	1199.49	-9.18	73145.79	48.35	3.34	195.34	891.00	1471.88	738.03	2.6	12.64	60.89	15.47	13.29	230.71	26787	8.21	0.42	108743

注：普通高校舍面积可获取2011~2020年的数据，为保证数据完整性，2003~2010年数据进行填补。普通高校教学及辅助用房面积可获取2011年、2014~2015年、2020年的数据，为保证数据完整性，其他年份使用邻近年份的数据进行填补。

资料来源：《中国教育经费统计年鉴》（2002~2020年），国家统计局，北京市统计局，第七次全国人口普查数据及笔者分析整理（下同）。

表8-2 北京市各年普通高校教育经费绩效标准化处理后的数据

一级指标	财务维度—教育经费投入					财务维度—教育经费产出					客户维度				内部流程维度		学习与成长维度		
二级指标 / 年份	A1	A2	A3	A4	A5	B1	B2	B3	B4	B5	B6	B7	B8	B9	B10	B11	B12	B13	B14
2003	0.0000	0.6652	0.0037	0.9569	0.6429	0.0078	0.0000	0.0000	0.0000	0.8571	0.0000	0.0000	0.0000	0.0000	0.0000	0.0000	0.0000	0.0000	0.0000
2004	0.0305	0.5928	0.0000	1.0000	0.5536	0.0000	0.0000	0.0000	0.0261	0.9286	0.0864	0.2915	0.1389	0.2383	0.0000	0.0649	0.1333	0.0698	0.1253
2005	0.0514	0.4402	0.0575	0.7277	0.4018	0.0169	0.0000	0.0000	0.0510	0.3571	0.1399	0.6075	0.9500	0.5124	0.0000	0.2402	0.1333	0.1309	0.1947
2006	0.0797	0.4925	0.0684	0.5955	0.2321	0.0957	0.0000	0.0000	0.0894	0.4286	0.2469	0.7209	0.6833	0.7259	0.0000	0.3380	0.3000	0.2447	0.2640
2007	0.1411	0.7524	0.0782	0.5632	0.1875	0.2416	0.0000	0.0000	0.1171	0.5714	0.3045	0.8012	0.8667	0.8154	0.0000	0.4256	0.3333	0.3106	0.3653
2008	0.2198	0.7774	0.2220	0.6024	0.4732	0.2972	0.0000	0.0000	0.1486	0.5714	0.2551	0.8491	0.7944	0.9559	0.0000	0.5123	0.2667	0.3385	0.3973
2009	0.2364	0.3134	0.2150	0.4143	0.3125	0.4239	0.0000	0.0000	0.1820	0.8571	0.3374	0.8562	1.0000	0.9959	0.0000	0.5498	0.3667	0.3671	0.4933
2010	0.3274	0.7213	0.3778	0.4574	0.4554	0.5306	0.0000	0.0000	0.2431	0.8571	0.2716	0.8588	0.7389	0.9628	0.0000	0.5727	0.3667	0.3701	0.5467
2011	0.4987	1.0000	0.6837	0.5622	1.0000	0.5891	0.0000	0.0000	0.2944	0.8571	0.4938	0.8640	0.8389	0.9766	0.0000	0.4910	0.4667	0.4102	0.5573
2012	0.4725	0.1281	0.4787	0.2400	0.4732	0.7424	0.2464	0.5099	0.4396	0.8571	0.6132	0.8854	0.9333	0.9972	0.6474	0.5842	0.5667	0.5378	0.5973
2013	0.5456	0.4792	0.5451	0.0862	0.4732	0.7758	0.2995	0.5099	0.4997	1.0000	0.6914	0.9352	1.0000	0.9380	0.6474	0.6088	0.7000	0.5622	0.8000
2014	0.6094	0.4231	0.6011	0.0617	0.4732	0.8231	0.5072	0.7612	0.5686	0.9286	0.6173	0.9722	0.8389	0.9146	0.6474	0.6491	0.6000	0.6541	0.8320
2015	0.6655	0.3842	0.6680	0.2400	0.4464	0.8687	0.6860	0.9205	0.6317	0.8571	0.7407	0.9657	0.6500	0.9862	1.0000	0.6370	0.7333	0.6836	0.8480
2016	0.6834	0.2675	0.6834	0.0000	0.2232	0.8783	0.7053	0.9205	0.7106	0.8571	0.8395	0.9372	0.5222	0.9986	1.0000	0.6688	0.8333	0.7195	0.9067
2017	0.8050	0.5476	0.8399	0.2086	0.3214	0.9307	0.8357	0.9205	0.7815	0.8571	0.9547	0.8964	0.4833	1.0000	1.0000	0.7407	0.9333	0.9559	0.9227
2018	0.8770	0.3896	0.8652	0.2331	0.2143	0.9670	0.9130	0.9205	0.8411	0.8571	0.9588	0.9093	0.5667	0.9146	1.0000	0.8572	0.9667	0.9534	0.9573
2019	1.0000	0.4911	1.0000	0.2880	0.3482	1.0000	1.0000	0.9205	0.9096	0.9286	1.0000	0.9521	0.5778	0.8857	1.0000	0.9379	1.0000	0.9488	0.9600
2020	0.8905	0.0000	0.8264	0.0715	0.0000	0.9548	0.9420	1.0000	1.0000	0.0000	0.9424	1.0000	0.7167	0.6901	1.0000	1.0000	0.7333	1.0000	1.0000

8.2.3 指标权重的确定

按照前述指标构建体系和分析方法，可以计算得出普通高校各数据的权重系数（见表 8-3）。

表 8-3　北京市各年普通高校教育经费绩效评价熵值法计算权重结果汇总

一级指标	二级指标	信息熵值 e	信息效用值 d	权重系数 w（％）	小计（％）
财务维度—教育经费投入	A1	0.9031	0.0969	5.78	22.90
	A2	0.955	0.045	2.69	
	A3	0.8962	0.1038	6.19	
	A4	0.9093	0.0907	5.41	
	A5	0.9526	0.0474	2.83	
财务维度—教育经费产出	B1	0.9097	0.0903	5.39	38.02
	B2	0.7588	0.2412	14.39	
	B3	0.8046	0.1954	11.66	
	B4	0.8897	0.1103	6.58	
客户维度	B5	0.9714	0.0286	1.71	11.57
	B6	0.9276	0.0724	4.32	
	B7	0.9735	0.0265	1.58	
	B8	0.9637	0.0363	2.16	
	B9	0.9698	0.0302	1.80	
内部流程维度	B10	0.775	0.225	13.42	16.31
	B11	0.9516	0.0484	2.89	
学习与成长维度	B12	0.9439	0.0561	3.35	11.20
	B13	0.9375	0.0625	3.73	
	B14	0.9309	0.0691	4.12	

8.2.4 评价结果

北京市各年普通高校教育经费绩效二级指标综合得分情况如表 8-4 所示，一级指标综合得分情况如表 8-5 所示。

118

表 8-4 北京市各年普通高校教育经费绩效二级指标得分情况

一级指标	财务维度—教育经费投入					财务维度—教育经费产出				客户维度					内部流程维度		学习与成长维度		
二级指标 / 年份	A1	A2	A3	A4	A5	B1	B2	B3	B4	B5	B6	B7	B8	B9	B10	B11	B12	B13	B14
2003	0.0065	0.0030	0.0070	0.0061	0.0032	0.0061	0.0163	0.0132	0.0074	0.0019	0.0049	0.0018	0.0024	0.0020	0.0152	0.0033	0.0038	0.0042	0.0047
2004	0.0084	0.0039	0.0090	0.0078	0.0041	0.0078	0.0208	0.0169	0.0095	0.0025	0.0062	0.0023	0.0031	0.0026	0.0194	0.0042	0.0048	0.0054	0.0060
2005	0.0092	0.0043	0.0098	0.0086	0.0045	0.0086	0.0228	0.0185	0.0104	0.0027	0.0069	0.0025	0.0034	0.0029	0.0213	0.0046	0.0053	0.0059	0.0065
2006	0.0103	0.0048	0.0111	0.0097	0.0051	0.0097	0.0258	0.0209	0.0118	0.0031	0.0077	0.0028	0.0039	0.0032	0.0240	0.0052	0.0060	0.0067	0.0074
2007	0.0126	0.0059	0.0135	0.0118	0.0062	0.0118	0.0314	0.0255	0.0144	0.0037	0.0094	0.0035	0.0047	0.0039	0.0293	0.0063	0.0073	0.0082	0.0090
2008	0.0144	0.0067	0.0155	0.0135	0.0071	0.0135	0.0359	0.0291	0.0164	0.0043	0.0108	0.0039	0.0054	0.0045	0.0335	0.0072	0.0084	0.0093	0.0103
2009	0.0147	0.0069	0.0158	0.0138	0.0072	0.0137	0.0367	0.0297	0.0168	0.0044	0.0110	0.0040	0.0055	0.0046	0.0342	0.0074	0.0085	0.0095	0.0105
2010	0.0168	0.0078	0.0180	0.0157	0.0082	0.0157	0.0419	0.0339	0.0191	0.0050	0.0126	0.0046	0.0063	0.0052	0.0390	0.0084	0.0097	0.0109	0.0120
2011	0.0248	0.0116	0.0266	0.0233	0.0122	0.0232	0.0619	0.0501	0.0283	0.0074	0.0186	0.0068	0.0093	0.0077	0.0577	0.0124	0.0144	0.0160	0.0177
2012	0.0302	0.0140	0.0323	0.0282	0.0148	0.0281	0.0751	0.0609	0.0344	0.0089	0.0226	0.0083	0.0113	0.0094	0.0701	0.0151	0.0175	0.0195	0.0215
2013	0.0326	0.0152	0.0349	0.0305	0.0160	0.0304	0.0812	0.0658	0.0371	0.0096	0.0244	0.0089	0.0122	0.0102	0.0757	0.0163	0.0189	0.0210	0.0232
2014	0.0364	0.0169	0.0390	0.0340	0.0178	0.0339	0.0906	0.0734	0.0414	0.0108	0.0272	0.0099	0.0136	0.0113	0.0845	0.0182	0.0211	0.0235	0.0259
2015	0.0434	0.0202	0.0465	0.0406	0.0212	0.0404	0.1080	0.0875	0.0494	0.0128	0.0324	0.0119	0.0162	0.0135	0.1007	0.0217	0.0251	0.0280	0.0309
2016	0.0432	0.0201	0.0463	0.0405	0.0212	0.0403	0.1076	0.0872	0.0492	0.0128	0.0323	0.0118	0.0162	0.0135	0.1004	0.0216	0.0251	0.0279	0.0308
2017	0.0481	0.0224	0.0515	0.0450	0.0235	0.0448	0.1197	0.0970	0.0547	0.0142	0.0359	0.0131	0.0180	0.0150	0.1117	0.0240	0.0279	0.0310	0.0343
2018	0.0494	0.0230	0.0529	0.0463	0.0242	0.0461	0.1231	0.0997	0.0563	0.0146	0.0369	0.0135	0.0185	0.0154	0.1148	0.0247	0.0286	0.0319	0.0352
2019	0.0524	0.0244	0.0561	0.0490	0.0256	0.0488	0.1303	0.1056	0.0596	0.0155	0.0391	0.0143	0.0196	0.0163	0.1215	0.0262	0.0303	0.0338	0.0373
2020	0.0483	0.0225	0.0517	0.0452	0.0236	0.0450	0.1202	0.0974	0.0550	0.0143	0.0361	0.0132	0.0180	0.0150	0.1121	0.0241	0.0280	0.0312	0.0344

表8-5 北京市各年普通高校教育经费绩效一级指标综合得分情况

年份	综合得分	财务维度—教育经费投入	财务维度—教育经费产出	客户维度	内部流程维度	学习与成长维度
2003	0.1131	0.0259	0.0430	0.0131	0.0185	0.0127
2004	0.1446	0.0331	0.0550	0.0167	0.0236	0.0162
2005	0.1587	0.0364	0.0604	0.0184	0.0259	0.0178
2006	0.1790	0.0410	0.0681	0.0207	0.0292	0.0201
2007	0.2185	0.0500	0.0831	0.0253	0.0356	0.0245
2008	0.2497	0.0572	0.0950	0.0289	0.0407	0.0280
2009	0.2550	0.0584	0.0970	0.0295	0.0416	0.0286
2010	0.2910	0.0666	0.1106	0.0337	0.0475	0.0326
2011	0.4298	0.0984	0.1634	0.0497	0.0701	0.0481
2012	0.5222	0.1196	0.1985	0.0604	0.0852	0.0585
2013	0.5642	0.1292	0.2145	0.0653	0.0920	0.0632
2014	0.6294	0.1441	0.2393	0.0728	0.1027	0.0705
2015	0.7504	0.1719	0.2853	0.0868	0.1224	0.0840
2016	0.7478	0.1713	0.2843	0.0865	0.1220	0.0838
2017	0.8320	0.1905	0.3163	0.0963	0.1357	0.0932
2018	0.8551	0.1958	0.3251	0.0989	0.1395	0.0958
2019	0.9057	0.2074	0.3444	0.1048	0.1477	0.1014
2020	0.8355	0.1913	0.3177	0.0967	0.1363	0.0936

8.3 北京市普通高校教育经费绩效评价结果的分析

8.3.1 整体绩效得分情况的分析

从图8-7可以看出，北京市各年普通高校教育经费绩效综合得分总体呈上升趋势，从2003年的0.1131分逐步波动增加到2019年的0.9057分，2020年下降到 0.8355 分。

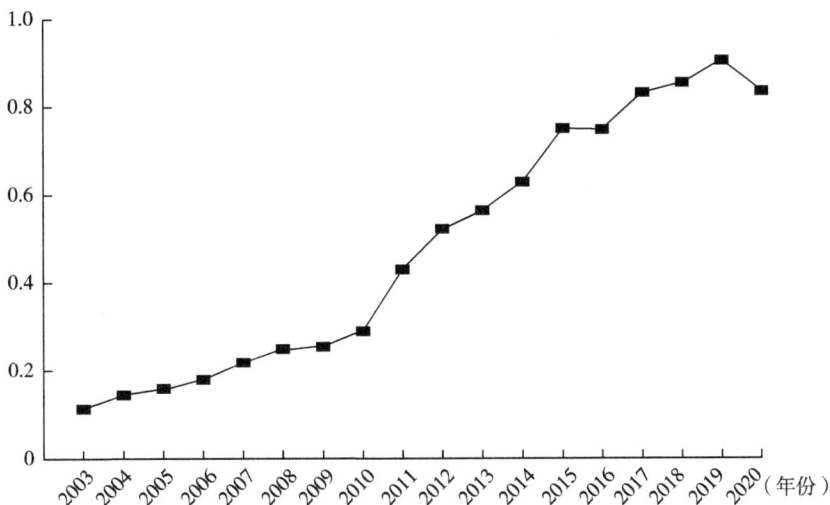

图 8-7　北京市各年普通高校教育经费绩效综合得分情况

8.3.2　五个维度绩效得分情况的分析

从图 8-8 可以看出，五个维度指标综合得分从高至低依次为教育经费产出指标、教育经费投入指标、内部流程维度指标、客户维度指标、学习与成长维度指标，其中客户维度指标和学习与成长维度指标的得分相似，在高校教育评价中综合得分最低。

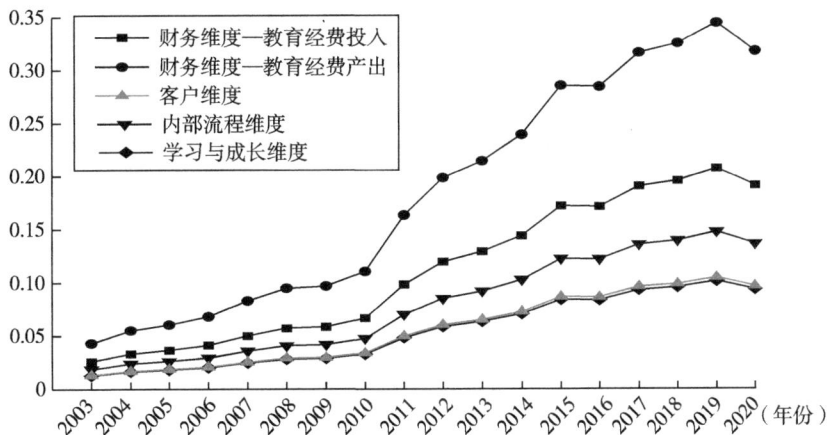

图 8-8　北京市各年普通高校教育经费绩效一级指标综合得分情况

在高等教育的学习与成长维度中，增加了人均接受高等教育人数比例和普通高校授予研究生学位数两个指标，相较于其他教育阶段，普通高校的该维度的重要性增加，综合得分有明显提升。教育经费产出指标综合得分最高，该指标在普通高校的绩效评价中重要性最高。

8.3.3 财务维度之教育经费投入综合得分情况分析

从图 8-9 可以看出，在本维度中，综合得分呈上升趋势。具体来说，普通高校生均教育经费支出、普通高校教育经费支出和普通高校地方教育经费支出与地方财政支出之比三项的综合得分位列前三，得分也很接近；后两名是普通高校地方教育经费支出与 GDP 之比和普通高校教育经费支出增长率，得分同样接近。

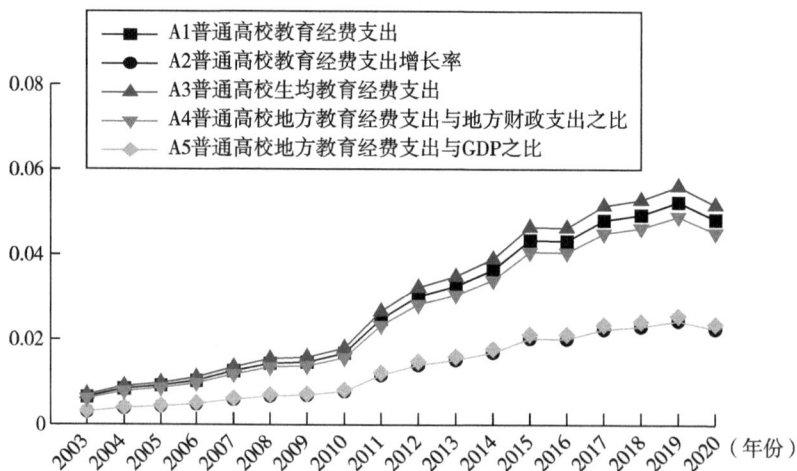

图 8-9　北京市各年普通高校财务维度之教育经费投入明细指标综合得分情况

教育经费支出综合得分较高说明教育经费支出处在相对较高的水平，但教育经费支出增长率得分低可能意味着对普通高校投入的教育经费仍然不足，不利于提高教育质量和教育发展水平。

普通高校生均教育经费支出综合得分最高，说明高等教育向教育资源和教育投入方面注入大量的资金和其他资源，为每个学生提供了充足的教育资源，使他们有更好的学习环境和更充分的发展机会。这样的结果有助于提高学生的学习成绩，培养出更高水平的人才，推动高等教育的发展。

8.3.4　财务维度之教育经费产出综合得分情况分析

从图 8-10 可以看出，得分最高的为普通高校宿舍面积，其次是普通高校教学及辅助用房面积，排名靠后的分别为教学、科研仪器设备资产值和生均图书册数。

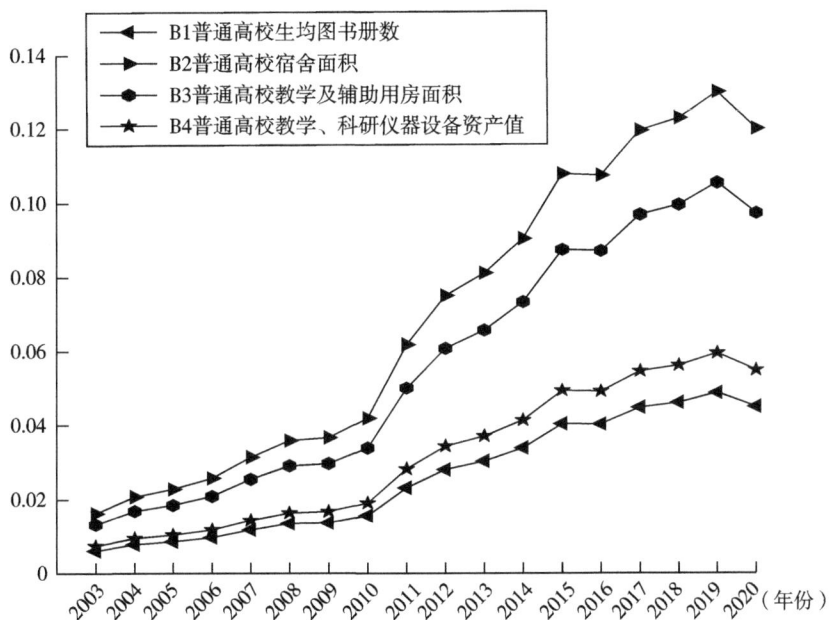

图 8-10　北京市各年普通高校财务维度之教育经费产出明细指标综合得分情况

高校宿舍面积的综合得分较高，说明对学生的住宿设施投入较多，也意味着有足够多的学生需要住校，以及高校有足够的空间来提供住宿。这会提高学生们的生活质量，并提供更好的学习环境，从而提高教育绩效。教学、科研仪器设备资产值综合得分较低，说明在普通高校中，该指标重要性处于较低水平。由于这些仪器设备对科研、实验等活动的重要性较高，会影响教育的质量，该指标得分低说明教育经费支出在该方面的绩效表现较差。

8.3.5 客户维度综合得分情况分析

从图 8-11 可以看出，人均受教育年限指标的综合得分最高，而且远高于其他四个指标。城镇登记失业率综合得分排在倒数第二位，较其他教育阶段的综合得分排名，有所提升。

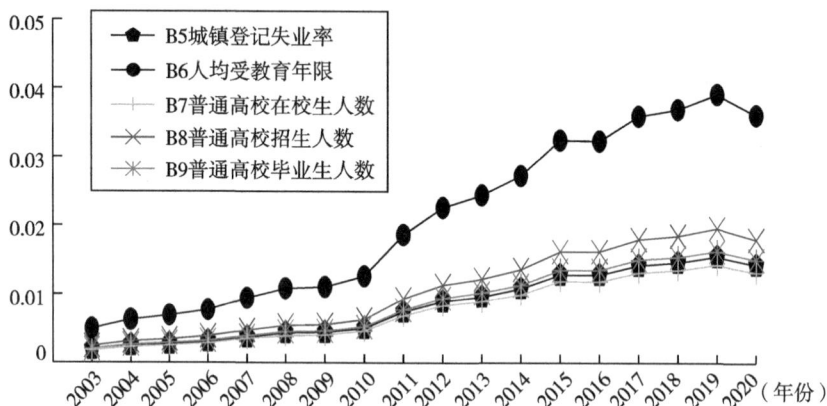

图 8-11 北京市各年普通高校客户维度明细指标综合得分情况

人均受教育年限指标综合得分高说明教育投入对人口教育程度的提高效果明显，说明教育资源配置和使用效率较高；还说明教育水平较高，有利于为经济社会发展创造人才资源储备。城镇登记失业率综合得分有所提升，但仍处于较低水平，需要关注高等教育和就业之间的关系。人均受教育年限的增高，说明接受高等教育的学生越来越多，他们的就业情况对城镇登记失业率有着重要影响。

8.3.6 内部流程维度综合得分情况分析

从图 8-12 可以看出，普通高校行政办公用房面积的综合得分大幅度高于行政人员数的综合得分。需要考虑学校的规模、学生人数和管理需要，看是否存在过多或不足的行政人员，从而对行政人员数量进行优化；需要分析行政人员的专业素质、经验、管理能力和协作能力等因素，看是否与学校的需求相匹配，是否存在需要进一步提高的地方。

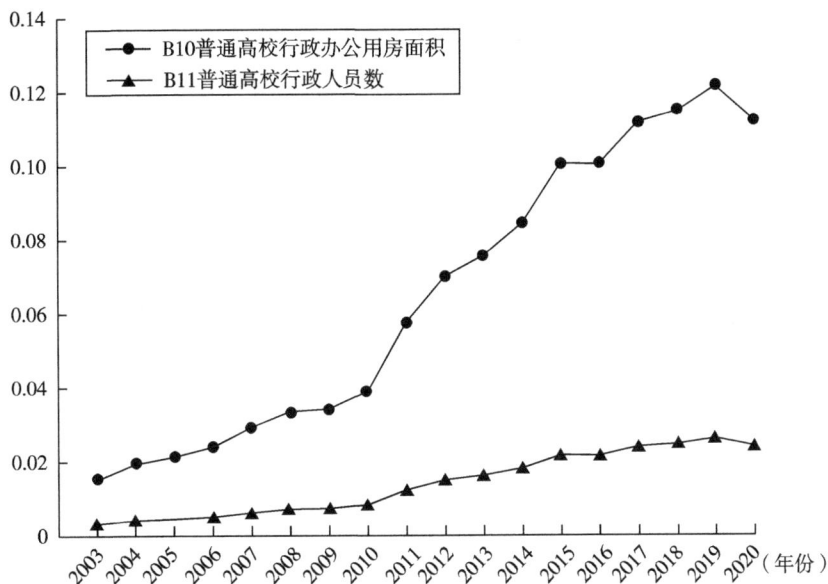

图 8-12　北京市各年普通高校内部流程维度明细指标综合得分情况

8.3.7　学习与成长维度综合得分情况分析

从图 8-13 可以看出，普通高校授予研究生学位数的综合得分最高，其次是人均接受高等教育人数比例，最后是普通高校生师比。

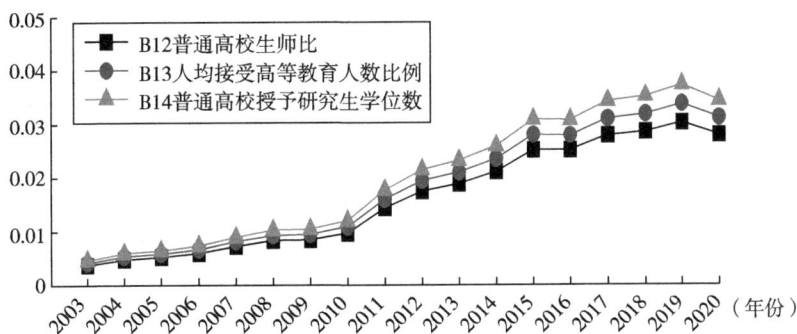

图 8-13　北京市各年普通高校学习与成长维度明细指标综合得分情况

普通高校授予研究生学位数指标的综合得分最高，说明北京市普通高校对研究生教育方面非常重视，并且投入了更多的资源和精力；也说明了北京市普通高校的研究生教学设施和教师团队较强，科研氛围和能力较好，对教育经费绩效的贡献较大。人均接受高等教育人数比例指标综合得分较高，说明北京市对高等教育的重视程度较高；同时也表明了北京市高等教育资源丰富，提供了较多的高等教育机会，使更多的学生能够就读于高等学校。

8.4 北京市普通高校教育经费绩效提升的建议

（1）整体绩效提升的建议

首先，持续优化教育经费投入与产出。基于教育经费产出指标的高得分，应继续加强对教育经费的有效投入，确保产出效益最大化。定期对教育经费投入与产出进行评估，根据评估结果调整经费分配策略，以优化资源配置。

其次，加强内部流程管理。针对内部流程维度指标的相对低分，应对高校内部流程进行全面梳理和优化，提高管理效率和透明度。引入先进的管理理念和技术手段，如信息化管理平台，以提升内部流程管理水平。

再次，关注学生需求与满意度。虽然客户维度指标得分较低，但学生作为高校教育的主要受益者，其需求和满意度应得到足够重视。定期开展学生满意度调查，了解学生需求，并根据调查结果改进教育服务和教学质量。

最后，重视学习与成长维度的发展。该维度在普通高校中的重要性已得到提升，应继续加大对该维度的投入和支持。鼓励教师参与培训和研究活动，提供更多学习和发展机会，以促进教师队伍的整体素质提升。增加对人均接受高等教育人数比例和普通高校授予研究生学位数等关键指标的投入，以推动学生的全面发展。

（2）财务维度之教育经费投入绩效提升的建议

普通高校作为教育阶段的最高学府，政府应增加对高校的教育经费投入，以满足高校科研等需求；同时高校也应积极筹措教育资金，避免教育的发展被经费的短缺掣肘。高校还应该成立专项资金管理部门，健全组织体系，事前预算、事后决算，对教育经费的使用做出清晰的规划，使其发挥最大价值。

（3）财务维度之教育经费产出绩效提升的建议

学校可以适当增加图书采购经费，提高图书的种类和数量，以满足学生的阅读需求。此外，可以引入数字图书馆等新技术手段，扩大学生获取知识的渠道。学校应建立完善的图书馆管理制度，包括图书借阅、归还、维护等方面的规定，提高图书利用率和使用寿命。学校还可以定期组织各种阅读活动，如阅读比赛、读书分享会等，激发学生的阅读兴趣和热情，促进学生的全面发展。同时，可以增加对教学、科研仪器设备资产的投入，从而增强科研能力，为社会发展提供助力。

（4）客户维度绩效提升的建议

高等教育作为连接学校教育与社会就业的桥梁，应尽量扩充学生的招生人数，但也要重视教育的质量。学校可以利用教育经费开展各项与社会接轨的实践活动，为学生走向社会做铺垫，使学生在毕业后能更好地适应社会需求，稳定就业，从而降低城镇登记失业率。

（5）内部流程维度绩效提升的建议

首先，可以对行政人员数量进行适当优化，尽量避免行政人员过多或不足的情况，同时考虑行政人员的专业素质和能力，根据学校的需求和规模制定合理的行政人员结构。

其次，加强行政人员的培训，提高其专业素质和管理能力，注重行政人员的协作和沟通能力，从而提高行政工作的效率和质量。

最后，建立行政人员的绩效考核机制，激励行政人员的积极性和创造性，促进其不断提高工作效率和工作质量，从而提高行政人员指标的综合得分。

（6）学习与成长维度绩效提升的建议

在保持人均接受高等教育的人数比例基础上，增加对高等教育的教育资源倾斜，购置更多的教学设备、实验仪器，招聘优秀的教师并加强教师培训，提高教学质量与效率，加强人才的培养。同时，还可以通过优化管理结构，提高教育管理效率，以提高教学质量和效率。

对于当前的普通高校生师比，可以通过合理利用教学资源，如多媒体教室、网络课堂等，从而提高教师配备，降低生师比；也可以推行现代教育技术，如电子化教学、智慧教室等，从而提高教师的教学效率，提升教育经费绩效。

9 北京市各区教育经费绩效的评价与提升

本章采用第 3.4.8 节的北京市各年各区教育经费绩效评价的指标体系，对北京市 16 个城区 2005~2020 年的教育经费绩效进行评价，并对评价结果进行分析，最后提出改进建议。

9.1 北京市各区教育经费绩效的现状

9.1.1 财务维度之教育经费投入情况

（1）教育经费支出的总体规模

从图 9-1 和图 9-2 可以看出，在北京市 16 个城区中，根据各区 2016~2020 年 5 年的地方财政教育支出情况，可以大致将各区分为 4 个梯队：第一梯队包括海淀区和朝阳区，第二梯队包括东城区和西城区，第三梯队包括昌平区、房山区、丰台区、通州区、顺义区和大兴区，第四梯队包括石景山区、门头沟区、怀柔区、平谷区、密云区和延庆区。

在第一梯队中，海淀区和朝阳区的地方财政教育支出金额整体呈上升趋势，地方财政教育支出增长率呈下降趋势。海淀区的地方财政教育支出除在 2011~2014 年明显被朝阳区超过，其他年份均为北京市地方财政教育支出最多的城区或与第一名差距较小；海淀区的地方财政教育增长率在 2006 年和 2015 年的增幅较高，增长率分别为 45.94% 和 36.68%。朝阳区的地方财政教育支出从 2018 年的 96.65 亿元增加至 2019 年的 110.05 亿元，增长率为 13.86%，2020 年降至

98.41 亿元，增长率为-10.58%。

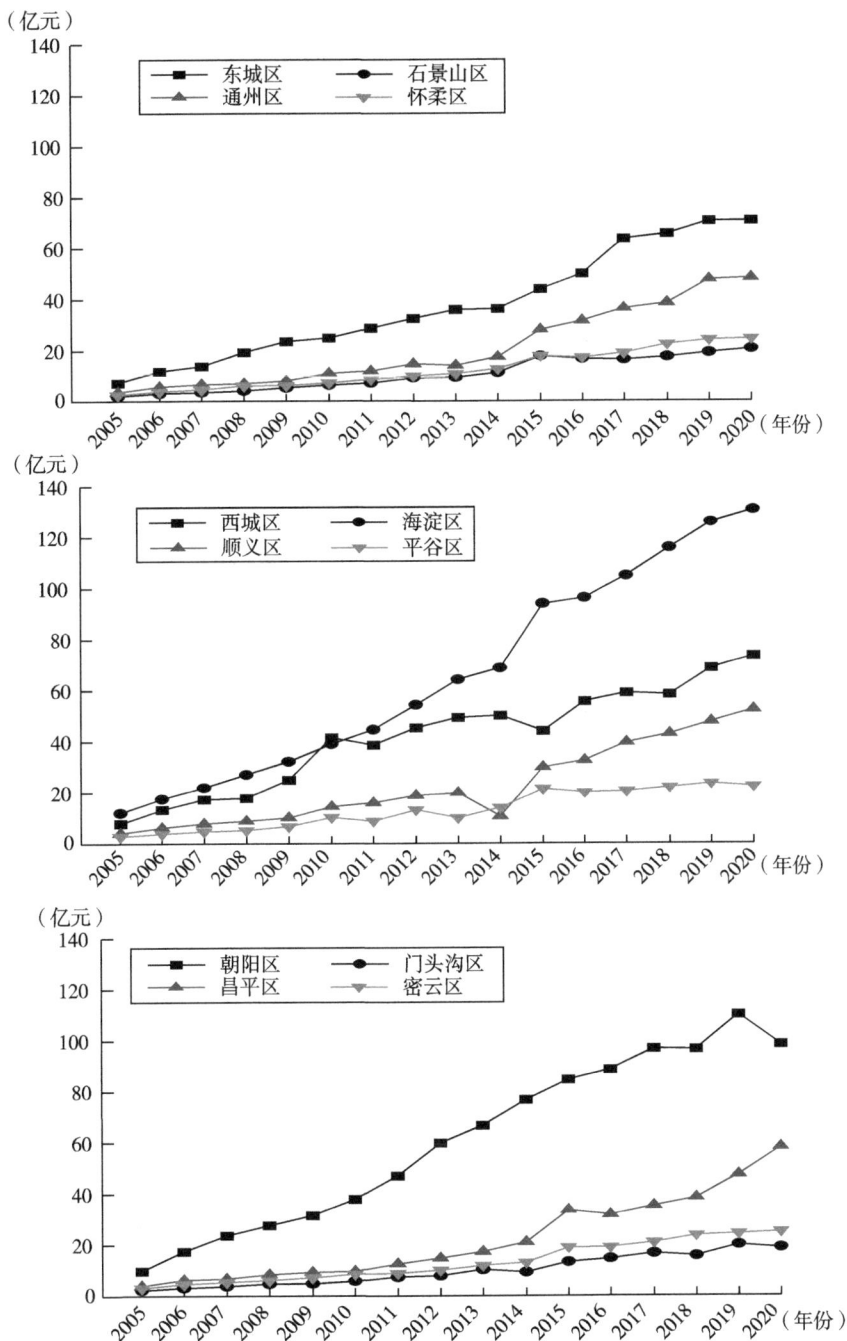

图 9-1 北京市各年各区地方财政教育支出情况

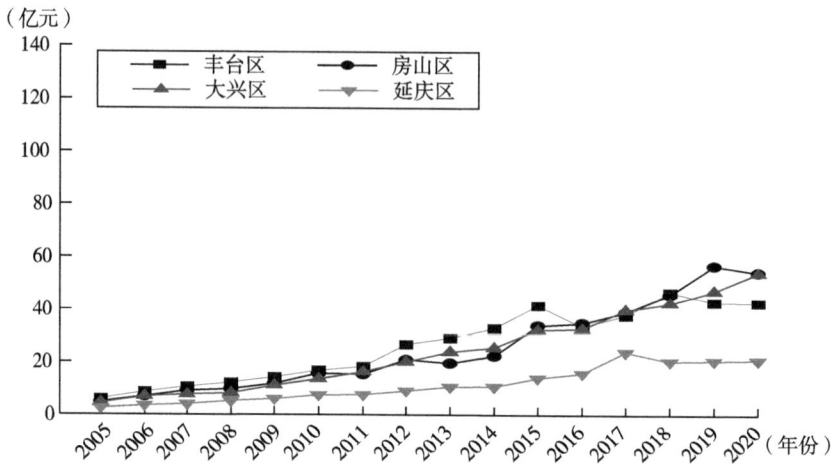

图 9-1　北京市各年各区地方财政教育支出情况（续图）

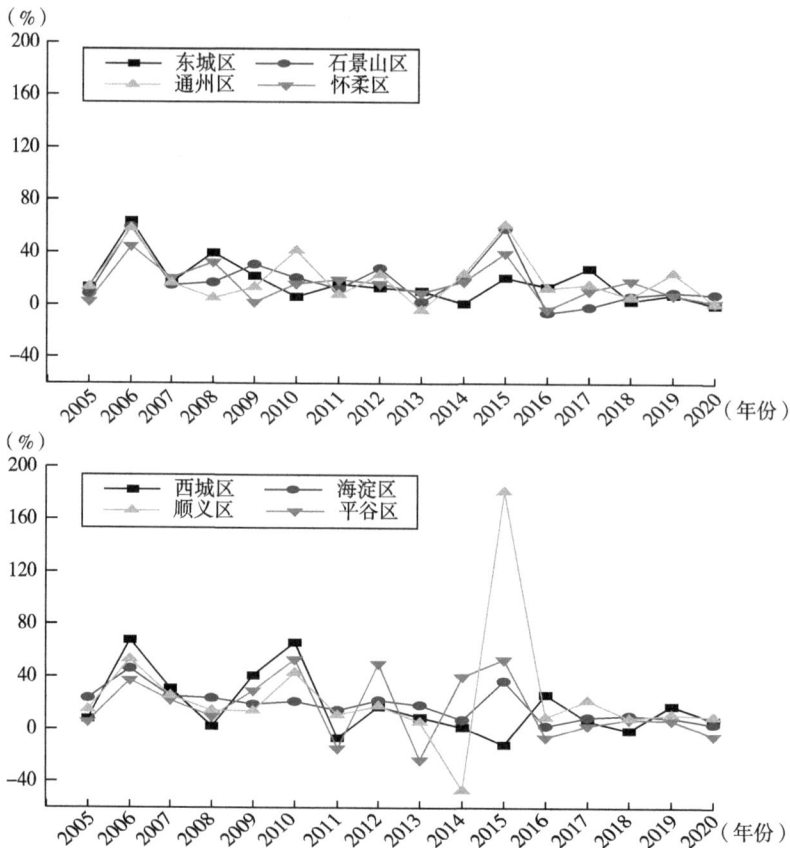

图 9-2　北京市各年各区地方财政教育支出增长率情况

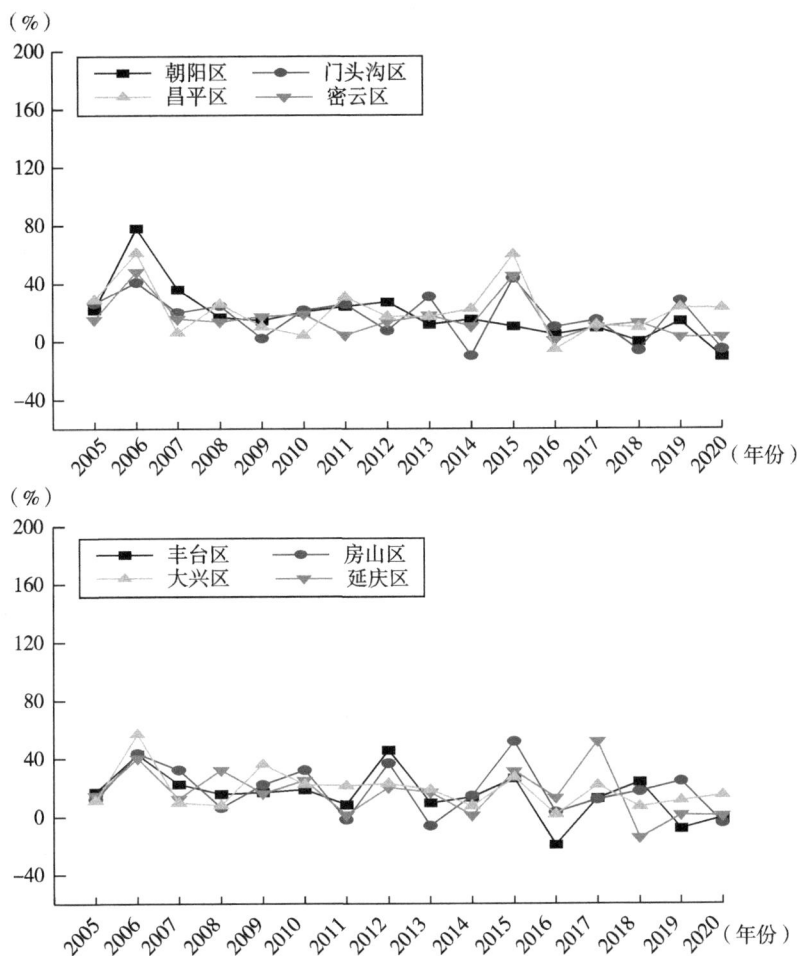

图 9-2 北京市各年各区地方财政教育支出增长率情况（续图）

　　在第二梯队中，东城区和西城区的地方财政支出大致呈上升趋势，但西城区的波动情况更为明显。西城区 2010 年的地方财政教育支出为 41.54 亿元，在当年是支出金额最高的城区，2011 年、2015 年和 2018 年地方财政教育支出增长率为负，其余年份均为正值。相比之下，东城区的教育支出稳定上升，但增长率波动较大，最高点和最低点分别在 2006 年的 63.79% 和 2020 年的 0.05%。

　　在第三梯队中，各区地方财政教育支出在 2020 年的支出金额在 40 亿~60 亿元，增长率波动较为明显，尤其是顺义区。其中，丰台区的地方财政教育支出金额在 2016 年较上年有所下降，2019 年和 2020 年又连降两年。顺义区在 2013~

2015 年地方财政教育支出先从 19.90 亿元下降至 10.60 亿元，再上升至 29.80 亿元，增长率也先后分别为-46.73%和 181.13%，是 16 个城区、16 年中波动最显著的城区。

在第四梯队中，各城区的地方财政教育支出金额较低，2020 年在 20 亿元左右，处于较低水平。

（2）教育经费支出的相对规模

图 9-3 是北京市各区生均地方财政教育支出情况，从 2018~2020 年的数据来看，顺义区、通州区、海淀区、平谷区、延庆区、东城区分别为金额从高至低的前六名，密云区和怀柔区分别为最后两名，其余城区位列中间。

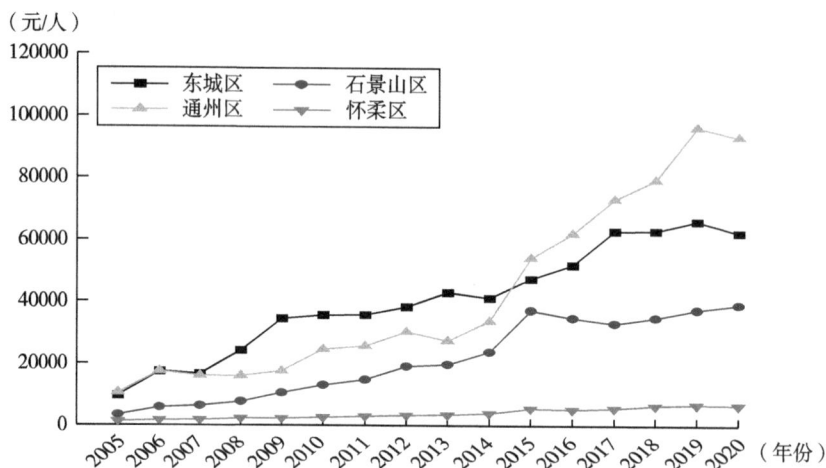

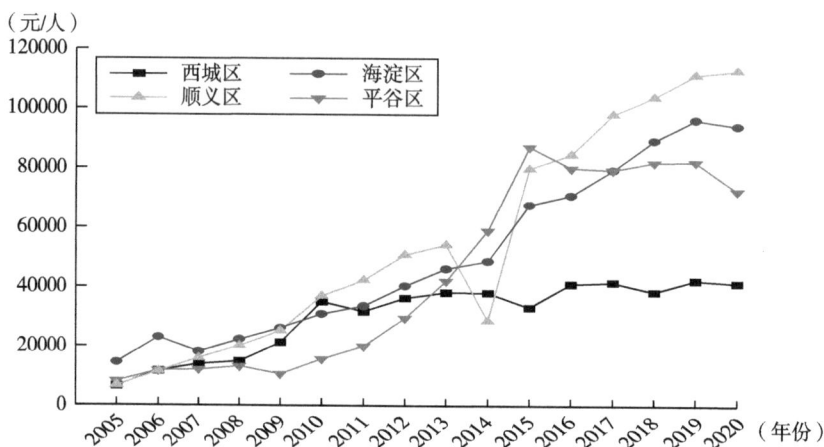

图 9-3 北京市各年各区生均地方财政教育支出情况

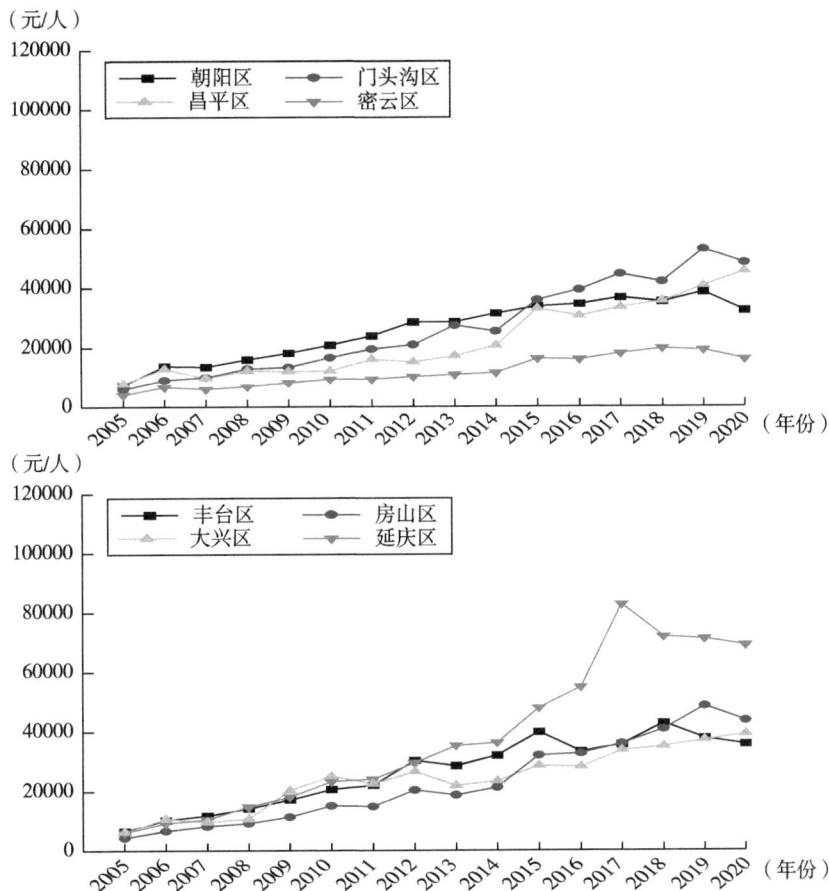

图 9-3　北京市各年各区生均地方财政教育支出情况（续图）

　　顺义区的生均地方财政教育支出总体呈上升趋势，从 2013 年的 54126.09元/人骤降至 2014 年的 28582.99 元/人，降幅将近 50%，但在 2015 年回升至79807.19 元/人。海淀区在 2005~2018 年其生均地方财政教育支出显著高于通州区，但在 2019 年被通州区追赶上。平谷区 2005~2009 年的生均地方财政教育支出几乎保持不变，在 1.2 万元/人左右；2009~2015 年逐年攀升，从 10607.50元/人升至 87137.10 元/人，而且 2015 年该指标在北京市各区中排名第一；随后在 2015~2020 年又下降了近 1.5 万元/人。密云区和怀柔区的生均地方财政教育支出金额较为稳定，密云区在 2012 年首次超过 1 万元/人，怀柔区的最高值在

2019 年，为 6925.89 元/人，仍在 1 万元水平之下。

对于图 9-4 的各区地方财政教育支出与地方财政支出之比的情况，西城区、东城区、海淀区和顺义区的比值波动较大且比值较大，其余城区的比值较为稳定且比值较小，其中密云区和怀柔区的比值最小，始终在 10% 以下。

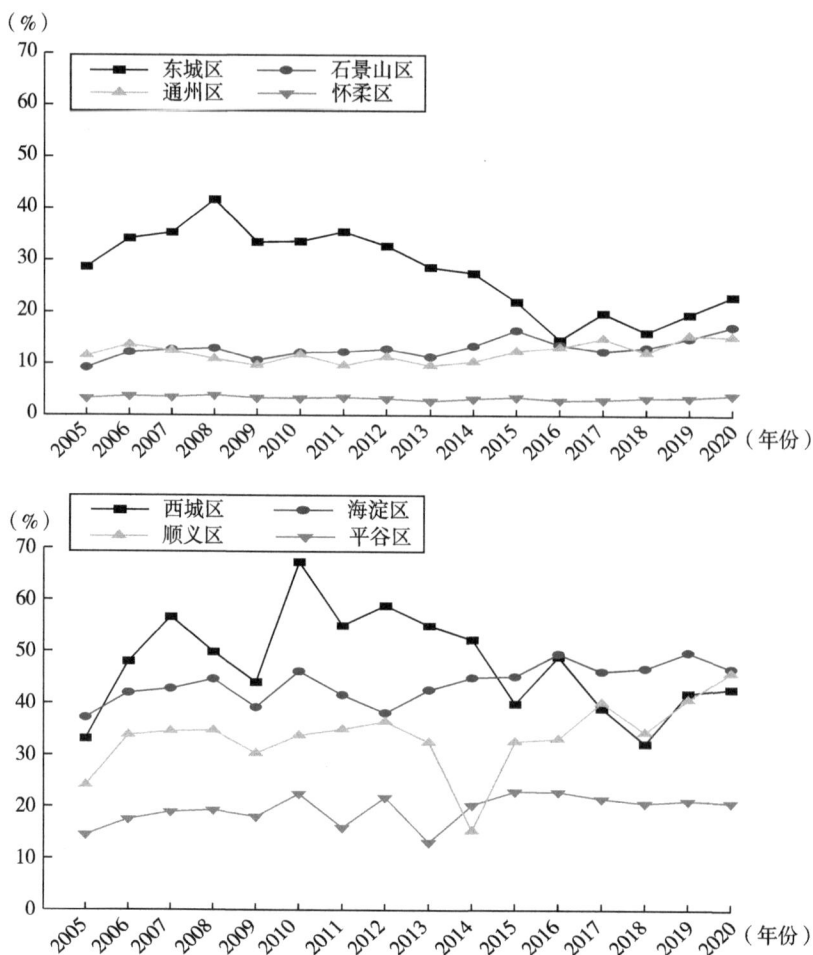

图 9-4　北京市各年各区地方财政教育支出与地方财政支出之比情况

134

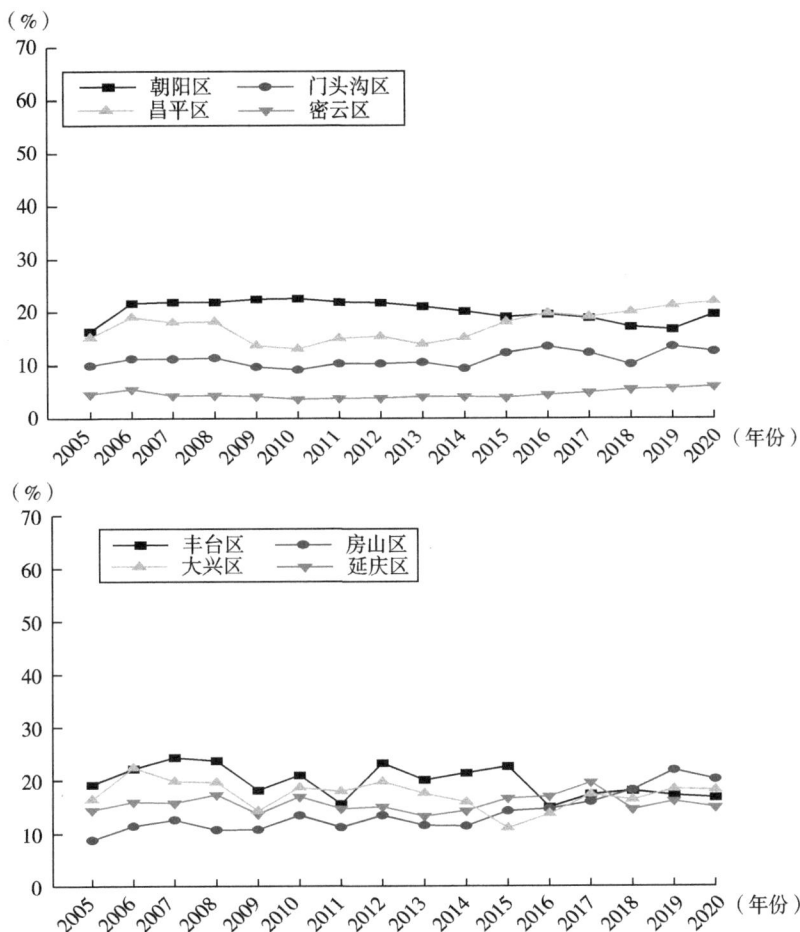

图9-4　北京市各年各区地方财政教育支出与地方财政支出之比情况（续图）

　　西城区的比值整体在30%以上，其中在2006~2014年几乎在45%以上，也是北京市同期的最高比值；自2015年起，其比值除在2016年为48.98%之外，其余年份均在45%以下，2018年是这16年间的最低值，为32.28%。海淀区在比值较大的四个区中属于相对稳定的，基本在40%~50%，2015年起，其比值超过西城区，在北京市排名第一。顺义区和东城区在2005~2013年的比值较为接近。但从2015年起，顺义区的比值大致呈上升趋势，而且其比值在2017年、2018年和2020年均超过西城区，成为当年的第二名；2020年比值为45.90%，比第一名低不到1%。相对地，东城区的比值从2012年起逐年下降，从 2015 年起低于 25%。

对于图 9-5 的各区地方财政教育支出与 GDP 之比的情况，可根据比率大致将 16 个城区分为四个梯队。第一梯队包括西城区，其比率远远高于其他城区；第二梯队包括平谷区、延庆区、东城区、丰台区、石景山区和海淀区 6 个城区，前三个城区的比率始终高于 4%，后三个城区自 2006 年起均高于 4%；第三个梯队包括门头沟区、房山区、顺义区、昌平区、大兴区和密云区 6 个城区，其比值均从 2005 年低于 4% 发展到 2020 年高于 4%；第四梯队包括朝阳区、通州区和怀柔区，其比值在 2005~2020 年始终低于 4%。

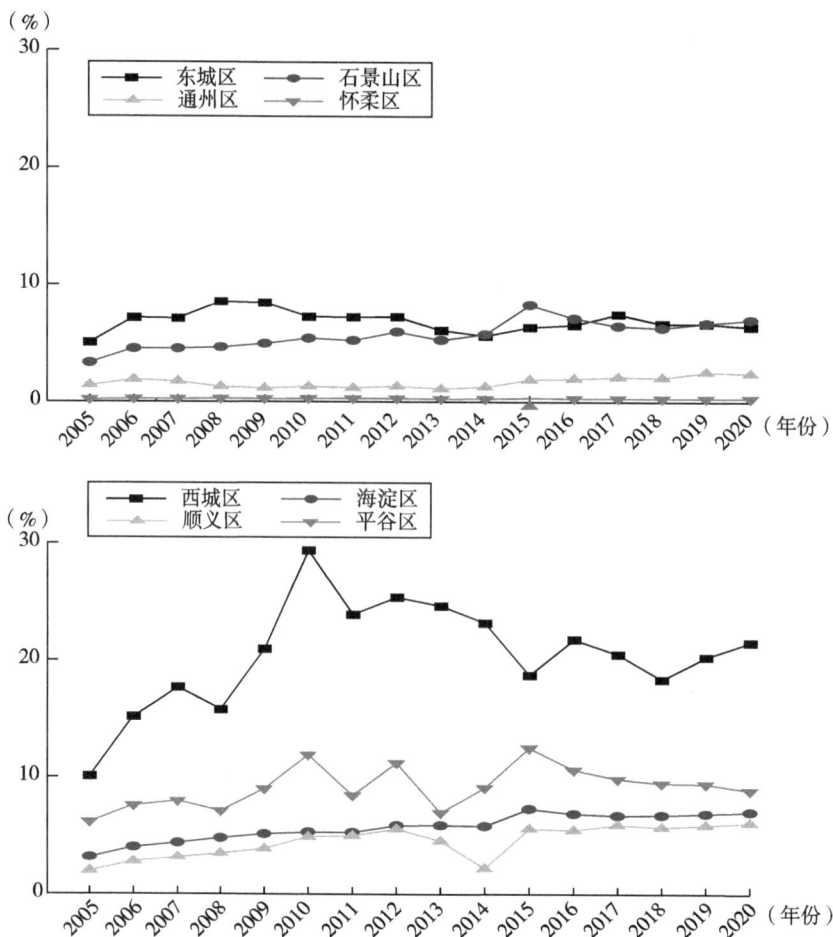

图 9-5　北京市各年各区地方财政教育支出与 GDP 之比情况

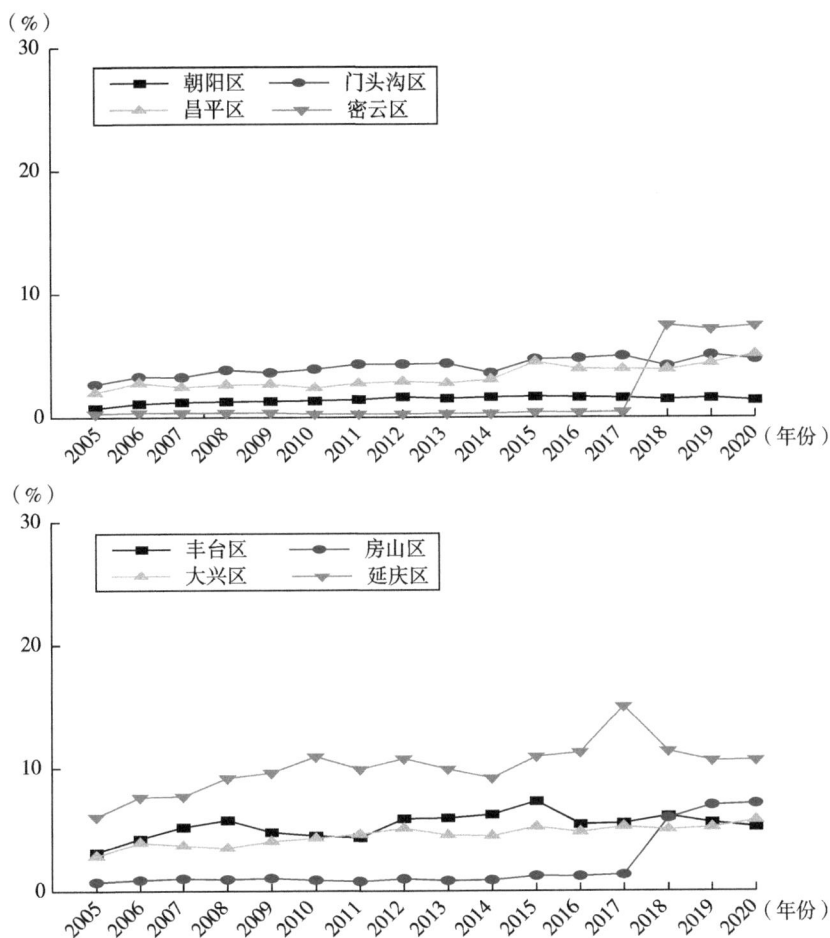

图 9-5　北京市各年各区地方财政教育支出与 GDP 之比情况（续图）

第一梯队的西城区的比值波动较大，从 2005 年的 10.07% 增加至 2010 年的 29.35%，随后波动下降，稳定在 20% 左右。西城区的比值在 2005~2020 年始终明显高于其他城区。在第二梯队中，平谷区和密云区的比值波动较大，平谷区的比值在个别年份超过 10%；东城区的比值相对平稳，基本保持在 7% 左右；石景山区和海淀区的比值逐年升高，在 2019 年和 2020 年超过东城区；丰台区较为稳定，基本在 5.5% 左右。在第三梯队中，门头沟区、顺义区、昌平区和大兴区的比值基本在 4% 左右，顺义区在 2014 年有较为明显的降低，仅为 2.20%；房山区和密云区在 2005~2017 年的比值始终低于 4%，自 2018 年起超过 4%。第四梯队的三个城区中，其比值均未超过 4% 且变化波动不大。朝阳区的比值在 1.4% 左右，通州区的比值在 1.7% 左右，怀柔区的比值在 0.3% 左右，为最低比率。

9.1.2 客户维度情况

（1）城镇登记失业率情况

从图 9-6 可以看出，房山区的城镇登记失业率在 2005 年高达 7.89%，是所有城区中的最高失业率，在 2007 年骤降至 3.59%，此后门头沟区成为城镇登记失业率最高的城区。西城区、海淀区和顺义区的城镇登记失业率处于较低水平，在 2% 以下；东城区和海淀区在 2012~2019 年的城镇登记失业率仅为 1% 左右。

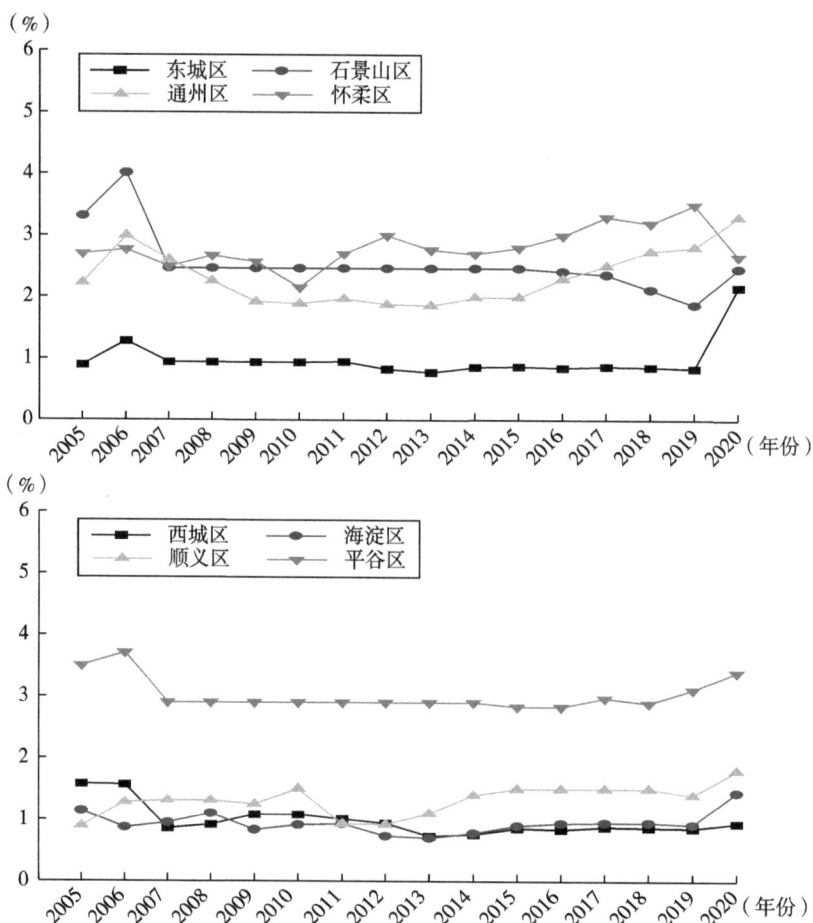

图 9-6 北京市各年各区城镇登记失业率情况

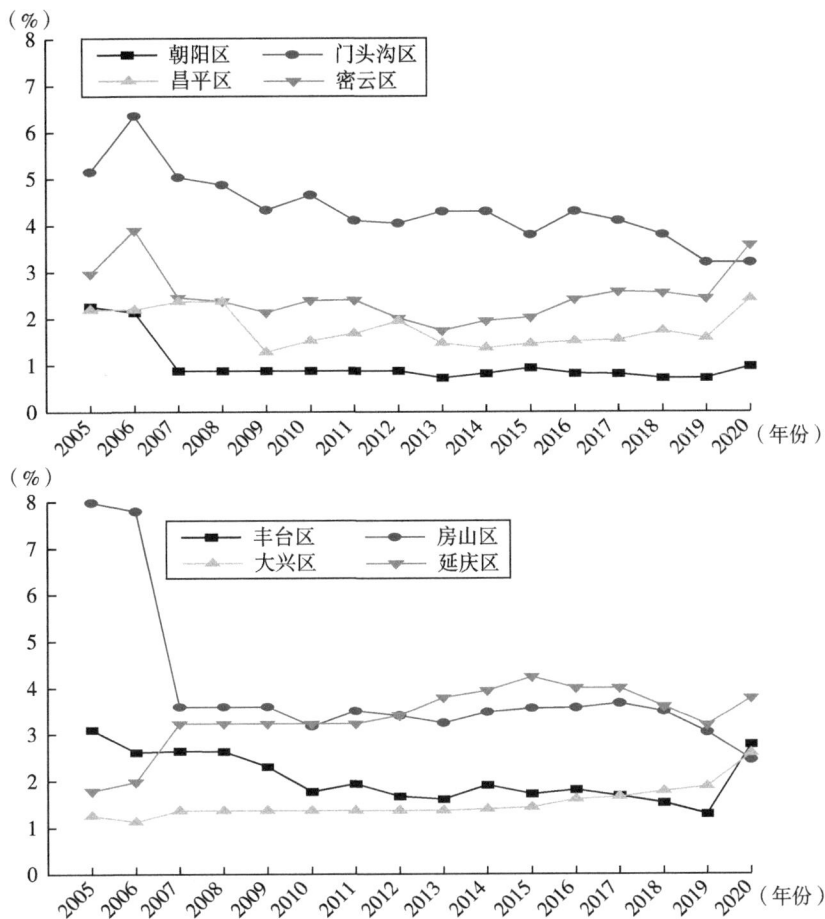

图 9-6　北京市各年各区城镇登记失业率情况（续图）

（2）在校生、招生、毕业生人数情况

从图 9-7 可以看出，北京市各区的在校生人数大致呈上升趋势。其中，怀柔区的人数最多，超过 20 万人；其次是朝阳区，超过 10 万人。2011～2020年，通州区、石景山区、顺义区、门头沟区、延庆区和平谷区的在校生人数基本在 5 万及以下，从北京市来看属于较低水平。值得关注的是，平谷区的在校生人数在 2009～2010 年为 6.4 万人左右，与同年东城区的在校生人数相近；但自 2011 年起，平谷区的在校生人数逐年下降，几乎是北京市在校生人数最少的城区。

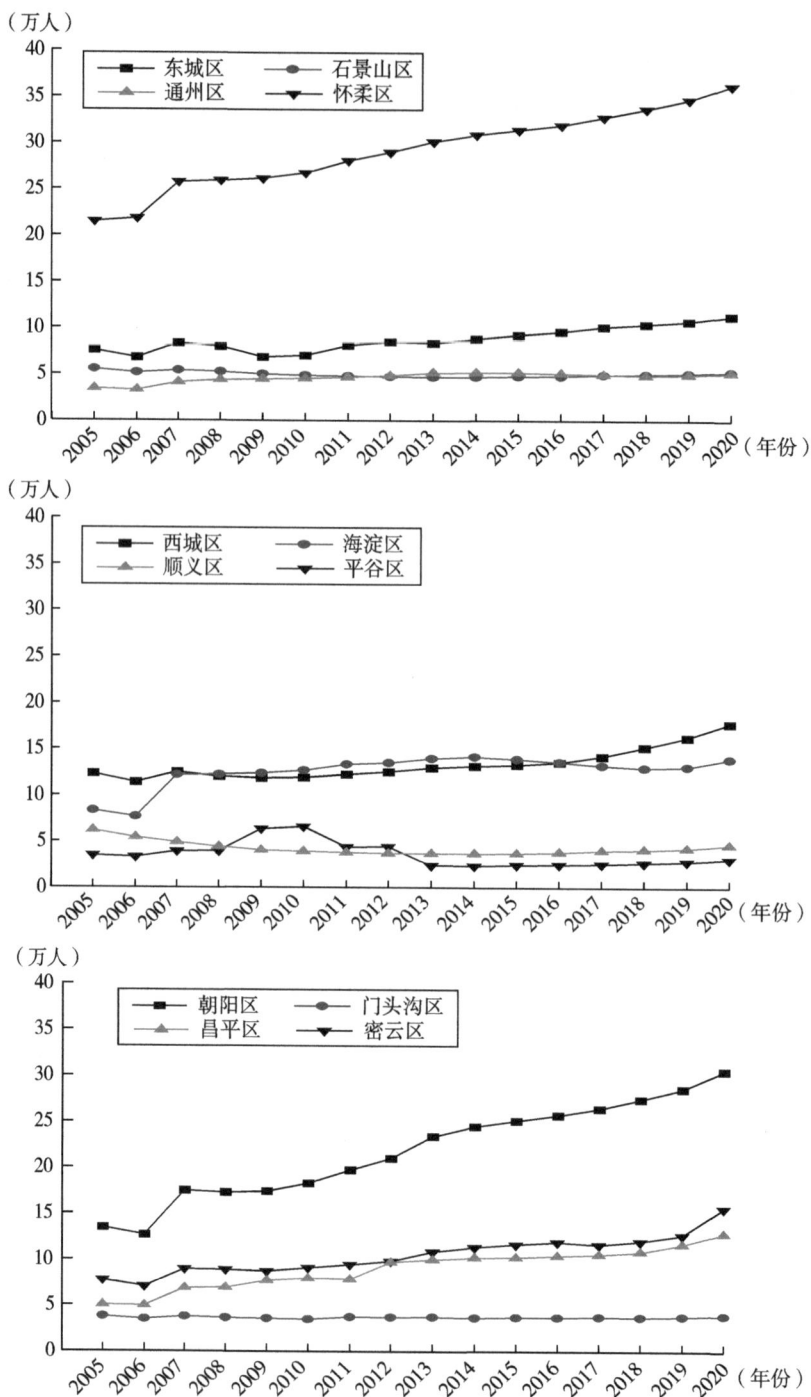

図 9-7　北京市各年各区在校生人数情况

140

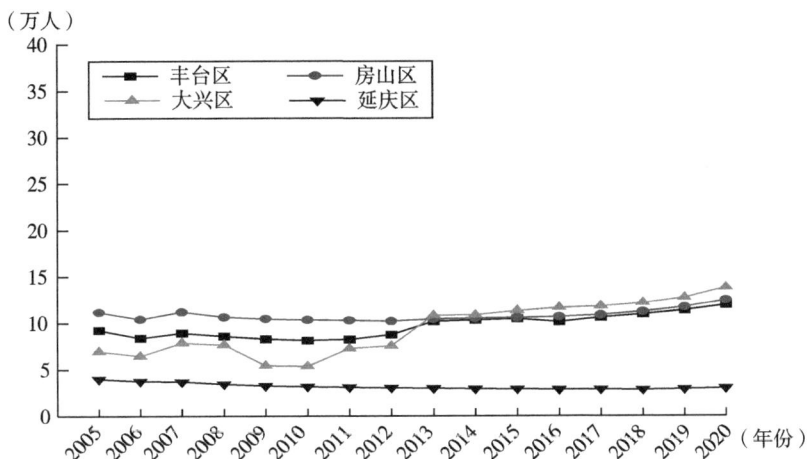

图 9-7 北京市各年各区在校生人数情况（续图）

从图 9-8 可以看出，怀柔区、朝阳区和西城区的招生人数位列北京市的前三名，且其变动趋势相似，均在 2013 年达到招生人数的小高峰，略微下降后又逐年增加，在 2020 年达到各自城区的招生人数最高值。与在校生人数情况相似，依然是通州区、石景山区、顺义区、门头沟区、延庆区和平谷区的招生人数处于较低水平，在 1 万人左右及以下。其中，平谷区的招生人数在 2010 年略有增加，从 2009 年的 0.47 万人增加至 2010 年的 0.89 万人，几乎翻了一番；但在 2011 年人数又降回至 0.44 万人，在北京市各城区的招生人数中始终是最低水平。

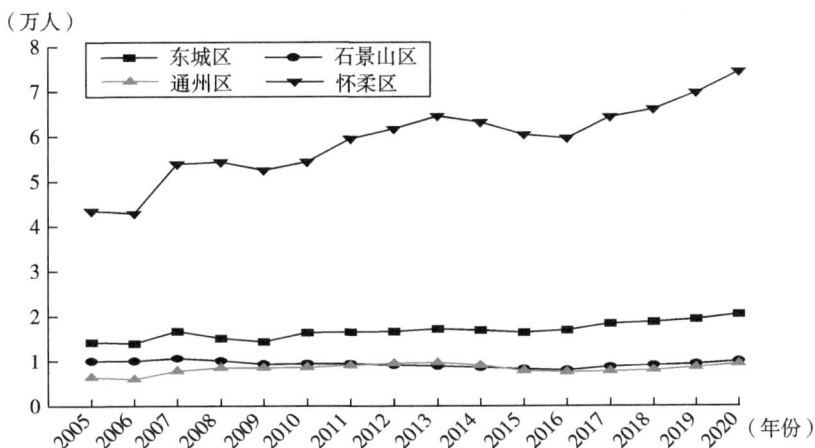

图 9-8 北京市各年各区学校招生人数情况

141

（万人）

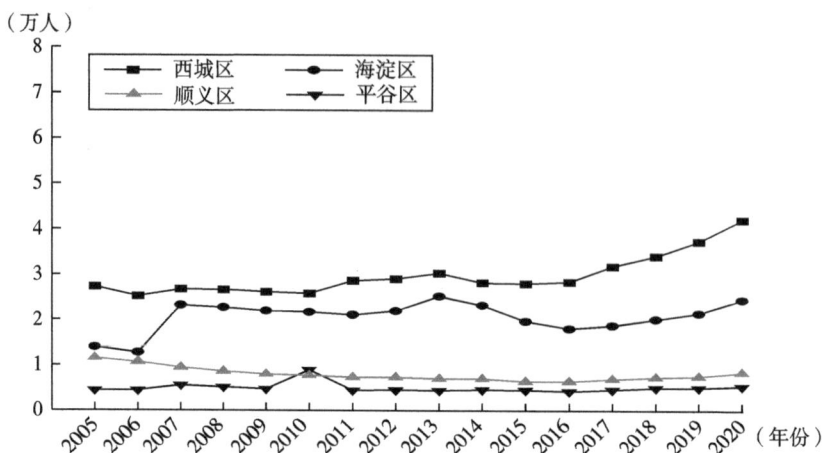

（万人）

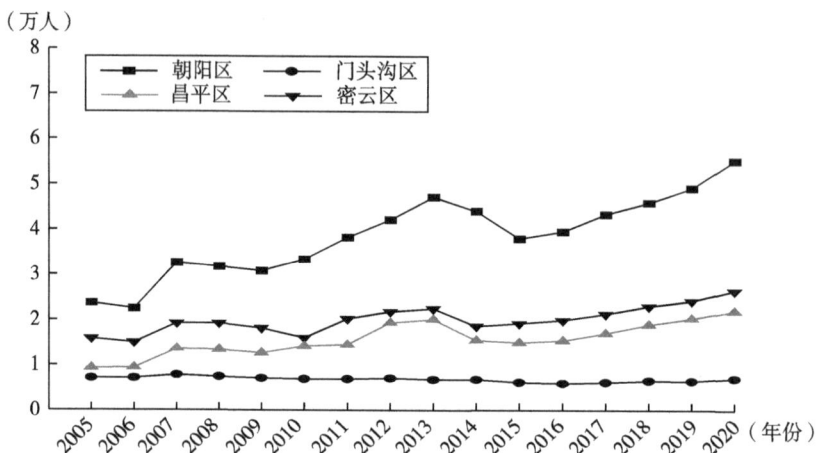

（万人）

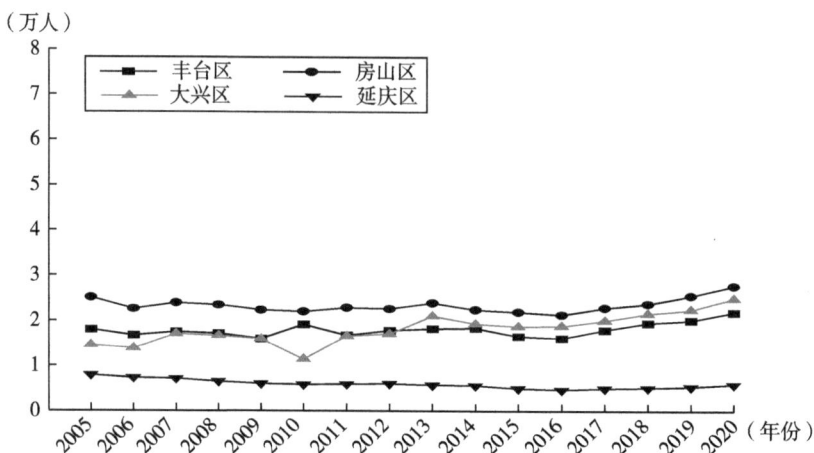

图 9-8 北京市各年各区学校招生人数情况（续图）

从图 9-9 可以看出，怀柔区的毕业生人数显著高于北京市其他城区的毕业生人数，且逐年增加；朝阳区和昌平区的毕业生人数相对稳定，略微有上升趋势；其他城区的毕业生人数则主要呈下降趋势。

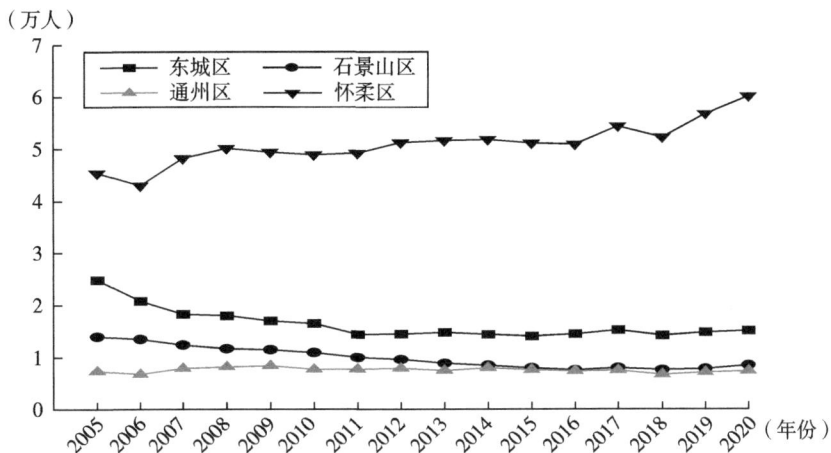

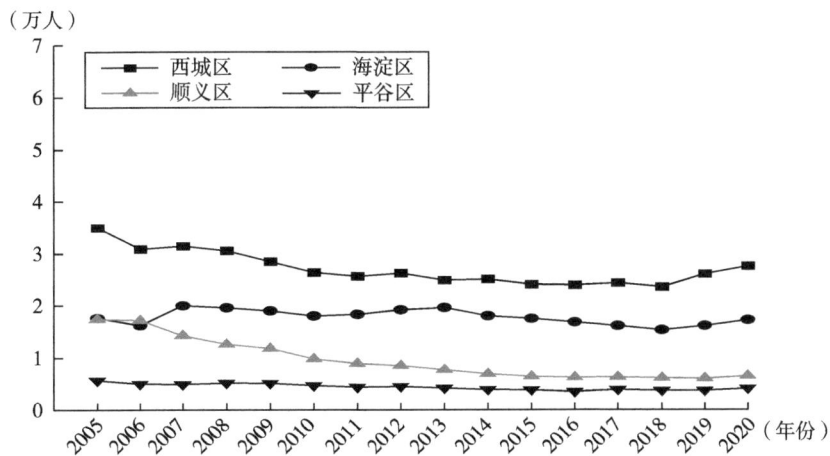

图 9-9　北京市各年各区学校毕业生人数情况

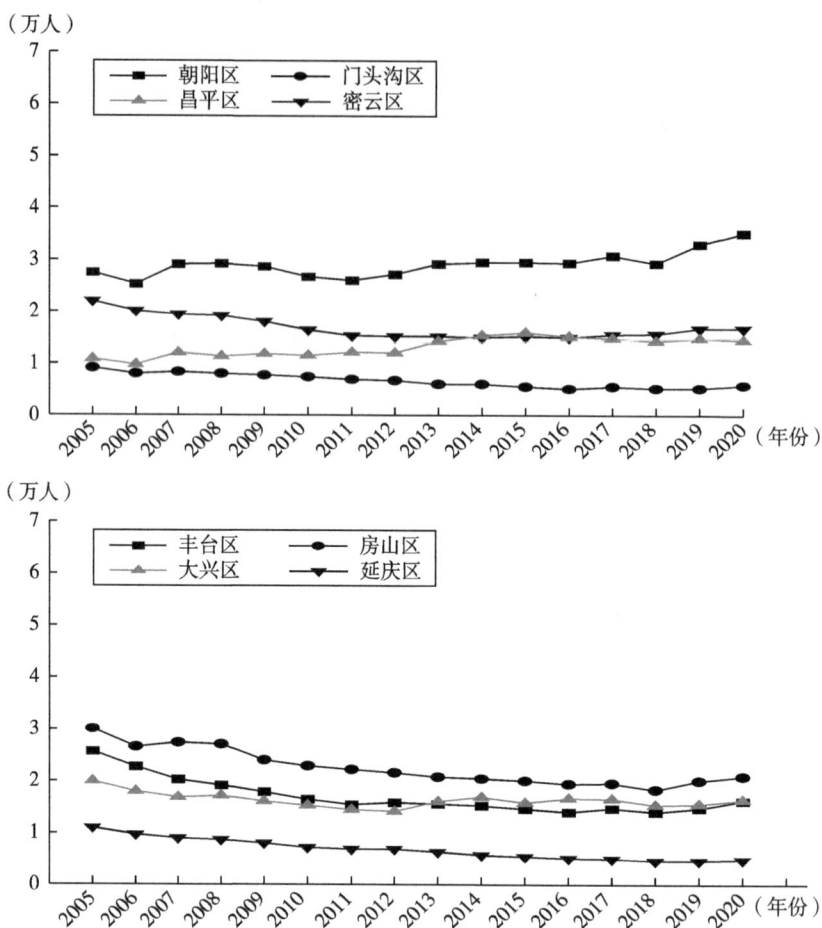

图 9-9　北京市各年各区学校毕业生人数情况（续图）

9.1.3　内部流程维度情况

图 9-10 表明了各区学校行政人员数的变化，可以将 16 个城区分为四个梯队：第一梯队为呈上升趋势的城区，仅包括怀柔区；第二梯队为主要呈下降趋势的城区，包括西城区、丰台区、石景山区、海淀区、门头沟区、房山区、平谷区和延庆区，共计 8 个城区；第三梯队为呈波动变化的城区，包括东城区、朝阳区、顺义区、密云区和昌平区，共计 5 个城区；第四梯队为变化较小的城区，包括通州区和大兴区，共计 2 个城区。

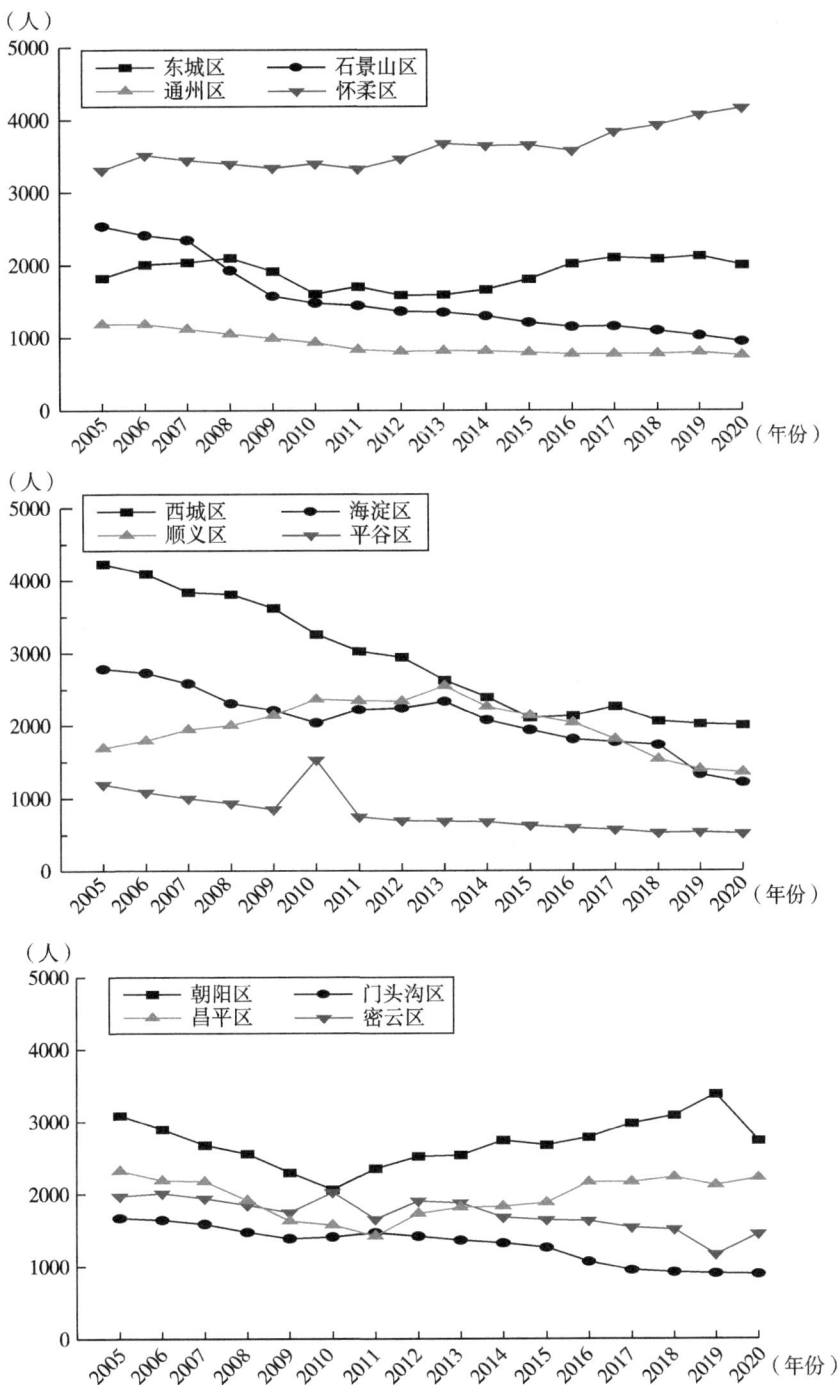

图 9-10　北京市各年各区学校行政人员数情况

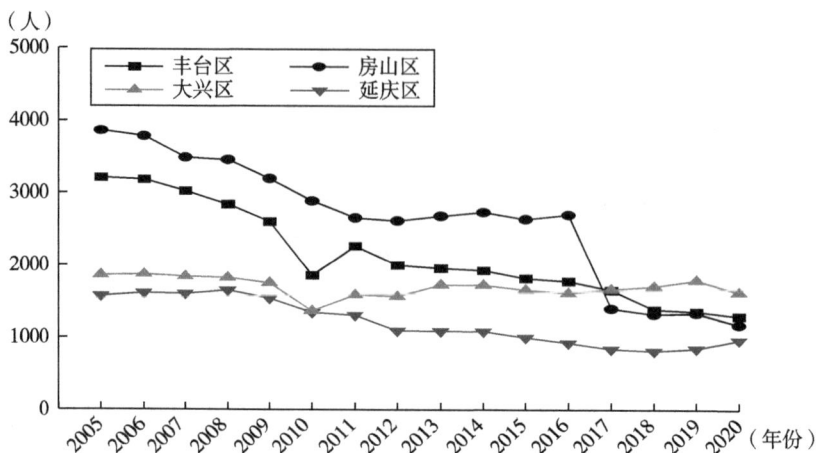

图 9-10　北京市各年各区学校行政人员数情况（续图）

　　第一梯队仅包括怀柔区，怀柔区也是唯一的一个学校行政人员数呈上升趋势的城区，人员数自 2013 年起在 3500 人以上，2010 年起是北京市各城区中行政人员数最多的城区，在 2020 年人员数达到 4157 人。

　　在第二梯队中，西城区、房山区等 8 个城区的学校行政人员数在整体上呈下降趋势。房山区的学校行政人员数在 2016～2017 年发生骤降，从 2699 人降至 1399 人，几乎减少 50%。丰台区的人员数在 2010 年发生短暂下降，次年有所回升；而平谷区在 2010 年有短暂上升，次年降回至原水平。延庆区的行政人员数在 2020 年有所增加。

　　第三梯队中的各城区行政人员数的变化波动性较强。朝阳区在 2005～2010 年呈下降趋势，减少了约 33.24%；2010～2019 年基本呈上升趋势，增长了约 64.00%；2020 年比起上年又下降了 19.14%。顺义区则是从 2005 年的 1690 人上升至 2013 年的 2547 人，随后下降至 2020 年的 1352 人，整体趋势呈"山"字形。

　　第四梯队的通州区和大兴区，其人员变动数较小，整体较为稳定。通州区稳定在 900 人左右，大兴区则在 1700 人左右。

9.1.4　学习与成长维度情况

　　从图 9-11 的各区学校生师比情况来看，怀柔区生师比数值较大，始终处于

13 以上，说明怀柔区师资力量始终有所欠缺。平谷区在 2009 年生师比从上年的 9.23 飙升至 18.92，次年又迅速回落到 10.66，变化显著。从整体来看，各区县的数值均出现不同程度的骤升骤降情形。在郊区县方面，除密云区、通州区外，房山区、顺义区、门头沟区、昌平区以及延庆区的生师比在 2020 年都低于 10，体现出生师配备日趋合理；2020 年，城六区的生师比都高于 10，体现出城区学生更为密集。

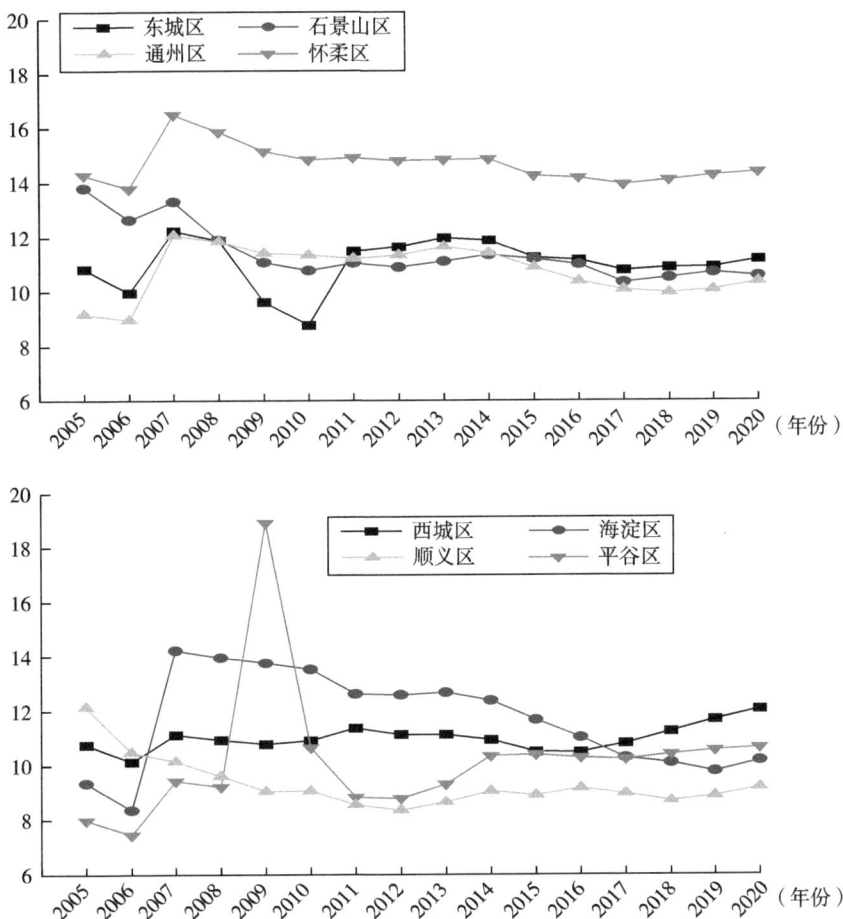

图 9-11　北京市各年各区学校生师比情况

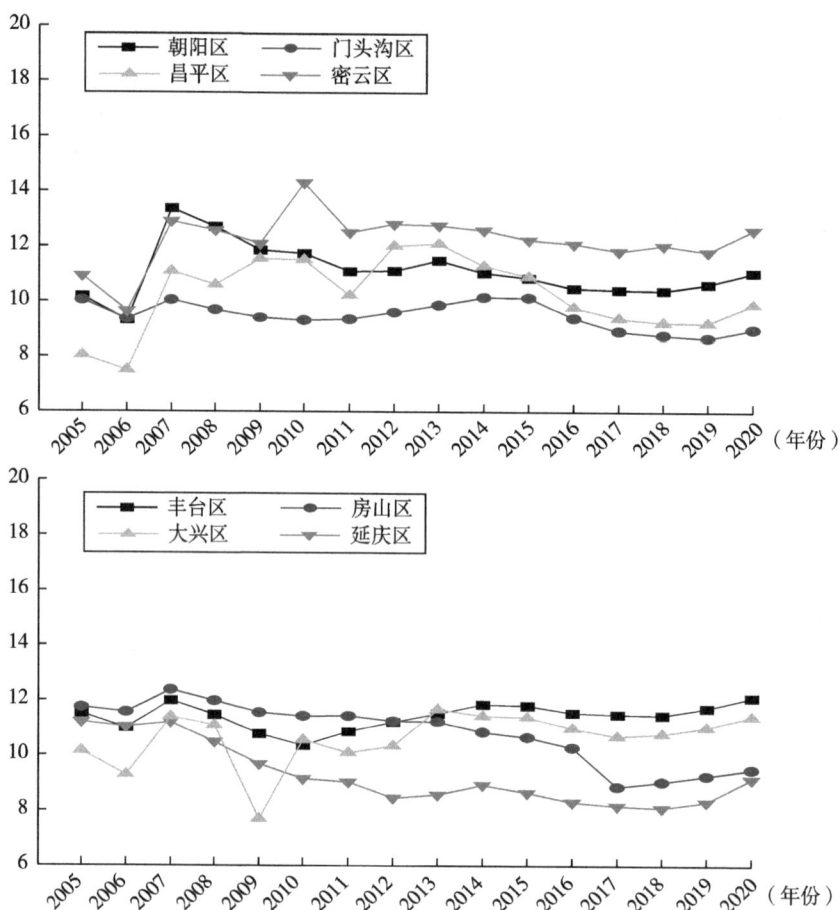

图 9-11 北京市各年各区学校生师比情况（续图）

9.2 基于熵值法确定北京市各区教育经费绩效评价的指标权重及得分

9.2.1 数据来源及初始矩阵的确立

关于北京市各年各区教育经费绩效评价的指标体系，本节从北京市统计局网站、《北京区域统计年鉴》等官方口径获取了北京市 2005～2020 年的北京市各年各区基础统计数据。

根据表 3-11 确立的北京市各年各区教育经费绩效评价体系中的各项指标，进行数据的整理与汇总，构建出各指标的初始矩阵数据（见附表 1）。

9.2.2 数据标准化处理

在确定了初始矩阵后，由于不同指标的量级和指标维度不同，直接采用熵值法会影响指标权重的准确性，所以需要对初始矩阵中的指标数据进行预处理（见附表 2）。

9.2.3 指标权重的确定

按照前述指标构建体系和分析方法，可以计算得出北京市各区各数据的权重系数（见表 9-1）。

表 9-1　北京市各年各区教育经费绩效熵值法计算结果汇总

二级指标	信息熵值 e	信息效用值 d	权重系数 w（%）
A1 地方财政教育支出	0.9314	0.0686	15.65
A2 地方财政教育支出增长率	0.9926	0.0074	1.69
A3 生均地方财政教育支出	0.9665	0.0335	7.63
A4 地方财政教育支出与地方财政支出之比	0.9558	0.0442	10.09
A5 地方财政教育支出与 GDP 之比	0.9372	0.0628	14.33
B5 城镇登记失业率	0.9955	0.0045	1.03
B7 学校在校生人数	0.9365	0.0635	14.47
B8 学校招生人数	0.9345	0.0655	14.94
B9 学校毕业人数	0.9467	0.0533	12.16
B11 学校行政人员数	0.9694	0.0306	6.98
B12 学校生师比	0.9955	0.0045	1.03

资料来源：笔者分析整理所得。

9.2.4 绩效评价结果

按照前述方法，可以得到北京市各年各区的指标综合得分。

北京市各年各区教育经费绩效二级指标得分情况如附表 3 所示，一级指标综合得分情况如附表 4 所示。

9.3　北京市各区教育经费绩效评价结果的初步分析

9.3.1　整体绩效的初步分析

从图 9-12 可以看出，北京市各区 2005～2020 年教育经费绩效综合得分较高的为门头沟区、朝阳区、西城区和怀柔区；其中，西城区综合得分波动性较大，其他三个城区整体呈上升趋势。北京市各区的教育绩效在 2005～2020 年均有不同程度的提升。其中，西城区始终处于综合得分排名的前列，表明西城区的教育绩效一直保持较高水平。西城区的优势主要体现在教育资源方面，比如在教育经费的投入、师资力量的提升等方面都具有明显的优势。门头沟区的绩效得分逐年稳步攀升，特别是在近几年排名一直稳定在第一名。朝阳区也一直在综合得分排名的前列，排名相对较稳定。朝阳区的优势在于学校数量较多，同时学校的设施和师资也比较齐全。怀柔区在这 15 年里教育绩效有了明显的提升，从 2005 年的第 6 名上升到 2020 年的第 4 名。

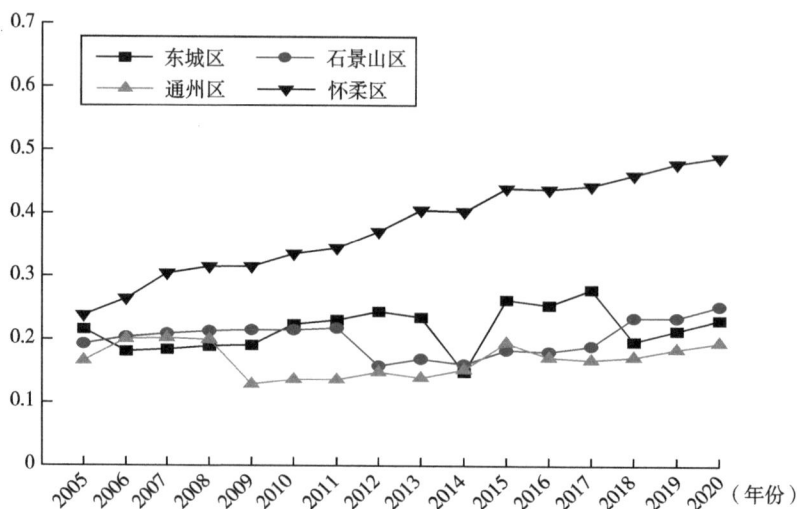

图 9-12　北京市各年各区教育经费绩效综合得分情况

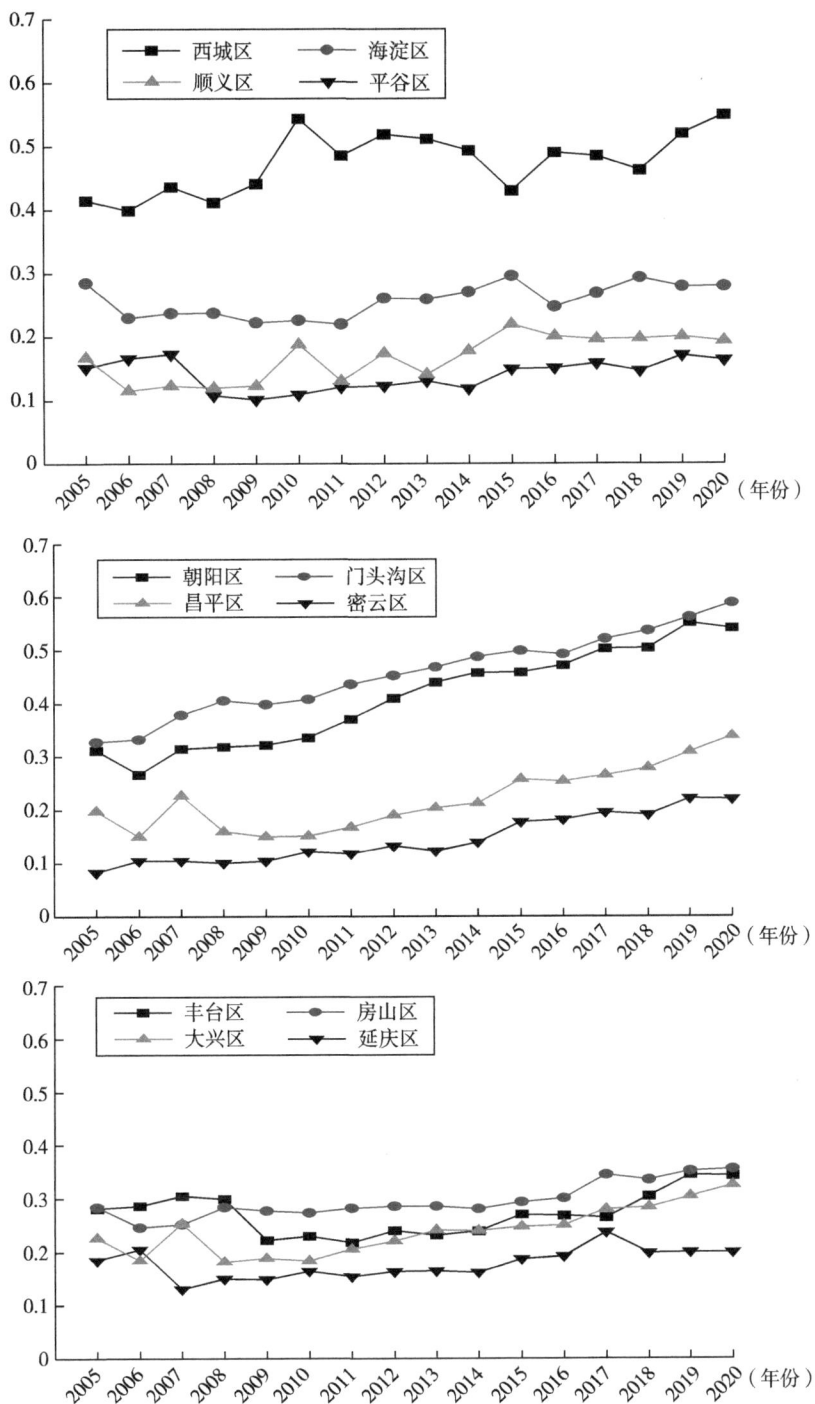

图 9-12　北京市各年各区教育经费绩效综合得分情况（续图）

总体来看，北京市各个城区的教育绩效得分在不同方面存在明显的差异。在未来的教育发展中，各个城区应该结合自身的实际情况，进一步完善和优化教育资源配置、提高教育质量、加强教育公平，以提升教育绩效水平。

9.3.2 财务维度之教育经费投入绩效的分析

首先，各城区在"地方财政教育支出"这一指标上的得分普遍较高，这与教育经费投入相关（见图9-13），2016~2020年，门头沟区、朝阳区、西城区得分的综合排名位列前三，这表明这些城区在教育经费的支出上表现相对较好，可以给学校和教育事业提供充足的资金保障，从而提高教育的质量和效益。

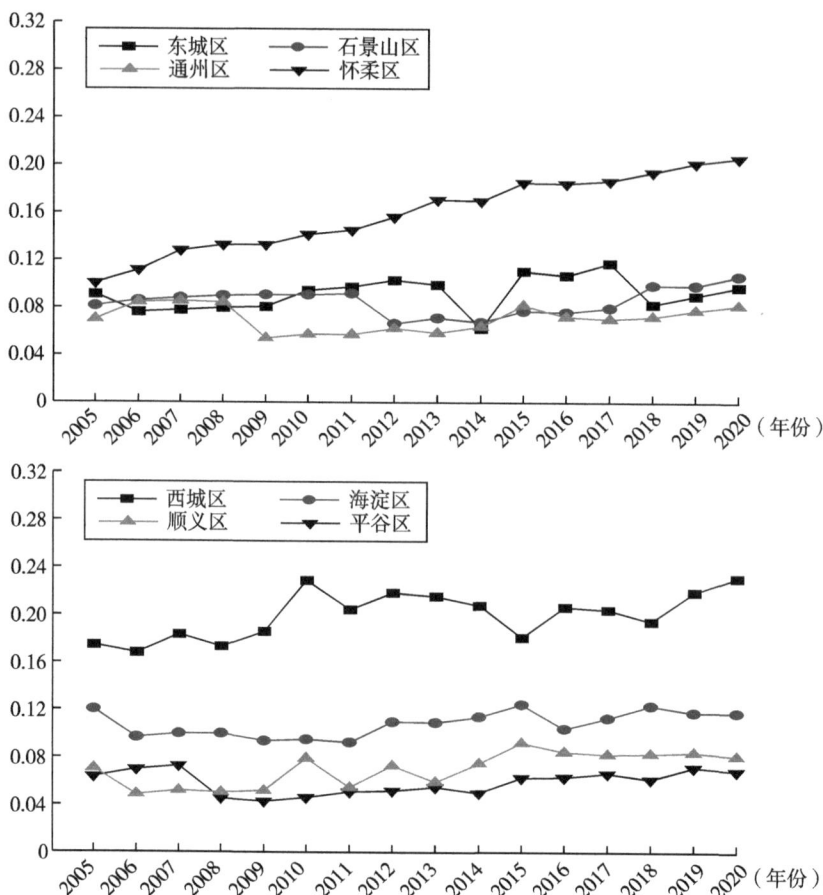

图 9-13 北京市各年各区财务维度之教育经费投入绩效的得分情况

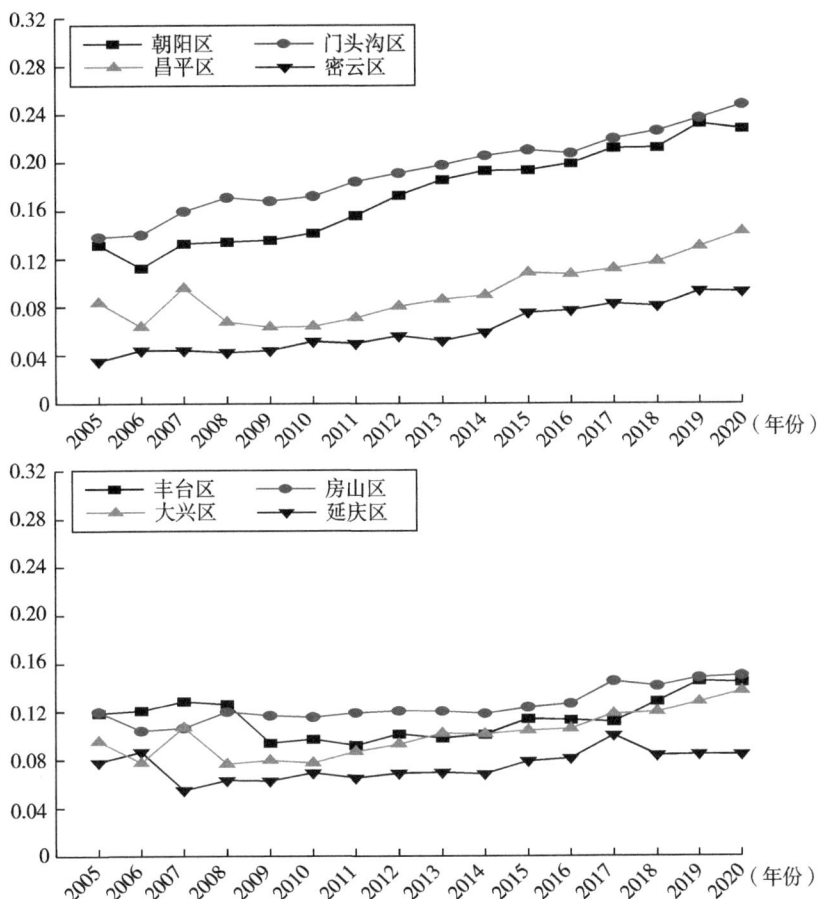

图9-13　北京市各年各区财务维度之教育经费投入绩效的得分情况（续图）

其次，在"地方财政教育支出与地方财政支出之比"这一指标上，各城区的得分差异较大，其中西城区、朝阳区和海淀区的得分较高，表明这些区县的教育财政自给能力相对较强，而密云区、顺义区、平谷区和延庆区的得分较低，需要加强自身的财力保障。

再次，在"地方财政教育支出与GDP之比"这一指标上，各城区的得分存在差异，这表明部分城区在地方财政教育支出占GDP比重方面的表现不够出色，需要进一步加大教育投资力度，提高教育的重视程度。

最后，在"生均地方财政教育经费"这一指标上，各城区的得分也存在较大差异，得分相对较高的城区说明其在支出方面经费较为充足，得分较低的城区则需要加强学生经费的保障。

9.3.3 客户维度绩效的分析

图9-14展示了北京市各年各区客户维度绩效得分情况。城镇登记失业率是对各城区经济维度指标之一的评估,指标数值代表了每个城区在失业率方面的表现。在这个指标中,城区的得分越高,其失业率越低,表现越好。从数据分析的角度来看,可以发现整个北京市的城镇登记失业率总体上呈下降趋势,尤其是在2010~2020年,各城区失业率均明显下降。其中,门头沟区等城区的得分情况表现较好,一直处于较低的失业率水平,而其他城区则在近年来逐步向好,显示了较好的劳动力市场环境。

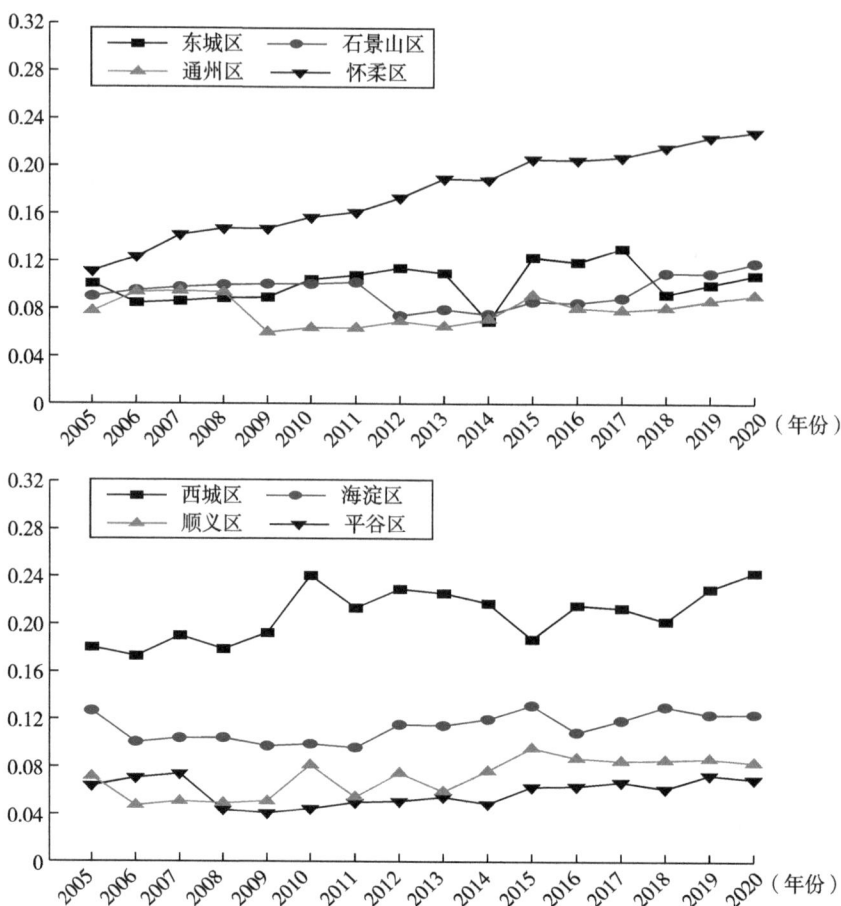

图9-14 北京市各年各区客户维度绩效得分情况

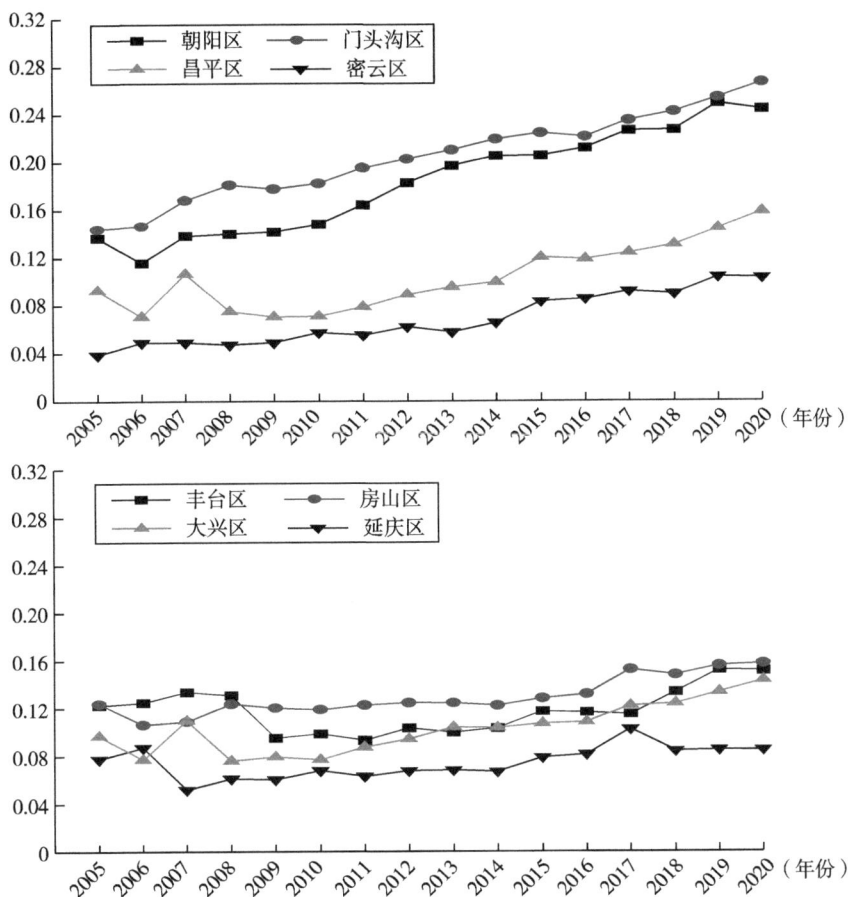

图 9-14　北京市各年各区客户维度绩效得分情况（续图）

在校生人数、招生人数以及毕业生人数的综合得分中，门头沟区、朝阳区、海淀区、西城区在 2005~2020 年一直处于较高的综合得分水平，表明这些区域在教育资源的投入和管理上相对较为优秀，在招生政策、招生方式、招生宣传等方面都做得相对较好，能够吸引更多的学生来到这里接受教育。同时也表明了这些区域的教育质量相对较高，能够培养更多的优秀毕业生。但需要注意的是，某些区域的毕业生数量较多，可能会对该地区的就业市场和人口结构产生一定的影响。

综合来看，在校生人数、招生人数、毕业生人数这三个指标中，门头沟区和西城区一直处于较高的综合得分水平，说明该区域在教育领域的投入和管理上表现突出，能够吸引更多的学生前来学习，培养更多的优秀毕业生。同时，朝阳区、西城区、海淀区等区域在招生和学生数量方面也表现出相对较高的水平。

9.3.4 内部流程维度绩效的分析

从图 9-15 可以看出各区的内部流程维度的综合得分整体呈上升趋势。

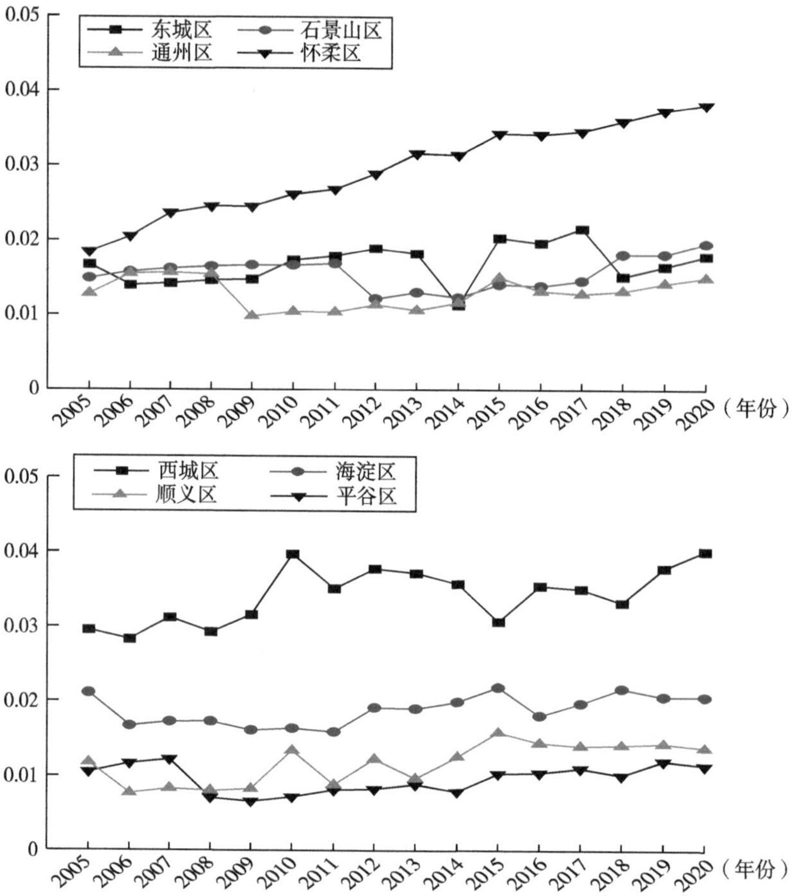

图 9-15 北京市各年各区内部流程维度绩效得分情况

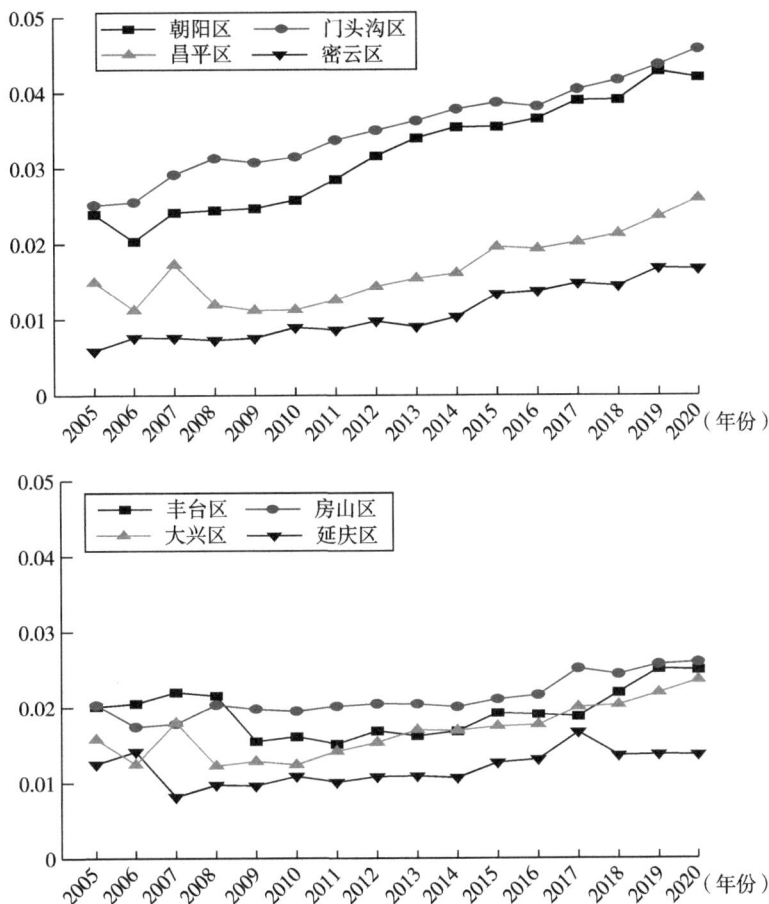

图 9-15　北京市各年各区内部流程维度绩效得分情况（续图）

　　具体从 2020 年来看，门头沟区在该指标上得分最高，为 0.0420；平谷区的得分最低，为 0.0116。这说明各区之间在学校行政人员数方面存在较大的差异。西城区和朝阳区由于其学校学生人数较多，可能行政管理职能也会随之增加，因此需要更多的行政办公人员，其综合得分也相对较高。相比之下，通州区和顺义区得分相对较低，可能与学生人数较少、对行政管理需求较少有关。

9.3.5　学习与成长维度绩效的分析

　　从图 9-16 可以看出，北京市各区学习与成长维度的得分相对比较稳定，总体上呈逐年略有上升的趋势。

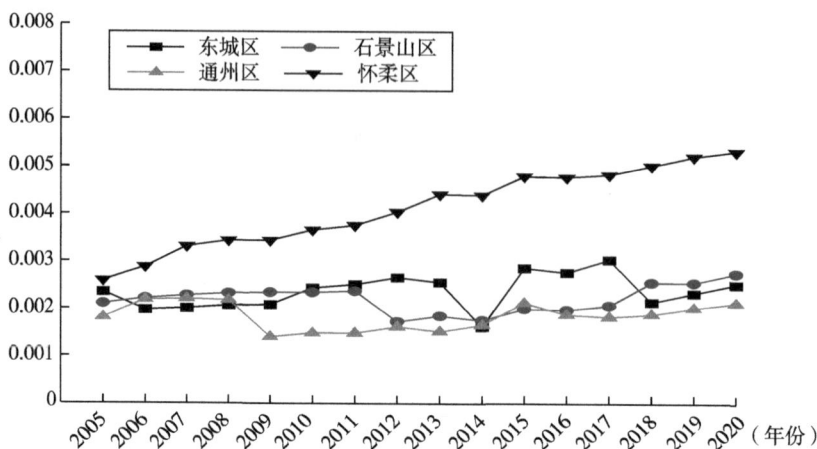

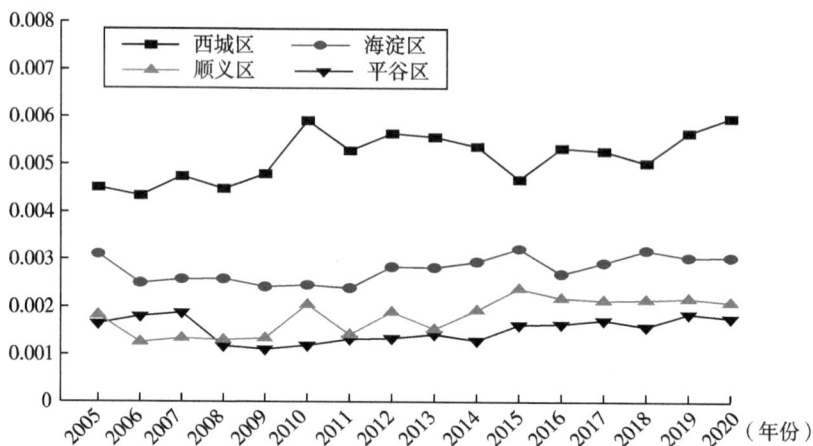

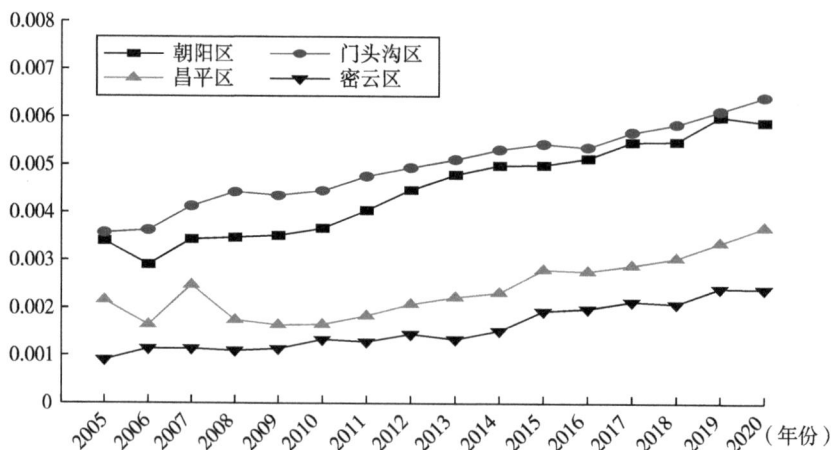

图 9-16　北京市各年各区学习与成长维度绩效得分情况

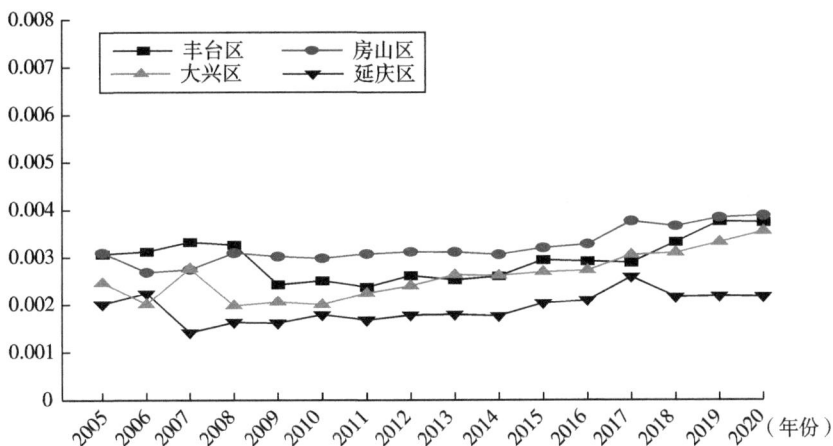

图 9-16　北京市各年各区学习与成长维度绩效得分情况（续图）

其中，门头沟区、西城区、怀柔区和朝阳区在这个指标上的得分相对较高，这表明这些区的教育资源较为充足，学校的师资力量能够满足学生的需求，同时也能够保证教育教学质量的稳定提升。而延庆区和密云区在这个指标上的得分较低，这可能是因为这些区域的教育资源相对较少，或者教育资源配置相对不够均衡，导致师资力量不足或者学校数量不足等问题，从而影响了学校的教育质量和师生比例。

9.4　北京市各区教育经费综合绩效的深入分析

根据附表 4，得到表 9-2 的北京市各区教育经费综合绩效得分数据。本节对表 9-2 的数据进行多维度的深入分析。

9.4.1　时空变化与分布动态

（1）北京市各区教育经费绩效的时空变化分析

2005～2020 年北京市各区教育经费绩效存在一定的空间分布效应。西城区、怀柔区、朝阳区以及海淀区的平均综合得分较大且都大于 0.343，但是全市区仅有 37.5% 的地区综合得分在全样本的平均值以上，且综合得分较大的地区集中于

表9-2 北京市各年各区教育经费综合绩效得分

城区\年份	2005	2006	2007	2008	2009	2010	2011	2012	2013	2014	2015	2016	2017	2018	2019	2020
昌平区	0.2026	0.1544	0.2328	0.1638	0.1539	0.1550	0.1718	0.1949	0.2087	0.2177	0.2630	0.2595	0.2711	0.2854	0.3158	0.3457
朝阳区	0.3190	0.2727	0.3222	0.3259	0.3294	0.3435	0.3788	0.4193	0.4500	0.4683	0.4689	0.4827	0.5144	0.5158	0.5641	0.5533
大兴区	0.2317	0.1883	0.2595	0.1860	0.1932	0.1879	0.2108	0.2256	0.2470	0.2460	0.2531	0.2560	0.2865	0.2906	0.3113	0.3327
房山区	0.2959	0.3012	0.3162	0.3105	0.2315	0.2386	0.2267	0.2492	0.2409	0.2485	0.2804	0.2782	0.2747	0.3154	0.3554	0.3508
丰台区	0.2847	0.2273	0.2409	0.2410	0.2253	0.2289	0.2224	0.2640	0.2626	0.2744	0.2997	0.2501	0.2716	0.2965	0.2828	0.2861
海淀区	0.2409	0.2677	0.3084	0.3203	0.3200	0.3419	0.3507	0.3778	0.4129	0.4101	0.4487	0.4471	0.4522	0.4704	0.4890	0.4981
怀柔区	0.3370	0.3425	0.3894	0.4174	0.4101	0.4196	0.4489	0.4664	0.4824	0.5018	0.5132	0.5068	0.5366	0.5520	0.5788	0.6038
门头沟区	0.1577	0.1744	0.1800	0.1137	0.1062	0.1158	0.1258	0.1274	0.1360	0.1236	0.1539	0.1558	0.1626	0.1502	0.1738	0.1675
平谷区	0.1686	0.1143	0.1231	0.1197	0.1240	0.1900	0.1316	0.1759	0.1419	0.1797	0.2227	0.2032	0.1987	0.2003	0.2044	0.1974
石景山区	0.1704	0.2052	0.2069	0.2046	0.1319	0.1395	0.1389	0.1523	0.1436	0.1563	0.2000	0.1758	0.1710	0.1757	0.1883	0.1974
顺义区	0.2172	0.1820	0.1862	0.1916	0.1932	0.2267	0.2331	0.2467	0.2376	0.1493	0.2663	0.2581	0.2831	0.1994	0.2162	0.2343
通州区	0.0834	0.1060	0.1073	0.1028	0.1060	0.1242	0.1199	0.1349	0.1250	0.1419	0.1810	0.1863	0.2006	0.1968	0.2282	0.2265
东城区	0.2906	0.2522	0.2573	0.2902	0.2830	0.2792	0.2885	0.2924	0.2918	0.2867	0.2995	0.3069	0.3517	0.3420	0.3592	0.3644
密云区	0.1980	0.2094	0.2138	0.2179	0.2200	0.2205	0.2233	0.1619	0.1730	0.1645	0.1874	0.1851	0.1939	0.2394	0.2388	0.2588
西城区	0.4239	0.4078	0.4453	0.4206	0.4506	0.5558	0.4964	0.5305	0.5232	0.5046	0.4391	0.5011	0.4957	0.4719	0.5317	0.5613
延庆区	0.1889	0.2102	0.1331	0.1532	0.1520	0.1678	0.1577	0.1670	0.1681	0.1653	0.1913	0.1965	0.2429	0.2032	0.2049	0.2046

北京市中心城区，说明北京市各区教育经费绩效与地区经济发展存在一定关联，北京市近郊与远郊地区的教育经费绩效还有待提高。

（2）全市层面分布动态分析

为了详细研究北京市各区教育经费绩效的分布动态，分别对全市以及16个行政区划分的北京城六区、北京近郊区和北京远郊区的熵值法综合得分以及四个维度得分使用核密度估计法来分析其动态演进特征，结果如图9-17所示。由图9-17可以发现，随着时间的推移，北京市全市层面教育经费绩效的分布动态呈现如下特点：

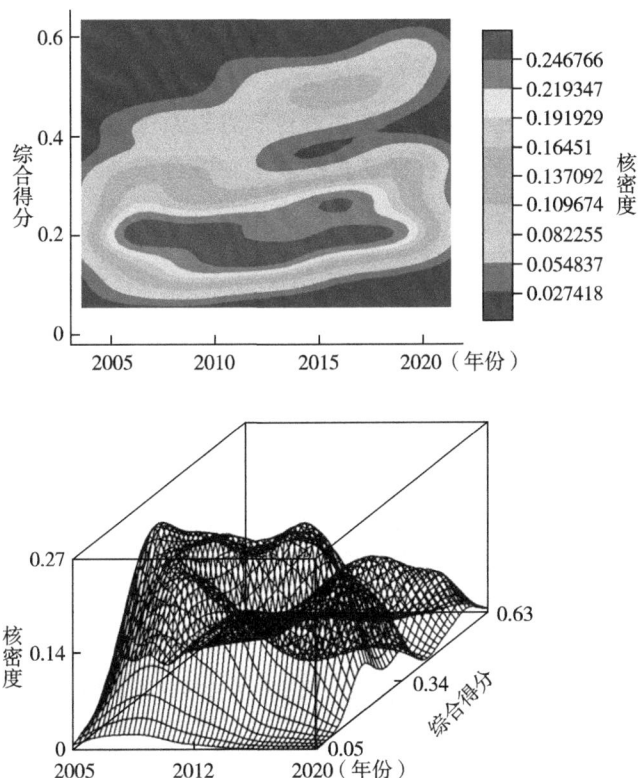

图9-17　北京市全市层面熵值法综合得分核密度估计

第一，在研究区间初期，北京市各区教育经费绩效空间分布呈现单峰分布，波峰较高，主峰的宽度较窄，但随着时间的推移，在研究区间的中后期，综合得分的分布曲线主峰向数值高的方向偏移，且主峰的高度呈现"下降—上升—下降"的变化趋势。由此可以说明，北京市各区的教育经费绩效逐步扩大，但各个行政辖区之间的差异缩小。出现这些现象的主要原因在于，随着经济社会发展，北京市各区教育资源的利用效率在稳步提高，整体上教育资源投入与利用不均衡的问题逐步缓解。

第二，北京市各区教育经费绩效空间分布在 2015 年左右出现了明显曲线拖尾和多峰的情况，说明北京市各区教育经费绩效的综合得分较高的行政区与全市平均水平之间的差距整体上变大，且综合得分存在一定的极化现象。主要原因是部分地区（如海淀区）由于教育资源集聚、科研院所与配套基础设施完善，存在着"一超多强"的未来发展趋势。

（3）区域层面分布动态分析

表 9-3 展示了 2005～2020 年北京市各区教育经费绩效综合得分情况。首先，从全市层面而言，北京市全市教育经费绩效平均综合得分由 2005 年的 0.238 增长到 2020 年的 0.336，涨幅为 41.18%，说明随着教育经费的使用管理更加精细与严格，北京市各区教育经费绩效在这十五年间得到了显著的提升，尤其是在 2018 年发布《国务院办公厅关于进一步调整优化结构提高教育经费使用效益的意见》后，教育经费平均得分增长更加迅速。其次，在对北京市 16 个行政辖区进行分类之后发现，各类地区教育经费绩效综合得分的变化趋势与全市平均得分保持一致，且呈现出由市中心向郊区逐渐递减的特点，这主要是因为北京市城六区教育基础设施完善，师资力量雄厚，较少的教育经费投入往往能够带来远超投入的回报，而北京市郊区教育资源较城六区而言更加分散，自身教育发展基础差、难度高，因此综合得分较城六区而言相对较低。

表 9-3　北京市各年各区教育经费绩效综合得分与平均得分情况

年份	2005	2006	2007	2008	2009	2010	2011	2012	2013	2014	2015	2016	2017	2018	2019	2020
城六区	1.730	1.633	1.781	1.803	1.740	1.889	1.876	2.036	2.084	2.100	2.156	2.164	2.257	2.272	2.415	2.461
近郊区	1.189	1.106	1.282	1.068	0.984	1.048	1.088	1.179	1.195	1.127	1.398	1.394	1.479	1.438	1.601	1.658
远郊区	0.893	0.876	0.859	0.908	0.906	0.998	0.962	0.971	0.965	1.011	1.115	1.092	1.172	1.195	1.227	1.265
平均得分	0.238	0.226	0.245	0.236	0.227	0.246	0.245	0.262	0.265	0.265	0.292	0.291	0.307	0.307	0.328	0.336

9.4.2   空间差异与分解

Dagum（1997）提出的基尼系数及子群分解方法，能有效克服传统基尼系数和泰尔指数等指标带来的子样本分布、交叉重叠和区域差异问题。根据 Dagum 的分解方法，总体差异可以分解为区域内差异、区域间差异以及超变密度贡献，基于此，本节使用 Dagum 基尼系数来研究北京市各区教育经费绩效的差异以及差异来源。为了进一步分析北京市各区教育经费绩效的区域差异及其产生差异的原因，使用 Dagum 基尼系数法分别测算了 2005～2020 年北京市全市和北京城六区、北京近郊区、北京远郊区三大区域熵值法综合得分及四个维度得分的基尼系数，并按照子群分解法对基尼系数进行分解。结果如图 9-18 至图 9-21 所示。

（1）总体差异

图 9-18 给出了 2005～2020 年熵值法综合得分及四个维度得分的总体基尼系数的发展趋势。从图 9-18 可以看出，除学习与成长维度有略微不同之外，熵值法综合得分及其他各维度得分的总体基尼系数的变动曲线几乎重合。熵值法综合得分及四个维度得分的变动曲线在 2006 年之前呈现平缓上升的变动趋势，2007～2009 年出现大幅度波动性上升后，2009～2014 年呈现波动性增长，2014～2015 年呈现大幅度下降的变动趋势，2015～2020 年呈现波动回升的变动趋势。2005 年和 2020 年熵值法综合得分的总体基尼系数分别为 0.189 和 0.229，其 2005～2020 年的上升幅度为 21.16%。2015 年总体基尼系数出现大幅度下降的主

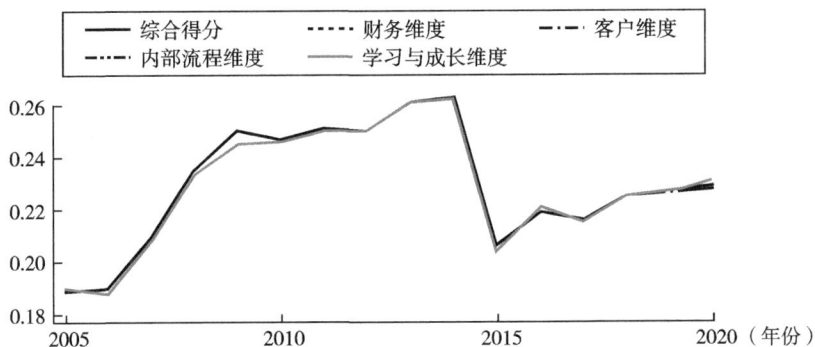

图 9-18   熵值法综合得分及四个维度得分的总体基尼系数趋势

注：除学习与成长维度有略微不同之外，熵值法综合得分及其他各维度得分的总体基尼系数的变动曲线几乎重合，因此基本只能看出两条线，尾端能看出三条线，实际是五条线。

要原因是国务院发布了《国务院关于进一步完善城乡义务教育经费保障机制的通知》，建立了城乡统一、重在农村的义务教育经费保障机制，有利于优化教育布局，促进教育公平、提高教育质量。综合来看，熵值法综合得分的整体差异呈现增大的趋势，各地区之间的教育经费绩效发展存在的差异越来越大。

（2）区域内差异

图 9-19 给出了 2005~2020 年北京市各区内部熵值法综合得分的基尼系数的发展趋势，总体来看不同地区呈现出的阶段性特征差距很大。北京城六区的综合得分基尼系数在研究期间的变动趋势为"波动上升—波动下降—波动上升"，但是从整体上增幅为 28.97%。北京近郊区的综合得分基尼系数在研究期间的变动趋势为"波动下降—波动回升"，但是从整体上降幅为 24.18%。北京远郊区的综合得分基尼系数在研究期间的变动趋势为"波动上升—平稳上升"，从整体上增幅为 75%。说明北京市城六区和远郊区内部各区之间的教育经费绩效得分差异逐渐增大，其中北京远郊区区域内基尼系数在 2010 年之后一直处于高位，这也是北京市全市总体基尼系数增长的主要原因，远郊区教育经费绩效差距过大，对北京市全市教育发展有一定的影响，反映出教育资源配置有待改善、教育经费使用改革有待深化等问题。

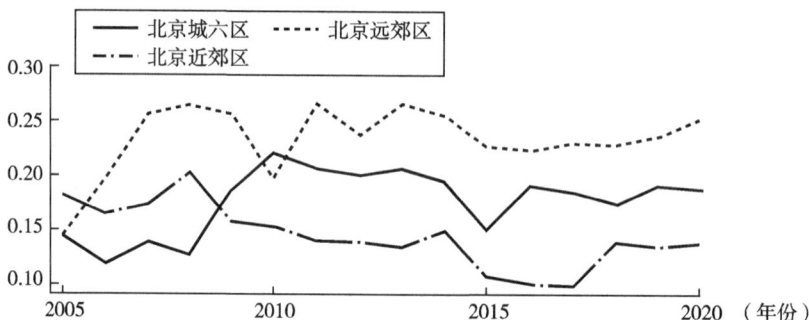

图9-19　北京市各区熵值法综合得分及四个维度得分的区域内基尼系数趋势

（3）区域间差异

图 9-20 给出了 2005~2020 年北京市各区区域间熵值法综合得分的基尼系数的发展趋势。北京城六区—北京近郊区、北京城六区—北京远郊区、北京近郊区—北京远郊区的区域间基尼系数发展呈现起伏式上升的演化趋势，升幅分别为

5.38%、1.67%、13.79%。北京城六区—北京近郊区、北京城六区—北京远郊区、北京近郊区—北京远郊区的区域间差异的平均值分别为 0.116、0.064、0.049，由此可见北京城六区—北京近郊区的区域间熵值法综合得分的均值较大，以上区域间差异对总差异的贡献率最大、矛盾最为突出，需要重点关注北京城六区与近郊区之间的教育经费绩效存在一定差距的问题。另外，北京近郊区与其他两个区域的区域间差异呈现相似的变动趋势，而北京远郊区与其他两个区域的区域间差异则呈现相反的变动趋势，说明北京远郊区教育发展的基础较为薄弱，在缩小与其他地区之间差距的同时存在"顾此失彼"的现象，而北京近郊区在城六区与远郊区之间发挥了承接的作用，与其他两个区域的教育经费利用效率的变动保持同步。

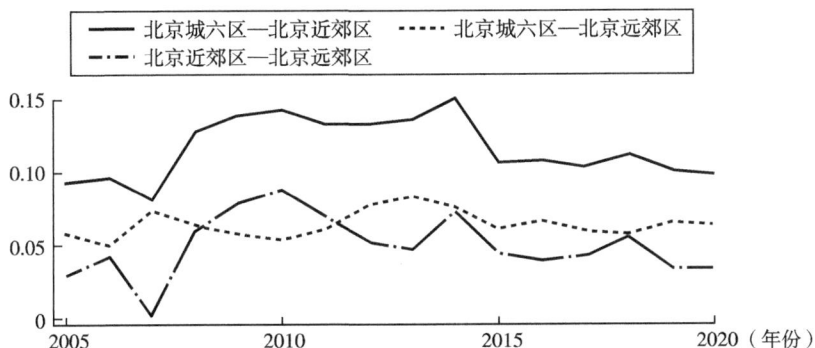

图 9-20　熵值法综合得分及四个维度得分的区域间基尼系数趋势

（4）差异来源

图 9-21 基于表 9-4 的数据绘制了 2005~2020 年北京市各区熵值法综合得分差异的区域内、区域间、超变密度贡献率的折线图。从图 9-21 以及贡献率的均值来看，熵值法综合得分的总体差异主要源自区域间差异，且远远高于区域内差异和超变密度差异，区域内差异贡献率次之，超变密度贡献率最小。从贡献率的走势来看，区域内差异的变动保持平稳，虽然区域间差异贡献率处于较高的水平，但是在 2015~2020 年呈现下降趋势，而超变密度差异贡献率则存在上升趋势。因此，想要实现北京市各区教育经费绩效的协调增长，则需要重点关注北京市各区区域间的差异，继续维持区域间差异的缩小态势，同时需要兼顾对北京市各区教育经费绩效相对差距的关注。

表9-4 北京市各年各区教育经费绩效差异来源分解

年份	区域间		区域内		超变密度	
	区间贡献	贡献率（%）	区内贡献	贡献率（%）	超变密度贡献	贡献率（%）
2005	0.089	47.055	0.054	28.886	0.045	24.058
2006	0.091	47.962	0.051	26.735	0.048	25.303
2007	0.080	38.107	0.059	28.226	0.070	33.667
2008	0.121	51.717	0.060	25.478	0.054	22.805
2009	0.130	52.151	0.065	26.185	0.054	21.663
2010	0.134	54.154	0.067	27.240	0.046	18.607
2011	0.125	50.026	0.068	26.957	0.058	23.017
2012	0.128	51.235	0.065	25.927	0.057	22.837
2013	0.131	50.161	0.067	25.739	0.063	24.100
2014	0.144	54.616	0.066	25.126	0.053	20.258
2015	0.102	49.222	0.510	24.920	0.053	25.859
2016	0.103	47.248	0.057	26.208	0.058	26.544
2017	0.099	45.791	0.056	26.090	0.061	28.120
2018	0.106	47.300	0.059	26.299	0.059	26.402
2019	0.097	42.831	0.062	27.361	0.068	29.807
2020	0.093	40.794	0.063	27.433	0.073	31.773

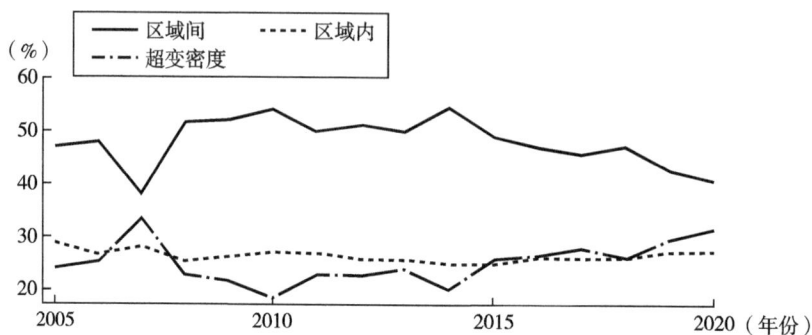

图9-21 熵值法综合得分及四个维度得分区域内、区域间与超变密度的贡献率

9.4.3 收敛性分析

（1）收敛性检验（σ收敛）

若北京市各区教育经费绩效的熵值法综合得分存在σ收敛，随着后续的不断发展，北京市各区综合得分的离散程度将不断下降。因此，本节借鉴 Rezitis（2010）对σ收敛的测算方法，选取变异系数进行衡量与处理。

图 9-22 刻画了 2005～2020 年北京市全市层面以及北京城六区、北京近郊区、北京远郊区的熵值法综合得分变异系数的发展趋势。北京市全市层面、北京城六区、北京近郊区以及北京远郊区 2020 年相比 2005 年变异系数的变化率分别为 2.12%、25.86%、-23.26%、77.77%，说明仅有北京近郊区存在σ收敛，说明北京近郊区内各行政区之间熵值法综合得分的差异有缩小的趋势。但从 2019～2020 年的变化趋势来看，北京市全市层面以及北京城六区的综合得分变异系数的变化趋势相似，变异系数分别下降了 2.46% 和 1.22%。

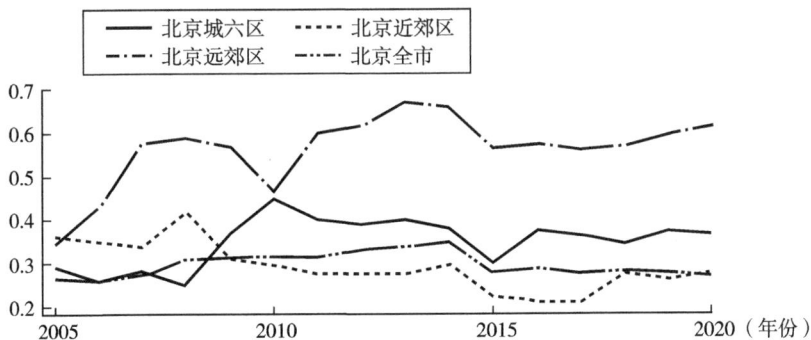

图 9-22　熵值法综合得分及四个维度得分的变异系数

综上所述，从长期来看，北京近郊区在 2005～2020 年教育经费绩效综合得分存在σ收敛；但从短期来看，北京市全市层面和北京城六区在 2019～2020 年存在σ收敛，区域内教育经费绩效差距有缩小的趋势，这进一步验证了 2019～2020 年北京城六区区域内基尼系数下降的结论。

（2）空间探索性分析（ESDA）

本节运用空间探索性分析（ESDA）方法分析北京市各区教育经费绩效的空间关联性。一般地，ESDA 分析可以分为两类：全局空间关联和局部空间关联。

全局空间关联衡量整个空间的集聚情况，常用全局莫兰指数（Global Moran's I）进行空间相关性检验分析。局部空间关联主要检验局部空间单元是否存在集聚现象，即衡量某一空间单元与其周围空间单元之间的关联性。由于全局莫兰指数不能有效反映各行政区之间教育经费绩效水平的关联度，此时需要分析局域莫兰指数（Local Moran's I）。

第一，全局莫兰指数。全局莫兰指数的取值范围为［-1，1］，若取值越接近1，表明相邻行政区之间教育经费绩效水平正相关性越强，即具有相同属性的空间单元集聚（"高—高"集聚或"低—低"集聚）；若取值越接近-1，表明相邻行政区之间教育经费绩效水平负相关性越强，即具有相异属性的空间单元集聚（高值与低值相邻）；若取值越接近于0，表明不存在空间相关性。

在空间分析上，利用 Stata 软件检验北京市各区教育经费绩效的综合得分是否受到空间相互作用的影响。以各行政区政府所在地之间的球面距离为基础构建空间地理距离权重，得到 2005~2020 年北京市各区教育经费绩效综合得分的全局莫兰指数，如表 9-5 所示。2005~2014 年，除了 2007 年以外，教育经费绩效综合得分的全局莫兰指数统计值均为正，表明北京市各区教育经费绩效水平存在着明显的空间依赖性。2015~2020 年，北京市各区教育经费绩效综合得分的全局莫兰指数统计值绝大部分为负，表明北京市各区教育经费绩效水平负相关性较强。

表 9-5　2005~2020 年北京市各年各区教育经费绩效综合得分的全局莫兰指数

年份	全局莫兰指数	Z 值	P 值	年份	全局莫兰指数	Z 值	P 值
2005	0.090	1.086	0.139	2013	0.039	0.716	0.237
2006	0.061	0.890	0.187	2014	0.017	0.564	0.286
2007	-0.014	0.360	0.359	2015	-0.067	0	0.500
2008	0.002	0.461	0.322	2016	-0.004	0.420	0.337
2009	0.063	0.885	0.188	2017	0.038	0.706	0.240
2010	0.067	0.970	0.166	2018	-0.019	0.319	0.375
2011	0.044	0.761	0.223	2019	-0.015	0.345	0.365
2012	0.033	0.683	0.247	2020	-0.011	0.374	0.354

第二，局域莫兰指数。表 9-6 呈现了 2008 年、2012 年、2016 年和 2020 年

局域莫兰指数的区域分布情况，研究结果表明：一是北京市各区教育经费绩效水平存在着空间依赖关系，北京城六区主要集聚在"高—高"集聚的扩散效应区，呈现显著的正向相关性，表明这个地区的教育经费绩效综合得分较高，且集聚在一起。而北京远郊区集聚在"低—高"集聚的过渡区，表明这个地区的教育经费绩效综合得分较低，且其周围地区的教育经费绩效综合得分较高。二是研究时段多数区域发生跃迁变化，空间稳定性不高。研究时段发生跃迁的区域有 14 个，其他区域未发生跃迁，主要集中在低速增长区（L-L），与周边地区呈现正相关，形成了一个教育经费绩效综合得分的洼地。三是北京市各区教育经费绩效水平差异显著。主要表现在延庆区等区域分布在"低—高"集聚的过渡区，以及怀柔区等区域分布在"高—低"集聚的极化效应区，呈现空间负相关性。与此同时，北京市郊区大部分区域仍然处于低速增长区，缩小与北京城六区的发展差距，提升教育经费绩效水平刻不容缓。

表 9-6　部分年份局域莫兰指数区域分布情况

年份	扩散效应区（H-H）	过渡区（L-H）	低速增长区（L-L）	极化效应区（H-L）
2008	东城区，西城区，丰台区，海淀区	门头沟区，昌平区，大兴区，密云区，延庆区	石景山区，通州区，顺义区，平谷区	朝阳区，房山区，怀柔区
2012	东城区，西城区，朝阳区，丰台区，海淀区	通州区，昌平区，密云区，延庆区	石景山区，门头沟区，房山区，顺义区，大兴区，平谷区	怀柔区
2016	东城区，西城区，朝阳区	丰台区，通州区，昌平区，密云区，延庆区	石景山区，门头沟区，房山区，顺义区，大兴区，平谷区	海淀区，怀柔区
2020	东城区，西城区，朝阳区，海淀区，昌平区	丰台区，通州区，顺义区，大兴区，延庆区	石景山区，门头沟区，平谷区，密云区	房山区，怀柔区

9.4.4　马尔科夫链分析

北京市内部各区的教育经费绩效可能受到行政区自身以及邻近行政区的影响，本节使用马尔科夫状态转移矩阵分析北京市各区教育经费绩效发生转移的概率，根据 i 行政区 t 年教育经费绩效的综合得分 x_{it} 在其分布函数 $f_t(x)$ 中的四分位置，将教育经费绩效情况划分为低水平、中低水平、中高水平、高水平四种类型，分位点使用综合得分变化值的分布函数 $ft(x)$ 估算。当时间跨度为 k 年时，教育经费绩效情况从类型 m 转移至类型 $n(m，n=1，2，3，4)$ 的概率即为绩效发生转移的概率。

（1）传统马尔科夫链分析

表 9-7 左侧显示了当时间跨度 $k=1，2，3，4$ 时的北京市各区教育经费绩效的传统马尔科夫状态转移矩阵。所有对角线上的元素绝大多数高于非对角线上的元素，这表明北京市各区教育经费绩效情况较为稳定，存在较为固定的增长路径，不发生状态转移的概率相对较大。在时间跨度为 1 的马尔科夫状态转移矩阵中，对角线上的数值介于 69.49%～100.00%，说明教育经费绩效情况不发生状态改变的最小概率为 69.49%，而该矩阵中非对角线的最大值为 0.1613，说明教育经费绩效情况发生状态转变的最大概率为 16.13%。教育经费绩效情况状态转变的概率主要集中在相邻类型之间，跳跃式发生状态转移的概率较小，稳定的教育经费绩效水平难以被打破。具体而言，教育经费绩效情况初始类型为低水平的地区，在时间跨度为 1～4 年时仍保持低水平类型的概率分别为 80.95%、72.58%、63.33% 和 58.62%，明显高于向中低或中高水平跳跃转移的概率，但随着时间推移，状态保持不变的概率波动变化，状态保持不变的概率逐渐下降，向相邻状态转移的概率增大。经过传统马尔科夫链分析，说明北京市各区教育经费绩效状态保持稳定的概率较大，绩效较差的地区在绩效提升中困难阻力较大，绩效提升工作任重而道远。

表 9-7 北京市各区教育经费绩效的马尔科夫状态转移矩阵

	传统马尔科夫链分析				空间马尔科夫链分析			
$k=1$	低水平	中低水平	中高水平	高水平	$k=1$	低水平	中低水平	中高水平	高水平
低水平	80.95%	17.46%	1.59%	0.00%	低水平	86.89%	13.11%	0.00%	0.00%
中低水平	15.25%	69.49%	15.25%	0.00%	中低水平	8.33%	66.67%	23.33%	1.67%
中高水平	0.00%	8.06%	75.81%	16.13%	中高水平	3.45%	17.24%	67.24%	12.07%
高水平	0.00%	0.00%	0.00%	100.00%	高水平	0.00%	0.00%	11.48%	88.52%
$k=2$	低水平	中低水平	中高水平	高水平	$k=2$	低水平	中低水平	中高水平	高水平
低水平	72.58%	25.81%	1.61%	0.00%	低水平	79.31%	18.97%	1.72%	0.00%
中低水平	16.67%	55.56%	27.78%	0.00%	中低水平	10.91%	49.09%	32.73%	7.27%

	传统马尔科夫链分析					空间马尔科夫链分析			
中高水平	1.72%	13.79%	67.24%	17.24%	中高水平	3.77%	30.19%	43.40%	22.64%
高水平	0.00%	0.00%	0.00%	100.00%	高水平	0.00%	0.00%	18.97%	81.03%
$k=3$	低水平	中低水平	中高水平	高水平	$k=3$	低水平	中低水平	中高水平	高水平
低水平	63.33%	33.33%	3.33%	0.00%	低水平	74.55%	20.00%	5.45%	0.00%
中低水平	26.00%	40.00%	34.00%	0.00%	中低水平	10.00%	48.00%	40.00%	2.00%
中高水平	1.89%	20.75%	54.72%	22.64%	中高水平	6.12%	30.61%	36.73%	26.53%
高水平	0.00%	0.00%	0.00%	100.00%	高水平	0.00%	1.85%	20.37%	77.78%
$k=4$	低水平	中低水平	中高水平	高水平	$k=4$	低水平	中低水平	中高水平	高水平
低水平	58.62%	36.21%	5.17%	0.00%	低水平	72.00%	22.00%	6.00%	0.00%
中低水平	25.53%	36.17%	38.30%	0.00%	中低水平	10.42%	47.92%	37.50%	4.17%
中高水平	0.00%	17.02%	51.06%	31.91%	中高水平	8.70%	21.74%	47.83%	21.74%
高水平	0.00%	0.00%	0.00%	100.00%	高水平	0.00%	2.04%	16.33%	81.63%

（2）空间马尔科夫链分析

整体来看，北京市各区教育经费绩效稳定性高，但也存在受到相邻行政区绩效高低影响的情况。因此，通过空间马尔科夫链的分析思路，将 Z×Z 二维转移概率矩阵转化为 Z×Z×Z 的三维转移概率矩阵，研究相邻行政区之间教育经费绩效发生状态转移的关系以及空间演变趋势。

从表 9-7 右侧可知，在时间跨度为 1 的教育经费绩效情况的空间转移概率矩阵中，对角线上的数值介于 66.67%~88.52%。不发生状态转变的最小概率为 66.67%，而非对角线上的数值最大为 23.33%，对角线上的元素仍然全部远大于非对角线上的元素。在考虑空间因素后，教育经费绩效情况状态不如传统马尔科夫链稳定，发生"跳跃式转移"的可能性变大，说明受到相邻行政区的外溢影响明显。此外，随着空间滞后的升高，教育经费绩效情况的稳定性和转移概率存在一定的差异。$k=1$ 时，对角线上的元素数值较大，表明区域教育经费绩效情况的发展状态十分稳定；$k=3$ 时，非对角线上的元素最大值为 0.4000，表明教育经费绩效情况发生状态改变的最大概率为 40.00%，远高出其他三类空间滞后项类型发生状态改变的最大概率。上述结果说明，北京市各区教育经费绩效情况状态的改变会受到相邻地区教育经费绩效情况的影响。

9.4.5 小结与建议

本节测度了 2005~2020 年北京市各区的教育经费绩效,将 16 个行政区分为北京城六区、北京近郊区以及北京远郊区三大区域,利用核密度估计、Dagum 基尼系数以及 σ 收敛来分别分析全市以及三大区域教育经费绩效的分布动态、区域差异以及收敛性特征。本节的研究结果如下:①空间分布。西城区、怀柔区、朝阳区以及海淀区的平均综合得分较大且都大于 0.343,但是全市区仅有 37.5% 的地区综合得分在全样本的平均值以上,且综合得分较大的地区集中于北京市中心城区,说明北京市各区教育经费绩效与地区经济发展存在一定关联,北京市近郊与远郊地区的教育经费绩效还有待提高。②分布动态。从整体层面来看,北京市全市层面各区的教育经费绩效的熵值法综合得分的差异逐渐扩大。从指数分解的层面来看,全市层面各区的财务维度得分、客户维度得分、内部流程维度得分以及学习与成长维度得分的差异逐渐扩大。③区域差异。北京城六区—北京近郊区对总的熵值法综合得分以及四大维度得分的区域间差异的贡献率最大。除此之外,熵值法综合得分以及四大维度得分的总体差异主要源自区域间差异。④收敛性分析。仅有北京市近郊区的熵值法综合得分以及四大维度得分存在 σ 收敛。⑤空间探索性分析。北京市各区教育经费绩效水平存在着空间依赖关系,即区域教育经费绩效水平与相邻区域呈现集聚特征。主要表现在北京城六区主要集聚在"高—高"集聚的扩散效应区,北京远郊区集聚在"低—高"集聚的过渡区,呈现显著的正向相关性。⑥马尔科夫链分析。教育经费绩效情况较为稳定,不发生状态转移的概率相对较大,但教育经费绩效较差的地区在绩效提升中困难阻力较大。在空间马尔科夫链分析中,教育经费绩效情况状态的改变会受到相邻地区教育经费绩效情况的影响。

本节基于研究结论,提出如下建议:①北京市各区教育经费绩效呈现主城区高、郊区低的特点,首先确保教育经费得到充分的投入是提高绩效的基础,根据不同行政区的实际情况,科学地增加教育经费预算,满足学校在改善教育设施、提高教师待遇与培训质量等方面的基本需求。②考虑到北京市各区教育经费绩效差异逐渐增大,有关部门需要优化经费分配机制,采用更为公开透明的方式进行经费分配,重点关注北京市各区教育发展相对不均衡的问题。③加强教师培训和发展。北京市可以加大对基层教师的培训和发展投入,提供专业的培训机会和职业发展支持,以提高教师的教学水平和专业素养。同时,也需要加强对学校管理层的管理培训与监督，优化教育经费的使用，提高教学资源的分配效率。④借助信息技术的发展，推进教育信息化。北京市可加大对教育技术设备和网络基础设施的投资，提供数字化教学资源和在线学习平台，以提高教学效果和学生学习体验。⑤加强教育管理和监督是提高教育绩效的保障。北京市可以建立健全的教育监督管理体系，加强对学校的监督和评估，疏通群众意见收集反馈通道，及时发现并采取合理手段解决教育问题，确保教育经费的有效使用和绩效的提升。

9.5 北京市各区教育经费绩效提升的建议

（1）整体绩效提升的建议

根据对整体绩效的分析，可以清楚地看到每个区的绩效水平差别较大，因此建议考虑到每个区的独特需求和特点，为每个区制定清晰具体的教育经费支出目标，且这些目标应与北京市的整体教育目标相一致。同时，应促进不同区之间进行协作和知识共享，以推动教育经费支出绩效的持续改进。这可以通过定期会议、研讨会和其他知识共享活动来实现。

（2）财务维度之教育经费投入绩效提升的建议

从地方财政教育支出来看，对于得分较为靠后的城区，应加大对教育的经费投入，从而保障教育资源的充足。

结合地方财政教育与一般公共预算支出之比来看，应重点关注那些支出金额低且比值也低的城区，该城区在公共预算上的经费较为充足，应加大对教育的投入经费占比，从而有力地支持教育事业的发展。

（3）客户维度绩效提升的建议

学生人数的增多对于发展该地区的教育事业是个正向的信号，但结合城镇登记失业率时，应关注毕业生的去向及就业情况。

如果学生人数与失业率均为增加，则该城区的教育质量可能不尽如人意，培养出来的毕业生难以满足当前劳动力市场的用工需求，因此造成了城镇登记失业率的提高。对此，应加强对教师的培养，提高教学质量。

（4）内部流程维度绩效提升的建议

行政人员数的数量与学生数量有一定的相关性。在学生数量较大的城区，应关注其行政人员数是否充足，以满足学校的职能需求。

一方面，可以增加对行政人员的招聘；另一方面，可以对当前的行政人员进行明确的岗位划分和培训，以使他们在现有的人数基础上，匹配更高的岗位要求。

（5）学习与成长维度绩效提升的建议

对于生师比较低、教育资源较为充足的城区，应充分发挥教师数量充足的优势，对学生进行个性化培养，全方位关注学生的受教育情况，提高教育质量和效率。

对于生师比较高、教育资源相对少的城区，需要考虑教育资源配置不足的原因，考虑是否可以从其他方面增加教师数量；如果难以协调，则应对教师教学水平和课程设置等方面进行更加严格的考核和制定，以尽可能地提高教学质量，避免学生们因教师数量少而未得到必要的教育资源。

10 研究结论与政策建议

10.1 研究结论

教育绩效是国内外学者持续关注的重点。考虑到资源的局限性，各教育机构合理地分配教育经费支出，提升整体支出的效果，是改善教育经费支出结构的关键。本书通过理论研究建立了教育经费绩效评价体系，在分析了教育绩效评价的理论研究及文献综述后，总结了绩效评价的研究方法。

本书对北京市 2003~2020 年的幼儿园、普通小学、普通中学、普通高校四个阶段进行了研究，通过现况研究发现，北京市的教育经费支出绩效处于较好的水平，但在内部流程维度、学习与成长维度方面较为薄弱，如不引起重视，在未来可能会影响整体教育经费绩效。通过收集 2003~2020 年的数据，构建包括 5 个一级指标、19 个二级指标的指标评价体系，采取熵值法对北京市 2003~2020 年的整体支出绩效、幼儿园等四个教育阶段以及北京市 2005~2020 年各区的绩效水平进行评价，对评价结果进行了分析，找出其教育经费绩效的强项与不足。最终得出如下结论：

第一，目前北京市在教育经费的投入上已经展现出相当可观的规模，这无疑彰显了政府对于教育事业的重视与支持。然而，尽管如此，在行政人员数量、生师比等方面仍存在的明显短板。这些短板不仅限制了教育资源的优化配置，还影响了教育质量的进一步提升。因此，需要在这些方面加大投入和改革力度，为教育事业的持续健康发展创造更大的上升空间。第二，为了更好地推动教育事业的发展，北京市政府及各级教育机构应当全面、深入地评价自身的绩效水平。这包

175

括从财务维度审视教育经费的使用效率和透明度，从客户维度关注就业率以及学校的招生、在校生、毕业生人数，从内部流程维度优化教育机构的管理和运作流程，以及从学习与成长维度推动教育机构和从业人员的持续进步与发展。通过这四个维度的全面发展与均衡提升，更好地推动北京市教育事业的整体进步，为培养更多优秀人才、建设教育强国做出积极贡献。

总之，北京市教育机构在推动教育事业的发展中扮演着举足轻重的角色。为了实现教育的可持续发展，优化教育支出和产出的结构显得尤为重要。这包括合理安排教育经费的使用，确保资金能够精准地投入到教育教学的关键环节，同时关注教育产出的质量和效益，实现教育资源的最大化利用。与此同时，制定全面合理的整体支出绩效评价指标体系，建立科学的支出监督机制，是提高教育经费绩效水平的关键举措。通过这些措施的实施，可以确保教育经费的合理使用和有效监管，推动北京市教育事业的健康发展。

10.2　政策建议

（1）提升资金使用效率

北京市教育经费的使用效率对教育质量的提升与学生的全面发展具有深远的影响。为了提高经费的使用效率，可以采取多种措施。首先，应建立科学的预算分配机制，通过合理规划和精细管理，确保教育经费能够精准地投入到最需要的地方，提高资金使用的针对性和有效性。其次，加强财务管理也是至关重要的，通过建立健全的财务制度和监管机制，严格控制教育经费的使用，防止经费的浪费和滥用。最后，降低行政成本也是提升经费使用效率的重要途径，通过优化行政机构设置和人员配置，减少不必要的行政开支，使更多的经费能够直接用于教育教学和学生的成长发展。

（2）升级教育设施与师资水平

优质的教育设施作为保障教育质量的核心要素，对于提升北京市教育经费绩效具有举足轻重的作用。在基础教育领域，尤其需要注重教育设施的升级与改善。具体而言，建设优质的学校设施不仅能够为学生提供良好的学习环境，还能进一步促进教育资源的均衡分配。同时，加强师资队伍建设，如提升教师的专业素养和教学能力，也是提高教育质量的重要途径。此外，加强教学科研水平、推动教育创新、培养高质量的教育人才更是提升教育经费绩效的关键所在。

（3）增加教育资源投入

教育资源的投入对于提升教育质量具有至关重要的作用。在提升北京市教育经费绩效的过程中，加大教育资源的投入力度显得尤为关键。增加教育资源的投入，不仅包括购买更多的图书资料，为学生提供更丰富的阅读选择，还包括开展更多的培训和讲座，以提升教师的专业素养和教学水平。这些举措的实施能够有效拓宽学生的知识视野，提高他们的综合素质，从而进一步提升教育的整体质量。

（4）加强学科建设

学科建设作为提高教育质量的重要基石，对于提升北京市教育经费绩效具有不可忽视的作用。为了加强学科建设，需要倾注大量的资金和资源，为学科发展提供坚实的物质保障。具体而言，建设更多的学科实验室是提升学科研究水平的关键举措，这有助于为师生提供更为先进的实验设备和更好的研究环境。同时，加强学科师资力量建设也是至关重要的一环，需要积极引进优秀教师和学者，通过他们的专业指导和经验分享，提升教师和学生的学科能力和水平。此外，鼓励师生在各个学科领域内开展研究，不仅能够推动学科知识的创新与发展，还能够为北京市的教育事业注入源源不断的活力。

（5）推行优质教育

优质教育是提升教育质量的核心驱动力，对于提高北京市教育经费绩效具有举足轻重的作用。为了实现优质教育，需大力推行相关措施。首先，学校和教师应深入了解学生的特点和需求，并以此为基础制定科学的教学方案，确保教育内容与学生实际需求紧密贴合。其次，要注重课程设置的优化和教学方法的改进，使教育更具实用性和针对性，以更好地满足学生的成长需求。最后，加强师德建设也至关重要，应努力提高教师的职业道德和素质，确保他们能够以高尚的情操和专业的素养投身于教育事业，从而为教学质量的提升提供有力保障。

（6）加强教育评估

教育评估作为提升教育质量的关键环节，对于提高北京市教育经费绩效具有重要意义。为了加强教育评估工作，需要建立科学、系统的评估体系，对教育质量和效果进行全面、客观的评估和监测。通过评估结果的分析和反馈，可以为政府和学校决策提供有力参考，优化教育资源的投入和使用，进一步提高教育质量和效益。同时，加强教育信息化建设也是提升教育评估水平的重要途径。通过建立学生和教师档案，实现数据共享和互通，可以更加便捷地获取和分析教育数据，提高教育管理和决策的科学性和准确性。

参考文献

［1］Afonso A, Ayadi M, Ramzi S. Assessing Productivity Performance of Basic and Secondary Education in Tunisia: A Malmquist Analysis ［J］. Journal of Business & Economics, 2013（5）: 104-128.

［2］Bogue E G, Johnson B D. Performance Incentives and Public College Accountability in the United States ［J］. Higher Education Management and Policy, 2010, 22（2）: 1-22.

［3］Chandler F R. Determining the Relative Efficiency of the Fourteen Universities of the Pennsylvania State System of Higher Education Using Data Envelopment Analysis ［D］. Indiana University of Pennsylvania, 2008.

［4］Dagum C. A New Approach to the Decomposition of the Gini Income Inequality Ratio ［J］. Empirical Economics, 1997, 22（4）: 515-531.

［5］Hanspal K. Delivering on Results-Evidence-Based Decision Making through Better Metrics ［R］. The 11th Annual Meeting of the OECD Senior Budget Officials Performance and Results Network, 2015.

［6］Hanushek E A, Raymond M E. Does School Accountability Lead to Improved Student Performance? ［J］. Journal of Policy Analysis and Management, 2005, 24（2）: 298-327.

［7］Herbst M. Financing Public Universities: The Case of Performance Funding ［M］. Dordrecht: Springer, 2007.

［8］Jimenez E, DEC. Human and Physical Infrastructure: Public Investment and Pricing Policies in Developing Countries ［Z］. Washington DC: World Bank Group, 1994.

［9］Omolo O F, Sika J O, Olel M. Effects of Educational Fundings on Retention and Dropout of Students in Public Secondary Schools in Seme Sub-County, Kenya [J]. Journal of Education and Practice, 2019, 10 (12): 100-105.

[10] Rezitis A N. Agricultural Productivity and Convergence: Europe and the United States [J]. Applied Economics, 2010, 42 (8): 1029-1044.

[11] Smart W. The Impact of the Performance-Based Research Fund on the Research Productivity of New Zealand Universities [J]. Social Policy Journal of New Zealand, 2009 (34): 136-151.

[12] Vähämäki J, Schmidt M, Molander J. Review: Results Based Management in Development Cooperation [R]. Riksbankens Jubileumsfond, 2011.

[13] 曹堂哲, 钟秋, 李敏. 以关键绩效指标为突破口建构单位整体绩效管理体系——基于 Z 集团 S 学院的探讨 [J]. 财政监督, 2019 (8): 56-62.

[14] 陈通, 白建英. 西部地区高等教育投入产出相对有效性的评价研究 [J]. 西北农林科技大学学报 (社会科学版), 2003 (2): 102-105.

[15] 陈严. 公办小学财政预算支出绩效评价研究——以 H 小学为例 [D]. 长安大学硕士学位论文, 2022.

[16] 陈燕, 林梦泉, 王宇, 等. 广义教育绩效评价理论与应用方法研究 [J]. 中国高教研究, 2019 (5): 19-24.

[17] 成刚, 袁佩琦. 构建公共教育支出绩效评价指标体系的研究 [J]. 继续教育研究, 2007 (6): 149-151.

[18] 成丽君. 基于绩效视角的湖南省属高校教育经费收入与支出结构研究——以 H 高校为例 [D]. 湖南理工学院硕士学位论文, 2022.

[19] 程莹, 王莉娜. 高校整体预算绩效管理的实践研究——以 A 高校为例 [J]. 中国农业会计, 2023, 33 (22): 27-29.

[20] 丛树海, 周炜. 中国公共教育支出绩效评价研究 [J]. 财贸经济, 2007 (3): 37-42+128.

[21] 崔洁, 孙军娜. 基于 DEA 分析法的 X 市学前教育财政投入绩效评价研究 [J]. 陕西学前师范学院学报, 2022, 38 (10): 72-79.

[22] 范永茂, 胡炅. 义务教育财政支出的绩效评价: 来自中部六省的实证分析 [J]. 财政监督, 2022 (9): 56-64.

[23] 范永茂, 马恬静. 学前教育地方财政支出的绩效评估——北京市朝阳区第三期行动计划效果的考察 [J]. 财政监督, 2022 (6): 61-66.

［24］费睿．县本级政府财政投入对教育经费绩效影响研究——以广东省为例［D］．华南理工大学博士学位论文，2020.

［25］费煜程．我国学前教育财政投入绩效及地区差异分析［D］．浙江财经大学硕士学位论文，2019.

［26］付晓彤．基于 BSC 和 KPI 的高校绩效预算体系构建［J］．财会学习，2021（22）：55-59.

［27］龚冷西，陈恩伦，贾玲．基于美国高校绩效评价的高职绩效评价指标构建——以西部某省为例［J］．现代教育管理，2017（1）：68-73.

［28］郭芳芳，张男星．高等教育绩效评价的需求、内涵与机制［J］．高教发展与评估，2016，32（1）：22-32+119-120.

［29］郭芳芳．英国高等教育绩效评价的政策演变［J］．黑龙江高教研究，2023，41（8）：79-84.

［30］郭华桥．教育财政投入的绩效评价——以高等教育投入为例［J］．中南财经政法大学学报，2011（6）：101-106.

［31］何昊．基于 DEA 的民族财政教育经费投入绩效评价［J］．经济研究参考，2016（41）：35-39+54.

［32］贺冰宁．广东基础教育财政支出绩效评价研究［D］．广东财经大学硕士学位论文，2014.

［33］胡德仁，刘亮，解建立，等．河北省地区间小学教育支出绩效评价研究——基于地区间小学教育成本差异的视角［J］．预算管理与会计，2019（11）：12-17.

［34］胡德仁，刘亮，宋伟远，等．我国学前教育支出绩效评价研究——以河北省省直 10 所幼儿园为例［J］．预算管理与会计，2018（2）：22-26.

［35］胡雅妮．公共教育支出绩效评价指标体系研究——以北京市为例［J］．财会通讯，2015（1）：59-61.

［36］桓丽圆．我国普通中学教育经费投入效率评价及影响因素研究［D］．四川大学硕士学位论文，2023.

［37］黄艳．河南省地方高校预算绩效管理分析——以 X 高校为例［J］．信阳师范学院学报（哲学社会科学版），2023，43（6）：44-47.

［38］黄永林．1993-2018 年普通高校教育经费投入的深度分析［J］．教育财会研究，2020，31（6）：7-23.

［39］火熠，胡春晓．基于功效系数评分法的义务教育财政绩效评价——以江西省数据为例［J］．教育与教学研究，2016，30（10）：42-48.

［40］焦宝聪，赵意焕，董黎明．基于数据包络分析的教育信息化绩效评价模型［J］．电化教育研究，2007（4）：38-41+61.

［41］解洪涛，李洁，陈利伟．参与式治理、社会文化与学校的教育绩效——基于 PISA 数据的东亚国家学校治理差异研究［J］．清华大学教育研究，2015，36（2）：64-73+105.

［42］赖晓倩，陈蓉晖．城乡学前教育资源投入绩效测评及差异分析——基于 DEA 和 Malmquist 指数模型［J］．教育学术月刊，2021（1）：16-24+41.

［43］兰舟，何娟．基于 DEA 方法对我国普通小学义务教育财政支出的绩效评价［J］．中国市场，2014（39）：106-108.

［44］李露．基于 KPI 的幼儿园教师绩效考核体系研究——以贵阳市 A 幼儿园为例［D］．贵州师范大学硕士学位论文，2015.

［45］李泉漪．浙江省属普通高校教育经费支出结构对绩效的影响研究［D］．武汉工程大学硕士学位论文，2023.

［46］李叶，杨庐峰．学前教育服务绩效评估指标体系的构建［J］．辽宁教育行政学院学报，2021，38（3）：106-110.

［47］李有智．建立和加强农村义务教育支出的绩效评价［J］．湖南财经高等专科学校学报，2006（4）：37-39.

［48］廖逸儿．我国教育经费绩效提升法制化路径［J］．中国行政管理，2018（7）：31-34.

［49］刘敏，王萌．整体支出绩效评价指标体系设计方法初探［J］．财政监督，2015（10）：50-52.

［50］刘玮．中学预算绩效评价的价值取向解析［J］．行政事业资产与财务，2023（4）：13-15.

［51］刘晓敏．义务教育财政支出绩效评价研究——以安徽省为例［D］．安徽财经大学硕士学位论文，2018.

［52］刘永武．北京普通高校基本办学条件分析［J］．北京教育（高教），2015（12）：4-5.

［53］龙莉莉，刘国艳．关于优化部门整体支出绩效评价指标的思考——以某省 2014 年度整体支出绩效评价指标及数据为例［J］．经济研究参考，2017

（41）：13-17.

[54] 娄燊锴．学前教育发展中财政投入优化对策研究——以浙江省 X 县为例 [D]．浙江师范大学硕士学位论文，2023.

[55] 欧阳蕾．公立中学预算绩效评价应用实践探析——以 CZLZ 中学为例 [J]．纳税，2023，17（17）：70-72.

[56] 裴苏英．构建财政基础教育支出绩效评价体系的探索 [D]．东北财经大学硕士学位论文，2005.

[57] 邱信洁．高校部门目标绩效考核体系构建研究——以福州市 M 高校为例 [J]．中国管理信息化，2023，26（22）：139-142.

[58] 任晓辉．义务教育支出绩效评价指标体系设计 [J]．华中师范大学学报（人文社会科学版），2008（4）：16-21.

[59] 上海工程技术大学课题组，史健勇，汪泓，等．上海教育绩效评价制度研究 [J]．科学发展，2013（11）：44-60.

[60] 邵丽君．基于 DEA 模型的 D 县义务教育绩效评价研究 [D]．广西财经学院硕士学位论文，2022.

[61] 宋秉翔．甘肃省白银市基础教育财政支出绩效问题研究 [D]．兰州大学硕士学位论文，2023.

[62] 宋学玲．中学预算绩效评价存在的问题与对策探析 [J]．财经界，2022（23）：72-74.

[63] 孙光辉．中学绩效管理体系优化研究 [J]．现代经济信息，2019（7）：54-55.

[64] 田时中，李晓悦，童梦梦．共性指标下中国财政预算绩效评价实证研究——基于熵值法和矩估计 [J]．财经论丛，2023（1）：25-34.

[65] 王国祥．高等教育财政性经费绩效评价指标优化研究 [J]．财政监督，2023（1）：60-64.

[66] 王国祥．以绩效为导向的教育经费投入调节机制研究 [J]．财政监督，2022（24）：42-47.

[67] 王铭，杨楠．北京普通高校办学条件 [J]．北京教育（高教），2016（11）：4-5.

[68] 王萍．基层学校财政资金绩效管理探析——以江苏省苏州市第六中学为例 [J]．财政监督，2017（10）：86-88.

［69］王善迈．改革教育财政拨款体制提高教育资源配置效率［J］．教育与经济，1994（4）：16-19.

［70］王义浩．基于"产出/投入"的高校整体预算绩效评价研究——以 S 高校为例［D］．首都经济贸易大学硕士学位论文，2022.

［71］王占军，徐鑫．高等教育绩效评价指标的理论基础［J］．现代教育科学，2022（3）：34-39+51.

［72］吴迪雅.S 省高校财政性教育经费支出绩效评价研究——以省属本科院校为例［D］．南京师范大学硕士学位论文，2020.

［73］吴建南，李贵宁．教育财政支出绩效评价：模型及其通用指标体系构建［J］．西安交通大学学报（社会科学版），2004（2）：25-31.

［74］吴建涛，冯婉桢．优质均衡视角下义务教育高质量师资建设的困境与进路——基于中部地区的分析［J］．行政管理改革，2022（10）：38-48.

［75］武国亮．学前教育财政投入绩效评价分析研究——以甘肃省为例［J］．西部财会，2018（6）：9-11.

［76］武麟．基于平衡计分卡的 Y 私立小学绩效管理研究［J］．中国管理信息化，2019，22（16）：10-11.

［77］夏思思．公立中学部门整体支出绩效管理存在的问题及对策［J］．会计师，2022（24）：147-149.

［78］鄢芷桦．高等教育经费地区差异的演变及影响因素分析［D］．武汉工程大学硕士学位论文，2023.

［79］叶作龙．基于 BSC 的民办幼儿园绩效管理研究——以北海市 BA 幼儿园为例［D］．广西大学硕士学位论文，2018.

［80］殷雅竹，李艺．论教育绩效评价［J］．电化教育研究，2002（9）：20-24.

［81］袁连生，袁强．教育投资内部效率探讨［J］．教育与经济，1991（2）：20-24.

［82］袁振国，张男星，孙继红.2012 年高校绩效评价研究报告［J］．教育研究，2013，34（10）：55-64.

［83］原珂，廖逸儿．重点高校专项支出对"双一流"大学建设促进了多少？——基于 156 所重点高校的绩效检验［J］．中国软科学，2022（3）：1-10+35.

［84］张曾莲，武德昆，刘勇超．北京市财政教育经费绩效的评价与提升研究［J］．教育财会研究，2020，31（2）：8-26.

［85］张红艳．教育绩效概念界定及其测量的实现——以新疆中小学少数民族双语教育绩效为例［J］．西北民族大学学报（哲学社会科学版），2016（6）：163-170.

［86］张世明，贾海波．基于超效率DEA模型的我国基础教育绩效评价研究［J］．科技信息，2008（31）：176+185.

［87］张守业．基于战略导向的高校教育经费绩效评价应用研究——以M高校为例［D］．内蒙古财经大学硕士学位论文，2019.

［88］张雪．财政部门支出绩效评价实证分析——以海南省五所高中为例［J］．财会通讯，2011（36）：101-103.

［89］张友棠，李思呈，曾芝红．基于DEA的大学预算绩效拨款模式创新设计［J］．会计研究，2014（1）：64-70+95.

［90］赵新亮．高等教育均衡发展系列——首都高校办学资源的分类比较（2020年）［J］．北京教育（高教），2021（8）：4-5.

［91］郑方辉，刘国歌．预算绩效管理与财政绩效评价：以教育经费为例［J］．兰州大学学报（社会科学版），2019，47（5）：42-51.

［92］朱一茹．吴江区公共教育支出绩效评价研究——以新建幼儿园专项资金为例［D］．西北农林科技大学硕士学位论文，2016.

［93］左丹．少数民族地区小学教育财政支出绩效评价——以新疆B市为例［D］．厦门大学硕士学位论文，2022.

［94］左来源．普通高级中学全面预算绩效管理关键环节分析［J］．会计师，2022（2）：94-96.

附表1 北京市各年各区教育经费绩效初始矩阵数据

一级指标		财务维度—教育经费投入					客户维度				内部流程维度	学习与成长维度
城区	年份	A1	A2	A3	A4	A5	B5	B7	B8	B9	B11	B12
昌平区	2005	3.91	28.67	7779.02	15.22	2.02	2.19	5.02	0.93	1.08	2319	8.04
	2006	6.30	61.19	12778.93	19.05	2.79	2.19	4.93	0.94	0.97	2187	7.49
	2007	6.68	5.98	9764.53	18.04	2.45	2.36	6.84	1.36	1.20	2175	11.10
	2008	8.38	25.56	12074.29	18.17	2.65	2.36	6.94	1.34	1.13	1914	10.60
	2009	9.23	10.15	11989.69	13.73	2.70	1.28	7.70	1.27	1.18	1630	11.55
	2010	9.60	3.99	12121.82	13.05	2.40	1.52	7.92	1.42	1.15	1575	11.52
	2011	12.54	30.64	16007.07	15.08	2.76	1.68	7.84	1.45	1.21	1423	10.23
	2012	14.70	17.18	15160.89	15.42	2.90	1.95	9.70	1.94	1.20	1734	12.03
	2013	17.20	17.01	17210.15	13.96	2.76	1.47	9.99	2.01	1.43	1815	12.11
	2014	21.00	22.09	20625.64	15.17	3.03	1.37	10.18	1.55	1.54	1829	11.31
	2015	33.60	60.00	32875.43	18.09	4.45	1.46	10.22	1.50	1.59	1883	10.92
	2016	31.70	-5.65	30529.79	19.78	3.89	1.51	10.38	1.54	1.52	2164	9.80
	2017	35.20	11.04	33420.68	19.06	3.88	1.54	10.53	1.70	1.48	2165	9.39
	2018	38.44	9.20	35512.61	20.02	3.85	1.73	10.82	1.89	1.43	2231	9.24
	2019	47.35	23.17	40633.54	21.20	4.37	1.57	11.65	2.03	1.48	2122	9.22
	2020	58.13	22.78	45353.06	21.92	5.07	2.42	12.82	2.20	1.45	2219	9.90
朝阳区	2005	9.75	21.88	7253.47	16.35	0.75	2.26	13.44	2.37	2.75	3087	10.19
	2006	17.37	78.20	13710.58	21.62	1.11	2.13	12.67	2.25	2.53	2893	9.32
	2007	23.64	36.08	13528.83	21.87	1.24	0.88	17.47	3.26	2.91	2674	13.37
	2008	27.56	16.58	15973.67	21.86	1.29	0.88	17.25	3.17	2.92	2554	12.70

186

续表

一级指标		财务维度—教育经费投入					客户维度				内部流程维度	学习与成长维度
城区	年份	A1	A2	A3	A4	A5	B5	B7	B8	B9	B11	B12
朝阳区	2009	31.49	14.27	18140.87	22.45	1.32	0.88	17.36	3.08	2.87	2295	11.86
	2010	37.90	20.34	20773.74	22.56	1.35	0.88	18.24	3.34	2.67	2061	11.75
	2011	47.05	24.16	23911.65	21.88	1.44	0.88	19.68	3.82	2.60	2351	11.10
	2012	59.80	27.09	28534.62	21.74	1.65	0.88	20.96	4.21	2.72	2518	11.12
	2013	66.70	11.54	28529.88	21.06	1.53	0.73	23.38	4.71	2.92	2537	11.50
	2014	76.70	14.99	31357.45	20.14	1.63	0.82	24.46	4.40	2.95	2740	11.05
	2015	84.60	10.30	33710.55	19.07	1.67	0.94	25.10	3.80	2.95	2675	10.86
	2016	88.60	4.73	34494.04	19.56	1.61	0.82	25.69	3.95	2.94	2784	10.49
	2017	96.80	9.26	36656.39	18.86	1.59	0.81	26.41	4.33	3.08	2977	10.43
	2018	96.65	-0.15	35266.59	17.16	1.45	0.72	27.41	4.59	2.93	3088	10.41
	2019	110.05	13.86	38544.31	16.72	1.56	0.72	28.55	4.91	3.30	3380	10.64
	2020	98.41	-10.58	32273.37	19.55	1.38	0.97	30.49	5.52	3.52	2733	11.07
大兴区	2005	4.38	11.13	6291.09	16.44	2.85	1.26	6.96	1.45	1.99	1855	10.15
	2006	6.87	56.74	10645.80	22.35	3.96	1.13	6.45	1.38	1.79	1866	9.29
	2007	7.53	9.62	9588.63	19.76	3.72	1.37	7.85	1.70	1.68	1838	11.40
	2008	8.12	7.85	10617.23	19.60	3.52	1.37	7.65	1.66	1.71	1819	11.09
	2009	11.02	35.81	20294.35	14.29	4.07	1.37	5.43	1.59	1.60	1750	7.69
	2010	13.45	21.96	25126.71	18.61	4.31	1.37	5.35	1.14	1.52	1364	10.55
	2011	16.29	21.18	22469.42	17.91	4.64	1.37	7.25	1.65	1.44	1585	10.09
	2012	20.00	22.75	26549.14	19.73	5.11	1.37	7.53	1.70	1.41	1565	10.34
	2013	23.70	18.50	21934.49	17.52	4.58	1.37	10.80	2.10	1.60	1725	11.68
	2014	25.40	7.17	23440.38	15.91	4.50	1.40	10.84	1.93	1.69	1724	11.44
	2015	32.20	26.77	28522.84	11.03	5.24	1.44	11.29	1.87	1.58	1658	11.40
	2016	32.70	1.55	28158.58	13.66	4.82	1.61	11.61	1.88	1.66	1613	10.99
	2017	39.70	21.41	33679.17	17.33	5.23	1.66	11.79	2.00	1.65	1667	10.70
	2018	42.38	6.74	34967.49	16.30	5.01	1.78	12.12	2.15	1.53	1704	10.79
	2019	47.06	11.06	37092.92	18.36	5.19	1.88	12.69	2.24	1.55	1790	11.02
	2020	53.95	14.64	39122.37	18.14	5.78	2.59	13.79	2.49	1.63	1623	11.41
房山区	2005	4.79	11.89	4300.57	8.80	0.75	7.98	11.15	2.51	3.00	3856	11.75
	2006	6.87	43.36	6612.35	11.41	0.91	7.79	10.40	2.26	2.65	3776	11.57

187

续表

一级指标		财务维度—教育经费投入					客户维度				内部流程维度	学习与成长维度
城区	年份	A1	A2	A3	A4	A5	B5	B7	B8	B9	B11	B12
房山区	2007	9.08	32.16	8135.89	12.58	1.03	3.59	11.17	2.39	2.73	3484	12.38
	2008	9.64	6.16	9088.62	10.73	0.96	3.59	10.61	2.34	2.70	3453	11.97
	2009	11.77	22.05	11281.13	10.76	1.05	3.59	10.43	2.23	2.39	3192	11.54
	2010	15.53	31.92	15054.19	13.43	0.88	3.17	10.32	2.20	2.28	2883	11.42
	2011	15.22	-2.00	14804.75	11.20	0.79	3.50	10.28	2.28	2.21	2651	11.43
	2012	20.80	36.68	20412.17	13.45	0.99	3.40	10.19	2.26	2.15	2613	11.24
	2013	19.50	-6.25	18737.39	11.54	0.86	3.24	10.41	2.39	2.07	2679	11.23
	2014	22.30	14.36	21302.20	11.41	0.89	3.48	10.47	2.24	2.04	2733	10.85
	2015	33.80	51.57	32011.82	14.25	1.24	3.56	10.56	2.19	2.00	2639	10.67
	2016	34.80	2.96	32704.92	14.65	1.20	3.57	10.64	2.13	1.94	2699	10.29
	2017	38.90	11.78	35903.83	15.95	1.32	3.67	10.83	2.28	1.95	1399	8.87
	2018	45.63	17.29	40770.61	18.14	5.95	3.49	11.19	2.37	1.83	1321	9.05
	2019	56.68	24.22	48513.75	21.86	6.99	3.04	11.68	2.55	2.00	1336	9.27
	2020	54.19	-4.39	43618.36	20.17	7.13	2.45	12.42	2.77	2.08	1175	9.50
丰台区	2005	6.00	17.02	6514.38	19.19	3.16	3.10	9.22	1.80	2.56	3206	11.53
	2006	8.57	42.81	10251.61	22.15	4.28	2.61	8.36	1.67	2.27	3179	11.00
	2007	10.48	22.30	11747.28	24.25	5.22	2.64	8.93	1.75	2.02	3021	11.99
	2008	12.11	15.52	14133.35	23.64	5.79	2.63	8.57	1.71	1.91	2838	11.47
	2009	14.14	16.77	17103.14	18.10	4.82	2.30	8.27	1.59	1.78	2600	10.77
	2010	16.79	18.72	20676.78	20.93	4.52	1.77	8.12	1.91	1.64	1854	10.35
	2011	18.18	8.30	22064.38	15.55	4.37	1.94	8.24	1.67	1.54	2262	10.86
	2012	26.50	45.73	30305.46	23.22	5.90	1.67	8.74	1.78	1.58	1996	11.21
	2013	29.00	9.43	28537.41	20.03	5.94	1.61	10.16	1.82	1.55	1955	11.53
	2014	32.90	13.45	31977.76	21.35	6.25	1.91	10.29	1.83	1.52	1926	11.86
	2015	41.50	26.14	39789.83	22.61	7.30	1.72	10.43	1.65	1.46	1817	11.82
	2016	33.50	-19.28	33239.07	14.94	5.45	1.81	10.08	1.61	1.40	1776	11.56
	2017	37.70	12.54	35638.32	17.32	5.53	1.68	10.58	1.79	1.47	1654	11.50
	2018	46.61	23.63	42772.06	18.01	6.13	1.53	10.90	1.95	1.40	1386	11.47
	2019	42.78	-8.22	37708.14	17.15	5.58	1.29	11.34	2.01	1.47	1359	11.73
	2020	42.50	-0.66	35673.08	16.73	5.24	2.78	11.91	2.19	1.61	1296	12.11

续表

一级指标		财务维度—教育经费投入					客户维度				内部流程维度	学习与成长维度
城区	年份	A1	A2	A3	A4	A5	B5	B7	B8	B9	B11	B12
海淀区	2005	12.05	23.52	14459.68	37.19	3.17	1.14	8.33	1.39	1.76	2782	9.36
	2006	17.58	45.94	22936.84	41.95	4.01	0.87	7.67	1.27	1.62	2728	8.36
	2007	21.99	25.04	18067.15	42.78	4.38	0.95	12.17	2.32	2.00	2583	14.24
	2008	27.15	23.47	22235.53	44.62	4.80	1.10	12.21	2.27	1.96	2306	13.97
	2009	32.24	18.77	26082.10	39.20	5.14	0.83	12.36	2.19	1.90	2213	13.77
	2010	39.01	20.98	30802.90	46.13	5.31	0.91	12.66	2.16	1.80	2037	13.53
	2011	44.58	14.28	33529.38	41.58	5.29	0.93	13.30	2.10	1.83	2221	12.63
	2012	54.30	21.80	40292.96	38.14	5.88	0.73	13.48	2.19	1.92	2241	12.59
	2013	64.20	18.23	46055.51	42.62	5.90	0.70	13.94	2.52	1.96	2333	12.68
	2014	68.70	7.01	48595.20	44.93	5.82	0.78	14.14	2.32	1.80	2075	12.39
	2015	93.90	36.68	67639.60	45.16	7.31	0.90	13.88	1.96	1.75	1937	11.68
	2016	96.20	2.45	70808.71	49.56	6.88	0.94	13.59	1.80	1.68	1809	11.03
	2017	104.90	9.04	79375.89	46.13	6.73	0.95	13.22	1.87	1.61	1769	10.29
	2018	115.86	10.45	89346.21	46.76	6.77	0.95	12.97	2.01	1.53	1728	10.11
	2019	125.88	8.65	96334.95	49.82	6.88	0.92	13.07	2.14	1.61	1325	9.79
	2020	130.73	3.85	94189.65	46.75	7.05	1.44	13.88	2.44	1.72	1212	10.19
怀柔区	2005	2.65	2.39	1234.46	3.27	0.19	2.70	21.50	4.35	4.54	3305	14.29
	2006	3.83	44.46	1756.08	3.74	0.24	2.77	21.83	4.29	4.30	3510	13.79
	2007	4.61	20.35	1793.16	3.54	0.24	2.49	25.73	5.39	4.82	3440	16.49
	2008	6.10	32.19	2355.43	3.89	0.27	2.67	25.90	5.43	5.01	3391	15.86
	2009	6.21	1.78	2374.82	3.37	0.25	2.57	26.14	5.25	4.94	3334	15.15
	2010	7.18	15.66	2686.02	3.32	0.26	2.15	26.73	5.44	4.89	3395	14.85
	2011	8.54	18.98	3040.75	3.50	0.27	2.70	28.09	5.95	4.92	3322	14.92
	2012	9.90	15.89	3413.38	3.24	0.28	3.00	29.00	6.17	5.12	3465	14.81
	2013	10.80	9.09	3581.22	2.78	0.24	2.77	30.16	6.45	5.16	3672	14.85
	2014	12.70	17.59	4110.96	3.23	0.26	2.70	30.89	6.31	5.18	3643	14.86
	2015	17.70	39.37	5639.22	3.56	0.33	2.80	31.39	6.04	5.11	3652	14.26
	2016	17.10	-3.39	5355.62	2.96	0.29	3.00	31.93	5.96	5.09	3573	14.18
	2017	18.90	10.53	5762.83	3.05	0.29	3.30	32.80	6.43	5.43	3832	13.94
	2018	22.35	18.23	6633.24	3.39	0.30	3.20	33.69	6.60	5.22	3925	14.10

续表

一级指标		财务维度—教育经费投入					客户维度			内部流程维度	学习与成长维度
城区	年份	A1	A2	A3	A4	A5	B5	B7	B8	B9	B11	B12
怀柔区	2019	24.02	7.48	6925.89	3.45	0.30	3.50	34.68	6.97	5.67	4063	14.27
	2020	24.46	1.82	6753.92	3.99	0.29	2.66	36.21	7.44	6.01	4157	14.38
门头沟区	2005	2.22	26.29	5889.02	9.93	2.67	5.15	3.77	0.71	0.91	1670	10.05
	2006	3.12	40.76	8967.36	11.25	3.28	6.36	3.48	0.71	0.80	1643	9.36
	2007	3.75	19.91	9965.68	11.18	3.26	5.03	3.76	0.78	0.83	1589	10.05
	2008	4.67	24.63	12854.19	11.42	3.84	4.87	3.63	0.74	0.80	1476	9.69
	2009	4.76	2.06	13378.83	9.71	3.63	4.33	3.56	0.71	0.77	1387	9.41
	2010	5.78	21.37	16609.41	9.17	3.91	4.65	3.48	0.69	0.74	1411	9.31
	2011	7.27	25.65	19454.83	10.33	4.30	4.11	3.73	0.69	0.69	1471	9.35
	2012	7.80	7.36	20945.78	10.32	4.29	4.05	3.72	0.71	0.67	1420	9.61
	2013	10.20	30.77	27334.12	10.57	4.35	4.30	3.73	0.68	0.60	1365	9.88
	2014	9.20	-9.80	25356.93	9.40	3.59	4.30	3.63	0.68	0.60	1326	10.16
	2015	13.20	43.48	35853.00	12.34	4.69	3.80	3.68	0.62	0.55	1263	10.15
	2016	14.50	9.85	39312.44	13.50	4.76	4.30	3.69	0.60	0.51	1069	9.40
	2017	16.60	14.48	44487.32	12.29	4.94	4.10	3.73	0.62	0.55	952	8.93
	2018	15.54	-6.37	41913.33	10.13	4.14	3.80	3.71	0.66	0.52	921	8.79
	2019	19.90	28.03	52837.76	13.51	5.02	3.20	3.77	0.65	0.52	901	8.69
	2020	18.81	-5.49	48270.02	12.57	4.70	3.20	3.90	0.71	0.58	893	9.00
平谷区	2005	2.84	5.45	8130.24	14.51	6.17	3.50	3.49	0.44	0.57	1191	7.99
	2006	3.90	37.15	11780.22	17.54	7.58	3.71	3.31	0.44	0.50	1082	7.45
	2007	4.75	22.06	12036.25	18.96	7.96	2.90	3.95	0.55	0.49	997	9.44
	2008	5.21	9.67	13132.11	19.31	7.12	2.90	3.97	0.51	0.52	931	9.23
	2009	6.73	29.02	10607.50	18.06	8.99	2.90	6.34	0.47	0.51	847	18.92
	2010	10.28	52.84	15633.47	22.48	11.90	2.90	6.58	0.89	0.47	1524	10.66
	2011	8.75	-14.87	19942.81	15.93	8.44	2.90	4.39	0.44	0.44	745	8.84
	2012	13.10	49.66	29515.81	21.80	11.20	2.90	4.44	0.45	0.45	695	8.79
	2013	10.00	-23.66	41970.96	13.14	6.97	2.90	2.38	0.44	0.42	684	9.32
	2014	14.00	40.00	58992.08	20.32	9.09	2.90	2.37	0.46	0.39	677	10.36
	2015	21.40	52.86	87137.10	22.93	12.51	2.83	2.46	0.45	0.38	627	10.41
	2016	20.00	-6.54	80083.29	22.85	10.62	2.83	2.50	0.42	0.35	592	10.29

续表

一级指标		财务维度—教育经费投入				客户维度				内部流程维度	学习与成长维度
城区	年份	A1	A2	A3	A4	A5	B5	B7	B8	B9	B11	B12
平谷区	2017	20.50	2.50	79466.60	21.53	9.84	2.97	2.58	0.46	0.39	565	10.24
	2018	22.02	7.42	81987.71	20.71	9.48	2.89	2.69	0.50	0.37	522	10.42
	2019	23.48	6.61	82183.71	21.17	9.42	3.11	2.86	0.50	0.37	534	10.57
	2020	22.31	-4.99	72425.16	20.87	8.89	3.39	3.08	0.54	0.41	513	10.66
石景山区	2005	1.89	8.19	3429.57	9.19	3.32	3.31	5.52	1.00	1.40	2537	13.81
	2006	3.02	59.24	5862.24	12.17	4.53	4.01	5.14	1.00	1.35	2411	12.65
	2007	3.46	14.83	6418.69	12.70	4.52	2.46	5.39	1.06	1.24	2346	13.31
	2008	4.05	16.93	7728.89	12.97	4.64	2.46	5.24	1.01	1.17	1927	11.91
	2009	5.28	30.53	10572.58	10.62	4.94	2.46	5.00	0.93	1.15	1570	11.08
	2010	6.36	20.35	13066.11	12.15	5.39	2.46	4.87	0.94	1.09	1474	10.78
	2011	7.12	11.98	14819.38	12.25	5.21	2.46	4.81	0.94	1.00	1441	11.06
	2012	9.10	27.78	19220.61	12.84	5.94	2.46	4.73	0.91	0.96	1359	10.90
	2013	9.30	2.20	19838.31	11.29	5.25	2.46	4.69	0.89	0.89	1346	11.11
	2014	11.20	20.43	23866.86	13.45	5.76	2.46	4.69	0.86	0.85	1294	11.35
	2015	17.70	58.04	37240.42	16.50	8.26	2.46	4.75	0.82	0.80	1204	11.20
	2016	16.60	-6.21	34769.50	13.69	7.12	2.41	4.77	0.80	0.76	1145	11.00
	2017	16.30	-1.81	33046.12	12.43	6.46	2.36	4.93	0.87	0.80	1150	10.34
	2018	17.39	6.66	34879.62	13.14	6.29	2.12	4.98	0.91	0.76	1094	10.51
	2019	19.04	9.54	37441.65	14.99	6.70	1.87	5.09	0.94	0.78	1026	10.70
	2020	20.56	7.98	39079.61	17.20	7.00	2.46	5.26	1.00	0.85	945	10.57
顺义区	2005	4.07	14.56	6581.77	24.07	1.97	0.89	6.18	1.15	1.74	1690	12.15
	2006	6.22	53.03	11448.55	33.81	2.79	1.28	5.43	1.06	1.72	1789	10.49
	2007	7.80	25.45	15899.27	34.57	3.14	1.31	4.91	0.94	1.43	1942	10.16
	2008	8.91	14.14	20068.72	34.73	3.47	1.31	4.44	0.86	1.26	2001	9.62
	2009	10.15	13.93	25123.78	30.35	3.90	1.25	4.04	0.80	1.18	2140	9.06
	2010	14.49	42.81	36841.81	33.82	4.90	1.50	3.93	0.77	0.98	2366	9.08
	2011	16.04	10.67	42144.04	34.97	5.00	0.93	3.81	0.73	0.89	2345	8.56
	2012	18.90	17.83	50743.70	36.47	5.59	0.92	3.72	0.73	0.85	2340	8.35
	2013	19.90	5.29	54126.09	32.49	4.55	1.10	3.68	0.70	0.77	2547	8.66
	2014	10.60	-46.73	28582.99	15.40	2.20	1.40	3.71	0.70	0.69	2261	9.07

191

一级指标		财务维度—教育经费投入					客户维度				内部流程维度	学习与成长维度
城区	年份	A1	A2	A3	A4	A5	B5	B7	B8	B9	B11	B12
顺义区	2015	29.80	181.13	79807.18	32.63	5.60	1.50	3.73	0.64	0.64	2138	8.91
	2016	32.50	9.06	84613.38	33.17	5.48	1.50	3.84	0.64	0.62	2037	9.17
	2017	39.60	21.85	98073.21	40.14	5.93	1.50	4.04	0.69	0.63	1808	8.98
	2018	42.89	8.30	103943.53	34.43	5.73	1.50	4.13	0.73	0.61	1529	8.71
	2019	47.69	11.20	111382.69	40.75	5.90	1.40	4.28	0.75	0.60	1395	8.89
	2020	52.30	9.66	112817.88	45.90	6.11	1.80	4.64	0.84	0.65	1352	9.20
通州区	2005	3.60	13.19	10510.59	11.54	1.39	2.22	3.42	0.64	0.74	1184	9.18
	2006	5.69	58.08	17534.93	13.67	1.87	2.99	3.24	0.60	0.68	1182	8.97
	2007	6.62	16.40	16085.71	12.48	1.73	2.61	4.11	0.78	0.79	1115	12.08
	2008	6.95	5.07	15950.95	10.87	1.28	2.25	4.36	0.85	0.82	1051	11.84
	2009	7.87	13.20	17627.27	9.62	1.14	1.92	4.46	0.85	0.84	990	11.42
	2010	11.11	41.18	24612.49	11.67	1.28	1.89	4.51	0.86	0.77	931	11.35
	2011	11.96	7.66	25661.73	9.61	1.18	1.97	4.66	0.90	0.77	835	11.23
	2012	14.70	22.87	30322.41	11.28	1.33	1.88	4.85	0.95	0.79	808	11.34
	2013	14.10	-4.08	27412.71	9.61	1.12	1.86	5.14	0.97	0.75	816	11.66
	2014	17.40	23.40	33705.25	10.37	1.28	1.99	5.16	0.91	0.80	814	11.42
	2015	28.00	60.92	54170.13	12.44	1.90	1.99	5.17	0.78	0.76	792	10.89
	2016	31.50	12.50	62079.97	13.17	1.97	2.29	5.07	0.75	0.74	768	10.38
	2017	36.30	15.24	73107.37	14.93	2.12	2.50	4.97	0.77	0.75	772	10.07
	2018	38.36	5.67	79288.28	12.18	2.05	2.74	4.84	0.80	0.67	773	9.96
	2019	47.58	24.05	96343.30	15.56	2.54	2.81	4.94	0.86	0.71	795	10.07
	2020	48.08	1.06	93348.99	15.25	2.41	3.30	5.15	0.94	0.74	755	10.36
东城区	2005	7.24	13.41	9578.77	28.69	5.05	0.89	7.55	1.43	2.48	1821	10.83
	2006	11.85	63.79	17490.55	34.22	7.14	1.28	6.78	1.40	2.08	2009	9.96
	2007	13.83	16.71	16623.92	35.35	7.10	0.94	8.32	1.67	1.83	2039	12.24
	2008	19.29	39.45	24231.51	41.70	8.54	0.94	7.96	1.51	1.80	2100	11.89
	2009	23.53	22.01	34491.79	33.42	8.44	0.94	6.82	1.44	1.70	1917	9.62
	2010	24.95	6.03	35628.60	33.62	7.24	0.94	7.00	1.64	1.65	1603	8.78
	2011	28.82	15.50	35706.09	35.45	7.20	0.95	8.07	1.65	1.44	1704	11.49
	2012	32.50	12.76	38302.89	32.72	7.21	0.83	8.49	1.66	1.45	1586	11.66

续表

一级指标		财务维度—教育经费投入					客户维度				内部流程维度	学习与成长维度
城区	年份	A1	A2	A3	A4	A5	B5	B7	B8	B9	B11	B12
东城区	2013	35.90	10.46	42970.34	28.61	6.09	0.78	8.35	1.72	1.48	1588	11.98
	2014	36.30	1.11	41207.39	27.53	5.61	0.86	8.81	1.69	1.44	1660	11.89
	2015	43.80	20.66	47436.48	22.09	6.35	0.87	9.23	1.64	1.41	1804	11.25
	2016	49.80	13.70	51949.14	14.71	6.54	0.85	9.59	1.69	1.45	2017	11.16
	2017	63.60	27.71	62855.79	19.83	7.46	0.87	10.12	1.83	1.52	2102	10.78
	2018	65.48	2.96	62989.29	16.15	6.64	0.86	10.40	1.87	1.42	2082	10.89
	2019	70.55	7.74	66090.96	19.61	6.66	0.84	10.68	1.93	1.48	2124	10.90
	2020	70.59	0.05	62462.92	23.00	6.40	2.16	11.30	2.04	1.51	1999	11.18
密云区	2005	3.12	15.18	4034.23	4.58	0.29	2.97	7.74	1.58	2.20	1970	10.93
	2006	4.63	48.23	6598.12	5.50	0.39	3.90	7.02	1.50	2.01	2011	9.65
	2007	5.35	15.61	5982.92	4.31	0.36	2.45	8.95	1.92	1.94	1938	12.90
	2008	6.08	13.50	6845.06	4.39	0.36	2.37	8.88	1.92	1.91	1847	12.57
	2009	7.12	17.21	8173.98	4.16	0.39	2.13	8.71	1.82	1.80	1745	12.10
	2010	8.45	18.71	9305.90	3.66	0.28	2.39	9.08	1.60	1.64	2023	14.30
	2011	8.82	4.37	9342.60	3.82	0.27	2.40	9.44	2.02	1.53	1655	12.51
	2012	10.00	13.35	10188.49	3.86	0.28	2.01	9.82	2.18	1.52	1904	12.82
	2013	11.80	18.00	10869.97	4.12	0.30	1.74	10.86	2.25	1.52	1878	12.77
	2014	13.00	10.17	11471.84	4.08	0.30	1.95	11.33	1.86	1.50	1679	12.60
	2015	18.90	45.38	16229.03	3.98	0.40	2.02	11.65	1.92	1.52	1643	12.24
	2016	19.00	0.53	15968.13	4.46	0.38	2.41	11.90	1.99	1.50	1633	12.10
	2017	20.90	10.00	18002.34	4.85	0.41	2.58	11.61	2.13	1.56	1538	11.84
	2018	23.56	12.72	19667.56	5.48	7.42	2.55	11.98	2.30	1.57	1510	12.05
	2019	24.27	3.02	19151.23	5.67	7.12	2.43	12.67	2.42	1.67	1167	11.82
	2020	25.02	3.10	16049.48	5.99	7.39	3.58	15.59	2.65	1.68	1450	12.62
西城区	2005	7.92	7.67	6435.49	33.11	10.07	1.58	12.31	2.73	3.50	4228	10.77
	2006	13.30	67.84	11687.80	48.02	15.18	1.57	11.38	2.52	3.09	4092	10.15
	2007	17.43	31.05	13937.41	56.71	17.68	0.86	12.51	2.67	3.15	3837	11.13
	2008	17.81	2.17	14866.65	49.87	15.80	0.92	11.98	2.66	3.06	3808	10.94
	2009	25.05	40.64	21203.71	44.02	20.96	1.08	11.81	2.61	2.85	3618	10.79
	2010	41.54	65.83	34990.73	67.29	29.35	1.08	11.87	2.58	2.64	3259	10.92

续表

一级指标		财务维度—教育经费投入				客户维度				内部流程维度	学习与成长维度
城区	年份	A1	A2	A3	A4	A5	B5	B7	B8	B9	B11	B12
西城区	2011	38.68	-6.88	31663.21	55.01	23.88	1.01	12.22	2.86	2.57	3026	11.38
	2012	45.30	17.12	36264.37	58.91	25.36	0.94	12.49	2.90	2.63	2944	11.14
	2013	49.30	8.83	38126.32	55.01	24.61	0.73	12.93	3.03	2.49	2626	11.14
	2014	50.00	1.42	38045.96	52.31	23.19	0.76	13.14	2.82	2.51	2390	10.94
	2015	44.00	-12.00	33110.59	39.92	18.73	0.86	13.29	2.80	2.41	2106	10.51
	2016	55.60	26.36	41064.43	48.98	21.80	0.84	13.54	2.84	2.40	2132	10.50
	2017	59.00	6.12	41577.40	39.09	20.50	0.88	14.19	3.18	2.44	2261	10.82
	2018	58.33	-1.13	38398.06	32.28	18.37	0.87	15.19	3.41	2.36	2057	11.26
	2019	68.67	17.73	42276.68	41.96	20.28	0.86	16.24	3.73	2.61	2018	11.69
	2020	73.38	6.86	41420.57	42.84	21.52	0.94	17.72	4.20	2.76	2001	12.07
延庆区	2005	2.45	14.81	6089.72	14.44	6.09	1.79	4.02	0.79	1.09	1570	11.21
	2006	3.43	40.24	9162.75	15.93	7.65	1.98	3.75	0.73	0.96	1611	11.04
	2007	3.87	12.57	10425.82	15.73	7.72	3.23	3.71	0.71	0.89	1601	11.20
	2008	5.10	31.95	14757.72	17.29	9.19	3.23	3.46	0.65	0.86	1645	10.48
	2009	5.91	15.94	18082.48	13.67	9.62	3.23	3.27	0.60	0.79	1537	9.68
	2010	7.39	24.96	23286.81	16.93	10.92	3.23	3.17	0.58	0.71	1343	9.15
	2011	7.50	1.42	24095.73	14.70	9.89	3.23	3.11	0.59	0.68	1303	9.03
	2012	9.00	20.07	29578.02	15.07	10.74	3.41	3.04	0.60	0.68	1090	8.46
	2013	10.50	16.67	35279.89	13.28	9.89	3.79	2.98	0.57	0.63	1088	8.58
	2014	10.60	0.95	36213.32	14.30	9.17	3.94	2.93	0.56	0.57	1084	8.94
	2015	13.90	31.13	47851.83	16.58	10.91	4.24	2.90	0.50	0.54	996	8.66
	2016	15.70	12.95	54841.41	16.98	11.25	4.00	2.86	0.47	0.51	921	8.32
	2017	23.80	51.59	82811.41	19.57	15.01	4.00	2.87	0.50	0.50	842	8.18
	2018	20.36	-14.43	71939.38	14.53	11.36	3.60	2.83	0.51	0.46	812	8.11
	2019	20.62	1.26	71233.59	16.07	10.60	3.20	2.89	0.54	0.46	847	8.33
	2020	20.75	0.61	69049.09	14.91	10.62	3.78	3.00	0.59	0.48	965	9.16

资料来源:《北京区域统计年鉴》(2005~2020年),北京市统计局,第七次全国人口普查数据及笔者分析整理(下同)。

194

附表2 北京市各年各区教育经费绩效标准化处理后的数据

一级指标		财务维度—教育经费投入					客户维度				内部流程维度	学习与成长维度
城区	年份	A1	A2	A3	A4	A5	B5	B7	B8	B9	B11	B12
昌平区	2005	0.0157	0.3309	0.8706	0.1928	0.0628	0.7953	0.0783	0.0726	0.1290	0.4861	0.9486
	2006	0.0342	0.4736	0.0980	0.2522	0.0892	0.7953	0.0757	0.0741	0.1095	0.4506	0.9965
	2007	0.0372	0.2313	0.9765	0.2366	0.0775	0.7720	0.1321	0.1339	0.1502	0.4474	0.6818
	2008	0.0504	0.3173	0.0902	0.2386	0.0844	0.7720	0.1350	0.1311	0.1378	0.3771	0.7254
	2009	0.0570	0.2496	0.0745	0.1697	0.0861	0.9203	0.1575	0.1211	0.1466	0.3007	0.6425
	2010	0.0598	0.2226	0.0941	0.1592	0.0758	0.8874	0.1640	0.1425	0.1413	0.2859	0.6452
	2011	0.0827	0.3396	0.1804	0.1907	0.0881	0.8654	0.1616	0.1467	0.1519	0.2450	0.7576
	2012	0.0994	0.2805	0.1569	0.1959	0.0929	0.8283	0.2166	0.2165	0.1502	0.3287	0.6007
	2013	0.1188	0.2797	0.2078	0.1733	0.0881	0.8942	0.2252	0.2265	0.1908	0.3505	0.5937
	2014	0.1483	0.3020	0.2902	0.1921	0.0974	0.9080	0.2308	0.1610	0.2102	0.3542	0.6635
	2015	0.2461	0.4684	0.4784	0.2373	0.1461	0.8956	0.2320	0.1538	0.2191	0.3688	0.6975
	2016	0.2314	0.1803	0.4471	0.2635	0.1269	0.8887	0.2367	0.1595	0.2067	0.4444	0.7951
	2017	0.2585	0.2535	0.4941	0.2524	0.1265	0.8846	0.2411	0.1823	0.1996	0.4447	0.8309
	2018	0.2837	0.2455	0.5451	0.2672	0.1255	0.8585	0.2497	0.2094	0.1908	0.4624	0.8439
	2019	0.3528	0.3068	0.6549	0.2855	0.1433	0.8805	0.2742	0.2293	0.1996	0.4331	0.8457
	2020	0.4365	0.3051	0.7098	0.2967	0.1674	0.7637	0.3088	0.2536	0.1943	0.4592	0.7864
朝阳区	2005	0.0610	0.3011	0.8627	0.2104	0.0192	0.7857	0.3271	0.2778	0.4240	0.6929	0.7611
	2006	0.1201	0.5483	0.1216	0.2920	0.0316	0.8036	0.3044	0.2607	0.3852	0.6406	0.8370
	2007	0.1688	0.3634	0.1176	0.2959	0.0360	0.9753	0.4462	0.4046	0.4523	0.5817	0.4839
	2008	0.1992	0.2778	0.1765	0.2958	0.0377	0.9753	0.4397	0.3917	0.4541	0.5494	0.5423

一级指标	财务维度—教育经费投入					客户维度				内部流程维度	学习与成长维度
城区	年份	A1	A2	A3	A4	A5	B5	B7	B8	B9	B11	B12
朝阳区	2009	0.2297	0.2677	0.2353	0.3049	0.0388	0.9753	0.4430	0.3789	0.4452	0.4797	0.6155
	2010	0.2795	0.2943	0.2980	0.3066	0.0398	0.9753	0.4690	0.4160	0.4099	0.4167	0.6251
	2011	0.3505	0.3111	0.3451	0.2961	0.0429	0.9753	0.5115	0.4843	0.3975	0.4948	0.6818
	2012	0.4495	0.3240	0.4039	0.2939	0.0501	0.9753	0.5493	0.5399	0.4187	0.5397	0.6800
	2013	0.5030	0.2557	0.4000	0.2834	0.0460	0.9959	0.6209	0.6111	0.4541	0.5448	0.6469
	2014	0.5806	0.2709	0.4549	0.2691	0.0494	0.9835	0.6528	0.5670	0.4594	0.5995	0.6861
	2015	0.6420	0.2503	0.5098	0.2525	0.0508	0.9670	0.6717	0.4815	0.4594	0.5820	0.7027
	2016	0.6730	0.2258	0.5176	0.2601	0.0487	0.9835	0.6891	0.5028	0.4576	0.6113	0.7350
	2017	0.7367	0.2457	0.5804	0.2493	0.0480	0.9849	0.7104	0.5570	0.4823	0.6633	0.7402
	2018	0.7355	0.2044	0.5373	0.2229	0.0432	0.9973	0.7400	0.5940	0.4558	0.6931	0.7419
	2019	0.8395	0.2659	0.6196	0.2161	0.0470	0.9973	0.7736	0.6396	0.5212	0.7717	0.7219
	2020	0.7491	0.1587	0.4706	0.2600	0.0408	0.9629	0.8310	0.7265	0.5601	0.5976	0.6844
大兴区	2005	0.0193	0.2539	0.7922	0.2118	0.0912	0.9231	0.1356	0.1467	0.2898	0.3612	0.7646
	2006	0.0387	0.4541	0.0392	0.3034	0.1293	0.9409	0.1206	0.1368	0.2544	0.3642	0.8396
	2007	0.0438	0.2473	0.9725	0.2632	0.1211	0.9080	0.1619	0.1823	0.2350	0.3567	0.6556
	2008	0.0484	0.2395	0.0353	0.2607	0.1142	0.9080	0.1560	0.1766	0.2403	0.3515	0.6827
	2009	0.0709	0.3622	0.2824	0.1784	0.1331	0.9080	0.0904	0.1667	0.2208	0.3330	0.9791
	2010	0.0897	0.3015	0.3647	0.2454	0.1413	0.9080	0.0881	0.1026	0.2067	0.2291	0.7297
	2011	0.1118	0.2980	0.3255	0.2345	0.1526	0.9080	0.1442	0.1752	0.1926	0.2886	0.7698
	2012	0.1406	0.3049	0.3804	0.2627	0.1687	0.9080	0.1525	0.1823	0.1873	0.2832	0.7480
	2013	0.1693	0.2863	0.3137	0.2285	0.1505	0.9080	0.2491	0.2393	0.2208	0.3262	0.6312
	2014	0.1825	0.2365	0.3373	0.2035	0.1478	0.9038	0.2503	0.2151	0.2367	0.3260	0.6521
	2015	0.2353	0.3226	0.3961	0.1279	0.1732	0.8984	0.2636	0.2066	0.2173	0.3082	0.6556
	2016	0.2391	0.2119	0.3922	0.1687	0.1588	0.8750	0.2730	0.2080	0.2314	0.2961	0.6914
	2017	0.2935	0.2990	0.5020	0.2255	0.1728	0.8681	0.2784	0.2251	0.2297	0.3106	0.7167
	2018	0.3143	0.2347	0.5294	0.2096	0.1653	0.8516	0.2881	0.2464	0.2085	0.3206	0.7088
	2019	0.3506	0.2536	0.5882	0.2415	0.1715	0.8379	0.3050	0.2593	0.2120	0.3437	0.6888
	2020	0.4041	0.2693	0.6275	0.2381	0.1917	0.7404	0.3375	0.2949	0.2261	0.2988	0.6548
房山区	2005	0.0415	0.2639	0.9686	0.4016	0.1667	0.9739	0.1531	0.1439	0.3763	0.3521	0.7053
	2006	0.0773	0.4850	0.2118	0.4874	0.2383	0.9203	0.1303	0.1396	0.3057	0.4027	0.7812

196

续表

一级指标		财务维度—教育经费投入					客户维度				内部流程维度	学习与成长维度
城区	年份	A1	A2	A3	A4	A5	B5	B7	B8	B9	B11	B12
房山区	2007	0.0927	0.2784	0.2000	0.5049	0.2370	0.9670	0.1758	0.1781	0.2615	0.4108	0.5824
	2008	0.1351	0.3782	0.3529	0.6033	0.2864	0.9670	0.1652	0.1553	0.2562	0.4272	0.6129
	2009	0.1680	0.3017	0.5137	0.4750	0.2829	0.9670	0.1315	0.1453	0.2385	0.3779	0.8108
	2010	0.1790	0.2315	0.5490	0.4781	0.2418	0.9670	0.1368	0.1738	0.2297	0.2934	0.8840
	2011	0.2090	0.2731	0.5608	0.5064	0.2404	0.9657	0.1684	0.1752	0.1926	0.3206	0.6478
	2012	0.2376	0.2611	0.6118	0.4641	0.2407	0.9821	0.1809	0.1766	0.1943	0.2888	0.6330
	2013	0.2640	0.2510	0.6980	0.4004	0.2023	0.9890	0.1767	0.1852	0.1996	0.2894	0.6051
	2014	0.2671	0.2100	0.6667	0.3837	0.1859	0.9780	0.1903	0.1809	0.1926	0.3087	0.6129
	2015	0.3253	0.2958	0.7176	0.2993	0.2112	0.9766	0.2027	0.1738	0.1873	0.3475	0.6687
	2016	0.3719	0.2652	0.7647	0.1849	0.2178	0.9794	0.2134	0.1809	0.1943	0.4048	0.6765
	2017	0.4790	0.3267	0.8431	0.2643	0.2493	0.9766	0.2290	0.2009	0.2067	0.4277	0.7097
	2018	0.4936	0.2181	0.8471	0.2073	0.2212	0.9780	0.2373	0.2066	0.1890	0.4223	0.7001
	2019	0.5329	0.2391	0.8510	0.2609	0.2219	0.9808	0.2456	0.2151	0.1996	0.4336	0.6992
	2020	0.5332	0.2053	0.8392	0.3134	0.2130	0.7995	0.2639	0.2308	0.2049	0.4000	0.6748
丰台区	2005	0.0225	0.2573	0.6471	0.0933	0.0192	0.0000	0.2595	0.2977	0.4682	0.8999	0.6251
	2006	0.0387	0.3954	0.8157	0.1338	0.0247	0.0261	0.2373	0.2621	0.4064	0.8783	0.6408
	2007	0.0558	0.3462	0.9137	0.1519	0.0288	0.6030	0.2600	0.2806	0.4205	0.7997	0.5702
	2008	0.0602	0.2321	0.9529	0.1232	0.0264	0.6030	0.2435	0.2735	0.4152	0.7914	0.6059
	2009	0.0767	0.3019	0.0510	0.1237	0.0295	0.6030	0.2382	0.2578	0.3604	0.7211	0.6434
	2010	0.1059	0.3452	0.1529	0.1651	0.0237	0.6607	0.2349	0.2536	0.3410	0.6380	0.6539
	2011	0.1035	0.1963	0.1412	0.1305	0.0206	0.6154	0.2337	0.2650	0.3286	0.5755	0.6530
	2012	0.1468	0.3661	0.2863	0.1654	0.0274	0.6291	0.2311	0.2621	0.3180	0.5653	0.6696
	2013	0.1367	0.1777	0.2392	0.1358	0.0230	0.6511	0.2376	0.2806	0.3039	0.5830	0.6704
	2014	0.1584	0.2681	0.3098	0.1338	0.0240	0.6181	0.2394	0.2593	0.2986	0.5976	0.7036
	2015	0.2477	0.4314	0.4667	0.1778	0.0360	0.6071	0.2420	0.2521	0.2915	0.5723	0.7193
	2016	0.2554	0.2181	0.4745	0.1840	0.0346	0.6058	0.2444	0.2436	0.2809	0.5884	0.7524
	2017	0.2873	0.2568	0.5686	0.2042	0.0388	0.5920	0.2500	0.2650	0.2827	0.2385	0.8762
	2018	0.3395	0.2810	0.6588	0.2381	0.1975	0.6168	0.2606	0.2778	0.2615	0.2175	0.8605
	2019	0.4253	0.3114	0.7294	0.2958	0.2332	0.6786	0.2751	0.3034	0.2915	0.2215	0.8413
	2020	0.4059	0.1858	0.7020	0.2696	0.2380	0.7596	0.2970	0.3348	0.3057	0.1782	0.8213

续表

一级指标		财务维度—教育经费投入					客户维度				内部流程维度	学习与成长维度
城区	年份	A1	A2	A3	A4	A5	B5	B7	B8	B9	B11	B12
海淀区	2005	0.0319	0.2798	0.8039	0.2544	0.1019	0.6703	0.2024	0.1966	0.3905	0.7249	0.6443
	2006	0.0518	0.3930	0.0157	0.3003	0.1403	0.7376	0.1770	0.1781	0.3392	0.7176	0.6905
	2007	0.0667	0.3029	0.0667	0.3328	0.1725	0.7335	0.1939	0.1895	0.2951	0.6751	0.6042
	2008	0.0793	0.2732	0.1294	0.3234	0.1920	0.7349	0.1832	0.1838	0.2756	0.6258	0.6495
	2009	0.0951	0.2787	0.2039	0.2375	0.1588	0.7802	0.1743	0.1667	0.2527	0.5618	0.7105
	2010	0.1156	0.2872	0.2941	0.2814	0.1485	0.8530	0.1699	0.2123	0.2279	0.3610	0.7472
	2011	0.1264	0.2415	0.3176	0.1980	0.1433	0.8297	0.1735	0.1781	0.2102	0.4708	0.7027
	2012	0.1910	0.4058	0.4392	0.3169	0.1958	0.8668	0.1882	0.1937	0.2173	0.3992	0.6722
	2013	0.2104	0.2465	0.4078	0.2674	0.1972	0.8750	0.2302	0.1994	0.2120	0.3882	0.6443
	2014	0.2407	0.2641	0.4627	0.2879	0.2078	0.8338	0.2340	0.2009	0.2067	0.3803	0.6155
	2015	0.3074	0.3198	0.6353	0.3074	0.2438	0.8599	0.2382	0.1752	0.1961	0.3510	0.6190
	2016	0.2453	0.1205	0.4902	0.1885	0.1804	0.8475	0.2278	0.1695	0.1855	0.3400	0.6417
	2017	0.2779	0.2601	0.5529	0.2254	0.1831	0.8654	0.2426	0.1952	0.1979	0.3071	0.6469
	2018	0.3471	0.3088	0.6941	0.2361	0.2037	0.8860	0.2521	0.2179	0.1855	0.2350	0.6495
	2019	0.3174	0.1690	0.6000	0.2228	0.1848	0.9190	0.2651	0.2265	0.1979	0.2277	0.6269
	2020	0.3152	0.2022	0.5569	0.2162	0.1732	0.7143	0.2819	0.2521	0.2226	0.2108	0.5937
怀柔区	2005	0.0789	0.3083	0.1333	0.5334	0.1022	0.9396	0.1761	0.1382	0.2491	0.6108	0.8335
	2006	0.1218	0.4067	0.3294	0.6072	0.1310	0.9766	0.1566	0.1211	0.2244	0.5962	0.9207
	2007	0.1560	0.3150	0.2275	0.6201	0.1437	0.9657	0.2896	0.2707	0.2915	0.5572	0.4080
	2008	0.1961	0.3081	0.3216	0.6486	0.1581	0.9451	0.2908	0.2635	0.2845	0.4826	0.4316
	2009	0.2356	0.2875	0.3765	0.5646	0.1698	0.9821	0.2952	0.2521	0.2739	0.4576	0.4490
	2010	0.2881	0.2972	0.4510	0.6720	0.1756	0.9712	0.3041	0.2479	0.2562	0.4102	0.4699
	2011	0.3313	0.2678	0.4980	0.6015	0.1749	0.9684	0.3230	0.2393	0.2615	0.4598	0.5484
	2012	0.4068	0.3008	0.6510	0.5481	0.1951	0.9959	0.3283	0.2521	0.2774	0.4651	0.5519
	2013	0.4836	0.2851	0.7137	0.6176	0.1958	1.0000	0.3419	0.2991	0.2845	0.4899	0.5440
	2014	0.5186	0.2358	0.7333	0.6534	0.1931	0.9890	0.3478	0.2707	0.2562	0.4205	0.5693
	2015	0.7141	0.3661	0.8549	0.6570	0.2442	0.9725	0.3401	0.2194	0.2473	0.3833	0.6312
	2016	0.7320	0.2158	0.8745	0.7252	0.2294	0.9670	0.3316	0.1966	0.2350	0.3489	0.6879
	2017	0.7995	0.2448	0.8980	0.6720	0.2243	0.9657	0.3206	0.2066	0.2226	0.3381	0.7524
	2018	0.8846	0.2509	0.9490	0.6818	0.2257	0.9657	0.3132	0.2265	0.2085	0.3271	0.7681

一级指标		财务维度—教育经费投入					客户维度				内部流程维度	学习与成长维度
城区	年份	A1	A2	A3	A4	A5	B5	B7	B8	B9	B11	B12
怀柔区	2019	0.9624	0.2430	0.9922	0.7292	0.2294	0.9698	0.3162	0.2450	0.2226	0.2186	0.7960
	2020	1.0000	0.2220	0.9882	0.6816	0.2353	0.8984	0.3401	0.2877	0.2420	0.1882	0.7611
门头沟区	2005	0.0059	0.2156	0.0000	0.0076	0.0000	0.7253	0.5653	0.5598	0.7403	0.7515	0.4037
	2006	0.0151	0.4002	0.0039	0.0149	0.0017	0.7157	0.5751	0.5513	0.6979	0.8067	0.4473
	2007	0.0211	0.2944	0.0078	0.0118	0.0017	0.7541	0.6903	0.7080	0.7898	0.7879	0.2119
	2008	0.0327	0.3464	0.2667	0.0172	0.0027	0.7294	0.6953	0.7137	0.8233	0.7747	0.2668
	2009	0.0335	0.2129	0.2706	0.0091	0.0021	0.7431	0.7024	0.6880	0.8110	0.7594	0.3287
	2010	0.0411	0.2738	0.2745	0.0084	0.0024	0.8008	0.7199	0.7151	0.8021	0.7758	0.3548
	2011	0.0516	0.2884	0.4235	0.0112	0.0027	0.7253	0.7600	0.7877	0.8074	0.7561	0.3487
	2012	0.0622	0.2748	0.4275	0.0071	0.0031	0.6841	0.7869	0.8191	0.8428	0.7946	0.3583
	2013	0.0692	0.2450	0.4353	0.0000	0.0017	0.7157	0.8212	0.8590	0.8498	0.8503	0.3548
	2014	0.0839	0.2823	0.6431	0.0070	0.0024	0.7253	0.8428	0.8390	0.8534	0.8425	0.3540
	2015	0.1227	0.3779	0.7412	0.0121	0.0048	0.7115	0.8576	0.8006	0.8410	0.8450	0.4063
	2016	0.1181	0.1902	0.7373	0.0028	0.0034	0.6841	0.8735	0.7892	0.8375	0.8237	0.4133
	2017	0.1320	0.2513	0.7451	0.0042	0.0034	0.6429	0.8992	0.8561	0.8975	0.8934	0.4342
	2018	0.1588	0.2851	0.8196	0.0095	0.0038	0.6566	0.9255	0.8803	0.8604	0.9184	0.4202
	2019	0.1718	0.2379	0.8314	0.0104	0.0038	0.6154	0.9548	0.9330	0.9399	0.9556	0.4054
	2020	0.1752	0.2131	0.8235	0.0188	0.0034	0.7308	1.0000	1.0000	1.0000	0.9809	0.3958
平谷区	2005	0.0026	0.3205	0.7529	0.1108	0.0850	0.3887	0.0414	0.0413	0.0989	0.3114	0.7733
	2006	0.0095	0.3840	0.9216	0.1313	0.1060	0.2225	0.0328	0.0413	0.0795	0.3042	0.8335
	2007	0.0144	0.2925	0.9804	0.1302	0.1053	0.4052	0.0411	0.0513	0.0848	0.2896	0.7733
	2008	0.0216	0.3132	0.1020	0.1339	0.1252	0.4272	0.0372	0.0456	0.0795	0.2592	0.8047
	2009	0.0223	0.2141	0.1137	0.1074	0.1180	0.5014	0.0352	0.0413	0.0742	0.2353	0.8291
	2010	0.0302	0.2989	0.1961	0.0991	0.1276	0.4574	0.0328	0.0385	0.0689	0.2417	0.8378
	2011	0.0418	0.3177	0.2510	0.1170	0.1409	0.5316	0.0402	0.0385	0.0601	0.2579	0.8344
	2012	0.0459	0.2374	0.3020	0.1169	0.1406	0.5398	0.0399	0.0413	0.0565	0.2441	0.8117
	2013	0.0645	0.3401	0.3843	0.1208	0.1427	0.5055	0.0402	0.0370	0.0442	0.2293	0.7881
	2014	0.0567	0.1621	0.3686	0.1026	0.1166	0.5055	0.0372	0.0370	0.0442	0.2188	0.7637
	2015	0.0878	0.3959	0.5647	0.1482	0.1543	0.5742	0.0387	0.0285	0.0353	0.2019	0.7646
	2016	0.0979	0.2483	0.6314	0.1662	0.1567	0.5055	0.0390	0.0256	0.0283	0.1497	0.8300

续表

一级指标		财务维度—教育经费投入					客户维度				内部流程维度	学习与成长维度
城区	年份	A1	A2	A3	A4	A5	B5	B7	B8	B9	B11	B12
平谷区	2017	0.1142	0.2686	0.7059	0.1474	0.1629	0.5330	0.0402	0.0285	0.0353	0.1182	0.8710
	2018	0.1059	0.1771	0.6784	0.1139	0.1355	0.5742	0.0396	0.0342	0.0300	0.1098	0.8832
	2019	0.1398	0.3281	0.7686	0.1663	0.1656	0.6566	0.0414	0.0328	0.0300	0.1044	0.8919
	2020	0.1313	0.1810	0.7255	0.1518	0.1547	0.6566	0.0452	0.0413	0.0406	0.1023	0.8649
石景山区	2005	0.0095	0.2717	0.6392	0.0279	0.0034	0.6882	0.1587	0.1652	0.3269	0.3922	0.6966
	2006	0.0213	0.4167	0.8118	0.0422	0.0069	0.5604	0.1374	0.1538	0.2933	0.4032	0.8082
	2007	0.0269	0.2736	0.7569	0.0237	0.0058	0.7596	0.1944	0.2137	0.2809	0.3836	0.5248
	2008	0.0325	0.2643	0.8275	0.0250	0.0058	0.7706	0.1924	0.2137	0.2756	0.3591	0.5536
	2009	0.0406	0.2806	0.9176	0.0214	0.0069	0.8036	0.1874	0.1994	0.2562	0.3316	0.5946
	2010	0.0509	0.2872	0.9608	0.0136	0.0031	0.7679	0.1983	0.1681	0.2279	0.4065	0.4028
	2011	0.0538	0.2243	0.9647	0.0161	0.0027	0.7665	0.2089	0.2279	0.2085	0.3074	0.5588
	2012	0.0629	0.2637	0.0118	0.0167	0.0031	0.8201	0.2202	0.2507	0.2067	0.3744	0.5318
	2013	0.0769	0.2841	0.0431	0.0208	0.0038	0.8571	0.2509	0.2607	0.2067	0.3674	0.5362
	2014	0.0862	0.2497	0.0588	0.0202	0.0038	0.8283	0.2648	0.2051	0.2032	0.3139	0.5510
	2015	0.1320	0.4042	0.1922	0.0186	0.0072	0.8187	0.2742	0.2137	0.2067	0.3042	0.5824
	2016	0.1328	0.2074	0.1725	0.0260	0.0065	0.7651	0.2816	0.2236	0.2032	0.3015	0.5946
	2017	0.1475	0.2490	0.2235	0.0321	0.0075	0.7418	0.2730	0.2436	0.2138	0.2759	0.6173
	2018	0.1682	0.2609	0.2549	0.0419	0.2479	0.7459	0.2840	0.2678	0.2155	0.2684	0.5990
	2019	0.1737	0.2183	0.2431	0.0448	0.2377	0.7624	0.3044	0.2849	0.2332	0.1760	0.6190
	2020	0.1795	0.2187	0.1843	0.0498	0.2469	0.6044	0.3907	0.3177	0.2350	0.2522	0.5493
顺义区	2005	0.0074	0.2290	0.9098	0.1818	0.2051	0.6154	0.0331	0.0028	0.0389	0.1825	0.9529
	2006	0.0156	0.3681	0.0706	0.2288	0.2534	0.5865	0.0278	0.0028	0.0265	0.1532	1.0000
	2007	0.0222	0.3019	0.0863	0.2508	0.2665	0.6978	0.0467	0.0185	0.0247	0.1303	0.8265
	2008	0.0258	0.2475	0.1098	0.2562	0.2377	0.6978	0.0473	0.0128	0.0300	0.1125	0.8448
	2009	0.0376	0.3324	0.0314	0.2369	0.3018	0.6978	0.1173	0.0071	0.0283	0.0899	0.0000
	2010	0.0651	0.4370	0.1608	0.3054	0.4016	0.6978	0.1244	0.0670	0.0212	0.2721	0.7201
	2011	0.0532	0.1398	0.2627	0.2038	0.2829	0.6978	0.0597	0.0028	0.0159	0.0624	0.8788
	2012	0.0870	0.4230	0.4157	0.2948	0.3776	0.6978	0.0612	0.0043	0.0177	0.0490	0.8832
	2013	0.0629	0.1012	0.6824	0.1606	0.2325	0.6978	0.0003	0.0028	0.0124	0.0460	0.8370
	2014	0.0940	0.3806	0.7843	0.2719	0.3052	0.6978	0.0000	0.0057	0.0071	0.0441	0.7463

续表

一级指标		财务维度—教育经费投入					客户维度			内部流程维度	学习与成长维度
城区	年份	A1	A2	A3	A4	A5	B5	B7	B8	B9	B11	B12
顺义区	2015	0.1514	0.4371	0.9451	0.3124	0.4225	0.7074	0.0027	0.0043	0.0053	0.0307	0.7419
	2016	0.1406	0.1764	0.9255	0.3111	0.3577	0.7074	0.0038	0.0000	0.0000	0.0213	0.7524
	2017	0.1444	0.2161	0.9020	0.2907	0.3309	0.6882	0.0062	0.0057	0.0071	0.0140	0.7568
	2018	0.1562	0.2376	0.9294	0.2779	0.3186	0.6992	0.0095	0.0114	0.0035	0.0024	0.7411
	2019	0.1676	0.2341	0.9333	0.2851	0.3165	0.6690	0.0145	0.0114	0.0035	0.0057	0.7280
	2020	0.1585	0.1832	0.8863	0.2804	0.2984	0.6305	0.0210	0.0171	0.0106	0.0000	0.7201
通州区	2005	0.0000	0.2410	0.4314	0.0994	0.1073	0.6415	0.0931	0.0826	0.1855	0.5448	0.4455
	2006	0.0088	0.4651	0.7490	0.1456	0.1488	0.5453	0.0819	0.0826	0.1767	0.5109	0.5466
	2007	0.0122	0.2702	0.7961	0.1538	0.1485	0.7582	0.0892	0.0912	0.1572	0.4934	0.4891
	2008	0.0168	0.2794	0.8667	0.1580	0.1526	0.7582	0.0848	0.0840	0.1449	0.3806	0.6112
	2009	0.0263	0.3391	0.0275	0.1215	0.1629	0.7582	0.0777	0.0726	0.1413	0.2845	0.6835
	2010	0.0347	0.2944	0.1059	0.1452	0.1783	0.7582	0.0739	0.0741	0.1307	0.2587	0.7097
	2011	0.0406	0.2577	0.1451	0.1468	0.1722	0.7582	0.0721	0.0741	0.1148	0.2498	0.6853
	2012	0.0560	0.3270	0.2471	0.1559	0.1972	0.7582	0.0697	0.0698	0.1078	0.2277	0.6992
	2013	0.0575	0.2147	0.2588	0.1319	0.1735	0.7582	0.0686	0.0670	0.0954	0.2242	0.6809
	2014	0.0723	0.2947	0.3412	0.1654	0.1910	0.7582	0.0686	0.0627	0.0883	0.2102	0.6600
	2015	0.1227	0.4598	0.5922	0.2127	0.2767	0.7582	0.0703	0.0570	0.0795	0.1860	0.6731
	2016	0.1142	0.1778	0.5216	0.1691	0.2377	0.7651	0.0709	0.0541	0.0724	0.1701	0.6905
	2017	0.1118	0.1971	0.4824	0.1496	0.2150	0.7720	0.0757	0.0641	0.0795	0.1715	0.7480
	2018	0.1203	0.2343	0.5255	0.1606	0.2092	0.8049	0.0771	0.0698	0.0724	0.1564	0.7332
	2019	0.1331	0.2469	0.5961	0.1893	0.2233	0.8393	0.0804	0.0741	0.0760	0.1381	0.7167
	2020	0.1449	0.2401	0.6235	0.2235	0.2335	0.7582	0.0854	0.0826	0.0883	0.1163	0.7280
东城区	2005	0.0169	0.2690	0.8078	0.3300	0.0610	0.9739	0.1126	0.1040	0.2456	0.3168	0.5902
	2006	0.0336	0.4378	0.0549	0.4810	0.0892	0.9203	0.0904	0.0912	0.2420	0.3435	0.7350
	2007	0.0459	0.3168	0.1647	0.4928	0.1012	0.9162	0.0751	0.0741	0.1908	0.3847	0.7637
	2008	0.0545	0.2671	0.2784	0.4953	0.1125	0.9162	0.0612	0.0627	0.1608	0.4005	0.8108
	2009	0.0641	0.2662	0.3608	0.4274	0.1272	0.9245	0.0493	0.0541	0.1466	0.4380	0.8596
	2010	0.0978	0.3930	0.5843	0.4812	0.1615	0.8901	0.0461	0.0499	0.1113	0.4988	0.8579
	2011	0.1098	0.2519	0.6863	0.4990	0.1650	0.9684	0.0426	0.0442	0.0954	0.4931	0.9032
	2012	0.1320	0.2833	0.7608	0.5222	0.1852	0.9698	0.0399	0.0442	0.0883	0.4918	0.9215

201

续表

一级指标		财务维度—教育经费投入					客户维度				内部流程维度	学习与成长维度
城区	年份	A1	A2	A3	A4	A5	B5	B7	B8	B9	B11	B12
东城区	2013	0.1398	0.2283	0.7725	0.4605	0.1495	0.9451	0.0387	0.0399	0.0742	0.5475	0.8945
	2014	0.0676	0.0000	0.4118	0.1956	0.0689	0.9038	0.0396	0.0399	0.0601	0.4705	0.8588
	2015	0.2166	1.0000	0.9059	0.4627	0.1855	0.8901	0.0402	0.0313	0.0512	0.4374	0.8727
	2016	0.2376	0.2448	0.9412	0.4711	0.1814	0.8901	0.0434	0.0313	0.0477	0.4102	0.8500
	2017	0.2927	0.3010	1.0000	0.5791	0.1968	0.8901	0.0493	0.0385	0.0495	0.3486	0.8666
	2018	0.3182	0.2415	0.0471	0.4906	0.1900	0.8901	0.0520	0.0442	0.0459	0.2735	0.8901
	2019	0.3555	0.2542	0.0784	0.5886	0.1958	0.9038	0.0564	0.0470	0.0442	0.2374	0.8745
	2020	0.3913	0.2475	0.0824	0.6684	0.2030	0.8489	0.0671	0.0598	0.0530	0.2258	0.8474
密云区	2005	0.0133	0.2630	0.0235	0.1358	0.0412	0.7912	0.0310	0.0313	0.0689	0.1806	0.8492
	2006	0.0295	0.4600	0.2157	0.1688	0.0576	0.6854	0.0257	0.0256	0.0583	0.1801	0.8675
	2007	0.0367	0.2771	0.1882	0.1504	0.0528	0.7376	0.0514	0.0513	0.0777	0.1620	0.5963
	2008	0.0393	0.2273	0.1686	0.1254	0.0374	0.7871	0.0588	0.0613	0.0830	0.1448	0.6173
	2009	0.0464	0.2630	0.2196	0.1060	0.0326	0.8324	0.0618	0.0613	0.0866	0.1284	0.6539
	2010	0.0716	0.3858	0.3569	0.1378	0.0374	0.8365	0.0632	0.0627	0.0742	0.1125	0.6600
	2011	0.0782	0.2387	0.3725	0.1059	0.0340	0.8255	0.0677	0.0684	0.0742	0.0867	0.6704
	2012	0.0994	0.3055	0.4431	0.1318	0.0391	0.8379	0.0733	0.0755	0.0777	0.0794	0.6609
	2013	0.0948	0.1872	0.3882	0.1059	0.0319	0.8407	0.0819	0.0783	0.0707	0.0816	0.6330
	2014	0.1204	0.3078	0.5059	0.1177	0.0374	0.8228	0.0824	0.0698	0.0795	0.0810	0.6539
	2015	0.2027	0.4724	0.7765	0.1497	0.0586	0.8228	0.0827	0.0513	0.0724	0.0751	0.7001
	2016	0.2298	0.2599	0.8353	0.1611	0.0610	0.7816	0.0798	0.0470	0.0689	0.0686	0.7446
	2017	0.2671	0.2720	0.8902	0.1883	0.0662	0.7527	0.0768	0.0499	0.0707	0.0697	0.7716
	2018	0.2831	0.2300	0.8941	0.1457	0.0638	0.7198	0.0730	0.0541	0.0565	0.0700	0.7812
	2019	0.3546	0.3106	0.9961	0.1981	0.0806	0.7102	0.0759	0.0627	0.0636	0.0759	0.7716
	2020	0.3585	0.2097	0.9843	0.1933	0.0761	0.6429	0.0822	0.0741	0.0689	0.0651	0.7463
西城区	2005	0.0468	0.2387	0.8000	0.4702	0.3388	0.8791	0.2937	0.3291	0.5565	1.0000	0.7105
	2006	0.0886	0.5028	0.0627	0.7013	0.5141	0.8805	0.2663	0.2991	0.4841	0.9634	0.7646
	2007	0.1206	0.3413	0.1255	0.8360	0.5998	0.9780	0.2996	0.3205	0.4947	0.8948	0.6792
	2008	0.1236	0.2146	0.1490	0.7300	0.5353	0.9698	0.2840	0.3191	0.4788	0.8869	0.6957
	2009	0.1798	0.3834	0.3059	0.6393	0.7123	0.9478	0.2790	0.3120	0.4417	0.8358	0.7088
	2010	0.3077	0.4940	0.5333	1.0000	1.0000	0.9478	0.2807	0.3077	0.4046	0.7392	0.6975

一级指标		财务维度—教育经费投入					客户维度				内部流程维度	学习与成长维度
城区	年份	A1	A2	A3	A4	A5	B5	B7	B8	B9	B11	B12
西城区	2011	0.2855	0.1749	0.4588	0.8096	0.8124	0.9574	0.2911	0.3476	0.3922	0.6764	0.6574
	2012	0.3369	0.2802	0.5765	0.8701	0.8632	0.9670	0.2991	0.3533	0.4028	0.6544	0.6783
	2013	0.3680	0.2438	0.6078	0.8096	0.8374	0.9959	0.3121	0.3718	0.3781	0.5688	0.6783
	2014	0.3734	0.2113	0.6039	0.7678	0.7888	0.9918	0.3183	0.3419	0.3816	0.5052	0.6957
	2015	0.3268	0.1524	0.4863	0.5757	0.6358	0.9780	0.3227	0.3390	0.3640	0.4288	0.7332
	2016	0.4169	0.3208	0.6627	0.7162	0.7411	0.9808	0.3301	0.3447	0.3622	0.4358	0.7341
	2017	0.4433	0.2319	0.6745	0.5629	0.6965	0.9753	0.3493	0.3932	0.3693	0.4705	0.7062
	2018	0.4381	0.2001	0.6157	0.4573	0.6235	0.9766	0.3788	0.4259	0.3551	0.4156	0.6678
	2019	0.5183	0.2829	0.6902	0.6073	0.6890	0.9780	0.4099	0.4715	0.3993	0.4051	0.6303
	2020	0.5549	0.2352	0.6706	0.6210	0.7315	0.9670	0.4536	0.5385	0.4258	0.4005	0.5972
延庆区	2005	0.0043	0.2701	0.7882	0.1807	0.2023	0.8503	0.0488	0.0527	0.1307	0.2845	0.6722
	2006	0.0120	0.3817	0.9569	0.2038	0.2558	0.8242	0.0408	0.0442	0.1078	0.2956	0.6870
	2007	0.0154	0.2602	0.0196	0.2007	0.2582	0.6525	0.0396	0.0413	0.0954	0.2929	0.6731
	2008	0.0249	0.3453	0.1373	0.2249	0.3086	0.6525	0.0322	0.0328	0.0901	0.3047	0.7358
	2009	0.0312	0.2750	0.2314	0.1688	0.3234	0.6525	0.0266	0.0256	0.0777	0.2756	0.8056
	2010	0.0427	0.3146	0.3333	0.2193	0.3680	0.6525	0.0236	0.0228	0.0636	0.2234	0.8518
	2011	0.0435	0.2113	0.3490	0.1848	0.3326	0.6525	0.0219	0.0242	0.0583	0.2127	0.8622
	2012	0.0552	0.2932	0.4196	0.1905	0.3618	0.6277	0.0198	0.0256	0.0583	0.1553	0.9119
	2013	0.0668	0.2782	0.5412	0.1628	0.3326	0.5755	0.0180	0.0214	0.0495	0.1548	0.9015
	2014	0.0676	0.2093	0.5725	0.1786	0.3080	0.5549	0.0165	0.0199	0.0389	0.1537	0.8701
	2015	0.0932	0.3417	0.7216	0.2139	0.3676	0.5137	0.0157	0.0114	0.0336	0.1300	0.8945
	2016	0.1072	0.2619	0.7804	0.2201	0.3793	0.5467	0.0145	0.0071	0.0283	0.1098	0.9241
	2017	0.1701	0.4315	0.9373	0.2603	0.5082	0.5467	0.0148	0.0114	0.0265	0.0886	0.9364
	2018	0.1434	0.1418	0.8824	0.1821	0.3831	0.6016	0.0136	0.0128	0.0194	0.0805	0.9425
	2019	0.1454	0.2106	0.8784	0.2060	0.3570	0.6566	0.0154	0.0171	0.0194	0.0899	0.9233
	2020	0.1464	0.2078	0.8588	0.1880	0.3577	0.5769	0.0186	0.0242	0.0230	0.1217	0.8509

附表3 北京市各年各区教育经费绩效二级指标得分情况

一级指标		财务维度—教育经费投入					客户维度				内部流程维度	学习与成长维度
城区	年份	A1	A2	A3	A4	A5	B5	B7	B8	B9	B11	B12
昌平区	2005	0.0317	0.0034	0.0155	0.0204	0.0290	0.0021	0.0293	0.0303	0.0246	0.0141	0.0021
	2006	0.0241	0.0026	0.0118	0.0156	0.0221	0.0016	0.0223	0.0230	0.0188	0.0108	0.0016
	2007	0.0364	0.0039	0.0178	0.0235	0.0334	0.0024	0.0337	0.0348	0.0283	0.0162	0.0024
	2008	0.0256	0.0028	0.0125	0.0165	0.0235	0.0017	0.0237	0.0245	0.0199	0.0114	0.0017
	2009	0.0241	0.0026	0.0118	0.0155	0.0221	0.0016	0.0223	0.0230	0.0187	0.0108	0.0016
	2010	0.0243	0.0026	0.0118	0.0157	0.0222	0.0016	0.0224	0.0232	0.0189	0.0108	0.0016
	2011	0.0269	0.0029	0.0131	0.0173	0.0246	0.0018	0.0249	0.0257	0.0209	0.0120	0.0018
	2012	0.0305	0.0033	0.0149	0.0197	0.0279	0.0020	0.0282	0.0291	0.0237	0.0136	0.0020
	2013	0.0327	0.0035	0.0159	0.0211	0.0299	0.0021	0.0302	0.0312	0.0254	0.0146	0.0021
	2014	0.0341	0.0037	0.0166	0.0220	0.0312	0.0022	0.0315	0.0325	0.0265	0.0152	0.0022
	2015	0.0412	0.0044	0.0201	0.0265	0.0377	0.0027	0.0381	0.0393	0.0320	0.0184	0.0027
	2016	0.0406	0.0044	0.0198	0.0262	0.0372	0.0027	0.0376	0.0388	0.0316	0.0181	0.0027
	2017	0.0424	0.0046	0.0207	0.0274	0.0389	0.0028	0.0392	0.0405	0.0330	0.0189	0.0028
	2018	0.0447	0.0048	0.0218	0.0288	0.0409	0.0029	0.0413	0.0426	0.0347	0.0199	0.0029
	2019	0.0494	0.0053	0.0241	0.0319	0.0453	0.0033	0.0457	0.0472	0.0384	0.0221	0.0033
	2020	0.0541	0.0058	0.0264	0.0349	0.0495	0.0036	0.0500	0.0517	0.0420	0.0241	0.0036
朝阳区	2005	0.0499	0.0054	0.0243	0.0322	0.0457	0.0033	0.0462	0.0477	0.0388	0.0223	0.0033
	2006	0.0427	0.0046	0.0208	0.0275	0.0391	0.0028	0.0395	0.0407	0.0332	0.0190	0.0028
	2007	0.0504	0.0054	0.0246	0.0325	0.0462	0.0033	0.0466	0.0481	0.0392	0.0225	0.0033
	2008	0.0510	0.0055	0.0249	0.0329	0.0467	0.0034	0.0472	0.0487	0.0396	0.0227	0.0034

续表

一级指标		财务维度—教育经费投入					客户维度				内部流程维度	学习与成长维度
城区	年份	A1	A2	A3	A4	A5	B5	B7	B8	B9	B11	B12
朝阳区	2009	0.0516	0.0056	0.0251	0.0332	0.0472	0.0034	0.0477	0.0492	0.0401	0.0230	0.0034
	2010	0.0538	0.0058	0.0262	0.0347	0.0492	0.0035	0.0497	0.0513	0.0418	0.0240	0.0035
	2011	0.0593	0.0064	0.0289	0.0382	0.0543	0.0039	0.0548	0.0566	0.0461	0.0264	0.0039
	2012	0.0656	0.0071	0.0320	0.0423	0.0601	0.0043	0.0607	0.0626	0.0510	0.0293	0.0043
	2013	0.0704	0.0076	0.0343	0.0454	0.0645	0.0046	0.0651	0.0672	0.0547	0.0314	0.0046
	2014	0.0733	0.0079	0.0357	0.0473	0.0671	0.0048	0.0678	0.0700	0.0570	0.0327	0.0048
	2015	0.0734	0.0079	0.0358	0.0473	0.0672	0.0048	0.0679	0.0701	0.0570	0.0327	0.0048
	2016	0.0755	0.0082	0.0368	0.0487	0.0692	0.0050	0.0698	0.0721	0.0587	0.0337	0.0050
	2017	0.0805	0.0087	0.0393	0.0519	0.0737	0.0053	0.0744	0.0769	0.0626	0.0359	0.0053
	2018	0.0807	0.0087	0.0394	0.0520	0.0739	0.0053	0.0746	0.0771	0.0627	0.0360	0.0053
	2019	0.0883	0.0095	0.0430	0.0569	0.0808	0.0058	0.0816	0.0843	0.0686	0.0394	0.0058
	2020	0.0866	0.0094	0.0422	0.0558	0.0793	0.0057	0.0801	0.0827	0.0673	0.0386	0.0057
大兴区	2005	0.0362	0.0039	0.0177	0.0234	0.0332	0.0024	0.0335	0.0346	0.0282	0.0162	0.0024
	2006	0.0295	0.0032	0.0144	0.0190	0.0270	0.0019	0.0273	0.0281	0.0229	0.0131	0.0019
	2007	0.0406	0.0044	0.0198	0.0262	0.0372	0.0027	0.0375	0.0387	0.0315	0.0181	0.0027
	2008	0.0291	0.0031	0.0142	0.0188	0.0267	0.0019	0.0269	0.0278	0.0226	0.0130	0.0019
	2009	0.0302	0.0033	0.0147	0.0195	0.0277	0.0020	0.0280	0.0289	0.0235	0.0135	0.0020
	2010	0.0294	0.0032	0.0143	0.0190	0.0269	0.0019	0.0272	0.0281	0.0229	0.0131	0.0019
	2011	0.0330	0.0036	0.0161	0.0213	0.0302	0.0022	0.0305	0.0315	0.0256	0.0147	0.0022
	2012	0.0353	0.0038	0.0172	0.0228	0.0323	0.0023	0.0327	0.0337	0.0274	0.0158	0.0023
	2013	0.0387	0.0042	0.0189	0.0249	0.0354	0.0025	0.0358	0.0369	0.0301	0.0173	0.0025
	2014	0.0385	0.0042	0.0188	0.0248	0.0352	0.0025	0.0356	0.0367	0.0299	0.0172	0.0025
	2015	0.0396	0.0043	0.0193	0.0255	0.0363	0.0026	0.0366	0.0378	0.0308	0.0177	0.0026
	2016	0.0401	0.0043	0.0195	0.0258	0.0367	0.0026	0.0371	0.0383	0.0312	0.0179	0.0026
	2017	0.0449	0.0048	0.0219	0.0289	0.0411	0.0030	0.0415	0.0428	0.0349	0.0200	0.0030
	2018	0.0455	0.0049	0.0222	0.0293	0.0416	0.0030	0.0421	0.0434	0.0353	0.0203	0.0030
	2019	0.0487	0.0053	0.0238	0.0314	0.0446	0.0032	0.0450	0.0465	0.0379	0.0217	0.0032
	2020	0.0521	0.0056	0.0254	0.0336	0.0477	0.0034	0.0481	0.0497	0.0405	0.0232	0.0034
房山区	2005	0.0455	0.0049	0.0222	0.0293	0.0416	0.0030	0.0420	0.0434	0.0353	0.0203	0.0030
	2006	0.0395	0.0043	0.0192	0.0255	0.0361	0.0026	0.0365	0.0377	0.0307	0.0176	0.0026

续表

一级指标		财务维度—教育经费投入					客户维度				内部流程维度	学习与成长维度
城区	年份	A1	A2	A3	A4	A5	B5	B7	B8	B9	B11	B12
房山区	2007	0.0403	0.0044	0.0197	0.0260	0.0369	0.0027	0.0373	0.0385	0.0313	0.0180	0.0027
	2008	0.0455	0.0049	0.0222	0.0293	0.0417	0.0030	0.0421	0.0434	0.0353	0.0203	0.0030
	2009	0.0444	0.0048	0.0216	0.0286	0.0406	0.0029	0.0410	0.0423	0.0345	0.0198	0.0029
	2010	0.0438	0.0047	0.0214	0.0282	0.0401	0.0029	0.0405	0.0418	0.0340	0.0195	0.0029
	2011	0.0452	0.0049	0.0220	0.0291	0.0414	0.0030	0.0418	0.0431	0.0351	0.0201	0.0030
	2012	0.0458	0.0049	0.0223	0.0295	0.0419	0.0030	0.0423	0.0437	0.0356	0.0204	0.0030
	2013	0.0457	0.0049	0.0223	0.0295	0.0419	0.0030	0.0423	0.0437	0.0355	0.0204	0.0030
	2014	0.0450	0.0049	0.0219	0.0290	0.0412	0.0030	0.0416	0.0429	0.0350	0.0201	0.0030
	2015	0.0470	0.0051	0.0229	0.0303	0.0430	0.0031	0.0435	0.0449	0.0365	0.0210	0.0031
	2016	0.0482	0.0052	0.0235	0.0310	0.0441	0.0032	0.0445	0.0460	0.0374	0.0215	0.0032
	2017	0.0552	0.0060	0.0269	0.0356	0.0505	0.0036	0.0510	0.0527	0.0429	0.0246	0.0036
	2018	0.0537	0.0058	0.0262	0.0346	0.0492	0.0035	0.0496	0.0513	0.0417	0.0239	0.0035
	2019	0.0563	0.0061	0.0275	0.0363	0.0516	0.0037	0.0521	0.0538	0.0438	0.0251	0.0037
	2020	0.0569	0.0061	0.0278	0.0367	0.0521	0.0037	0.0526	0.0543	0.0442	0.0254	0.0037
丰台区	2005	0.0450	0.0049	0.0219	0.0290	0.0412	0.0030	0.0416	0.0430	0.0350	0.0201	0.0030
	2006	0.0459	0.0050	0.0224	0.0296	0.0420	0.0030	0.0424	0.0438	0.0356	0.0205	0.0030
	2007	0.0489	0.0053	0.0238	0.0315	0.0448	0.0032	0.0452	0.0467	0.0380	0.0218	0.0032
	2008	0.0480	0.0052	0.0234	0.0309	0.0439	0.0032	0.0444	0.0458	0.0373	0.0214	0.0032
	2009	0.0356	0.0038	0.0174	0.0230	0.0326	0.0023	0.0329	0.0340	0.0277	0.0159	0.0023
	2010	0.0369	0.0040	0.0180	0.0238	0.0337	0.0024	0.0341	0.0352	0.0286	0.0164	0.0024
	2011	0.0349	0.0038	0.0170	0.0225	0.0320	0.0023	0.0323	0.0333	0.0271	0.0156	0.0023
	2012	0.0384	0.0042	0.0187	0.0248	0.0352	0.0025	0.0356	0.0367	0.0299	0.0171	0.0025
	2013	0.0371	0.0040	0.0181	0.0239	0.0340	0.0024	0.0343	0.0354	0.0288	0.0166	0.0024
	2014	0.0383	0.0041	0.0187	0.0247	0.0351	0.0025	0.0354	0.0366	0.0298	0.0171	0.0025
	2015	0.0433	0.0047	0.0211	0.0279	0.0396	0.0028	0.0400	0.0413	0.0336	0.0193	0.0028
	2016	0.0429	0.0046	0.0209	0.0277	0.0393	0.0028	0.0397	0.0410	0.0334	0.0191	0.0028
	2017	0.0424	0.0046	0.0207	0.0273	0.0388	0.0028	0.0392	0.0404	0.0329	0.0189	0.0028
	2018	0.0488	0.0053	0.0238	0.0315	0.0447	0.0032	0.0451	0.0466	0.0379	0.0218	0.0032
	2019	0.0552	0.0060	0.0269	0.0356	0.0505	0.0036	0.0510	0.0526	0.0429	0.0246	0.0036
	2020	0.0548	0.0059	0.0267	0.0354	0.0502	0.0036	0.0507	0.0523	0.0426	0.0245	0.0036

一级指标		财务维度—教育经费投入					客户维度				内部流程维度	学习与成长维度
城区	年份	A1	A2	A3	A4	A5	B5	B7	B8	B9	B11	B12
海淀区	2005	0.0456	0.0049	0.0222	0.0294	0.0418	0.0030	0.0422	0.0436	0.0355	0.0204	0.0030
	2006	0.0367	0.0040	0.0179	0.0237	0.0336	0.0024	0.0339	0.0350	0.0285	0.0164	0.0024
	2007	0.0379	0.0041	0.0185	0.0244	0.0347	0.0025	0.0350	0.0362	0.0294	0.0169	0.0025
	2008	0.0379	0.0041	0.0185	0.0245	0.0347	0.0025	0.0351	0.0362	0.0295	0.0169	0.0025
	2009	0.0356	0.0038	0.0173	0.0229	0.0326	0.0023	0.0329	0.0339	0.0276	0.0159	0.0023
	2010	0.0361	0.0039	0.0176	0.0233	0.0331	0.0024	0.0334	0.0345	0.0281	0.0161	0.0024
	2011	0.0351	0.0038	0.0171	0.0227	0.0322	0.0023	0.0325	0.0335	0.0273	0.0157	0.0023
	2012	0.0417	0.0045	0.0203	0.0269	0.0382	0.0027	0.0386	0.0398	0.0324	0.0186	0.0027
	2013	0.0415	0.0045	0.0202	0.0267	0.0380	0.0027	0.0384	0.0396	0.0322	0.0185	0.0027
	2014	0.0433	0.0047	0.0211	0.0279	0.0397	0.0029	0.0400	0.0413	0.0336	0.0193	0.0029
	2015	0.0473	0.0051	0.0231	0.0305	0.0433	0.0031	0.0437	0.0451	0.0367	0.0211	0.0031
	2016	0.0395	0.0043	0.0193	0.0255	0.0362	0.0026	0.0365	0.0377	0.0307	0.0176	0.0026
	2017	0.0429	0.0046	0.0209	0.0277	0.0393	0.0028	0.0397	0.0410	0.0334	0.0192	0.0028
	2018	0.0468	0.0051	0.0228	0.0302	0.0429	0.0031	0.0433	0.0447	0.0364	0.0209	0.0031
	2019	0.0447	0.0048	0.0218	0.0288	0.0409	0.0029	0.0413	0.0426	0.0347	0.0199	0.0029
	2020	0.0447	0.0048	0.0218	0.0288	0.0409	0.0029	0.0413	0.0427	0.0347	0.0199	0.0029
怀柔区	2005	0.0381	0.0041	0.0186	0.0246	0.0349	0.0025	0.0352	0.0364	0.0296	0.0170	0.0025
	2006	0.0423	0.0046	0.0206	0.0273	0.0387	0.0028	0.0391	0.0404	0.0329	0.0189	0.0028
	2007	0.0487	0.0053	0.0237	0.0314	0.0446	0.0032	0.0450	0.0465	0.0378	0.0217	0.0032
	2008	0.0505	0.0054	0.0246	0.0325	0.0462	0.0033	0.0467	0.0482	0.0392	0.0225	0.0033
	2009	0.0504	0.0054	0.0246	0.0325	0.0462	0.0033	0.0466	0.0481	0.0392	0.0225	0.0033
	2010	0.0537	0.0058	0.0262	0.0346	0.0492	0.0035	0.0496	0.0513	0.0417	0.0239	0.0035
	2011	0.0551	0.0060	0.0269	0.0355	0.0505	0.0036	0.0509	0.0526	0.0428	0.0246	0.0036
	2012	0.0593	0.0064	0.0289	0.0382	0.0543	0.0039	0.0548	0.0566	0.0461	0.0265	0.0039
	2013	0.0648	0.0070	0.0316	0.0418	0.0593	0.0043	0.0599	0.0619	0.0504	0.0289	0.0043
	2014	0.0645	0.0070	0.0314	0.0416	0.0590	0.0042	0.0596	0.0615	0.0501	0.0288	0.0042
	2015	0.0704	0.0076	0.0343	0.0454	0.0644	0.0046	0.0651	0.0672	0.0547	0.0314	0.0046
	2016	0.0701	0.0076	0.0342	0.0452	0.0642	0.0046	0.0649	0.0670	0.0545	0.0313	0.0046
	2017	0.0709	0.0077	0.0346	0.0457	0.0650	0.0047	0.0656	0.0677	0.0551	0.0316	0.0047
	2018	0.0738	0.0080	0.0360	0.0476	0.0675	0.0049	0.0682	0.0704	0.0573	0.0329	0.0049

续表

一级指标		财务维度—教育经费投入					客户维度				内部流程维度	学习与成长维度
城区	年份	A1	A2	A3	A4	A5	B5	B7	B8	B9	B11	B12
怀柔区	2019	0.0766	0.0083	0.0374	0.0494	0.0702	0.0050	0.0709	0.0732	0.0595	0.0342	0.0050
	2020	0.0782	0.0084	0.0381	0.0504	0.0716	0.0051	0.0723	0.0747	0.0608	0.0349	0.0051
门头沟区	2005	0.0524	0.0057	0.0256	0.0338	0.0480	0.0034	0.0485	0.0500	0.0407	0.0234	0.0034
	2006	0.0532	0.0057	0.0259	0.0343	0.0487	0.0035	0.0492	0.0508	0.0413	0.0237	0.0035
	2007	0.0606	0.0065	0.0295	0.0390	0.0555	0.0040	0.0560	0.0578	0.0471	0.0270	0.0040
	2008	0.0650	0.0070	0.0317	0.0419	0.0595	0.0043	0.0601	0.0620	0.0505	0.0290	0.0043
	2009	0.0638	0.0069	0.0311	0.0412	0.0584	0.0042	0.0590	0.0609	0.0496	0.0285	0.0042
	2010	0.0654	0.0071	0.0319	0.0422	0.0599	0.0043	0.0605	0.0624	0.0508	0.0292	0.0043
	2011	0.0699	0.0075	0.0341	0.0451	0.0640	0.0046	0.0646	0.0667	0.0543	0.0312	0.0046
	2012	0.0725	0.0078	0.0353	0.0467	0.0664	0.0048	0.0670	0.0692	0.0563	0.0323	0.0048
	2013	0.0750	0.0081	0.0366	0.0484	0.0687	0.0049	0.0694	0.0716	0.0583	0.0335	0.0049
	2014	0.0781	0.0084	0.0381	0.0504	0.0715	0.0051	0.0722	0.0746	0.0607	0.0348	0.0051
	2015	0.0799	0.0086	0.0390	0.0515	0.0732	0.0053	0.0739	0.0763	0.0621	0.0356	0.0053
	2016	0.0788	0.0085	0.0384	0.0508	0.0722	0.0052	0.0729	0.0753	0.0613	0.0352	0.0052
	2017	0.0835	0.0090	0.0407	0.0538	0.0764	0.0055	0.0772	0.0797	0.0649	0.0372	0.0055
	2018	0.0859	0.0093	0.0419	0.0554	0.0787	0.0057	0.0794	0.0820	0.0668	0.0383	0.0057
	2019	0.0900	0.0097	0.0439	0.0580	0.0824	0.0059	0.0832	0.0859	0.0699	0.0401	0.0059
	2020	0.0942	0.0102	0.0459	0.0608	0.0863	0.0062	0.0871	0.0900	0.0732	0.0420	0.0062
平谷区	2005	0.0242	0.0026	0.0118	0.0156	0.0221	0.0016	0.0224	0.0231	0.0188	0.0108	0.0016
	2006	0.0265	0.0029	0.0129	0.0171	0.0243	0.0017	0.0245	0.0253	0.0206	0.0118	0.0017
	2007	0.0276	0.0030	0.0135	0.0178	0.0253	0.0018	0.0255	0.0264	0.0215	0.0123	0.0018
	2008	0.0173	0.0019	0.0084	0.0111	0.0158	0.0011	0.0160	0.0165	0.0134	0.0077	0.0011
	2009	0.0163	0.0018	0.0079	0.0105	0.0149	0.0011	0.0150	0.0155	0.0126	0.0073	0.0011
	2010	0.0175	0.0019	0.0085	0.0113	0.0161	0.0012	0.0162	0.0167	0.0136	0.0078	0.0012
	2011	0.0194	0.0021	0.0095	0.0125	0.0178	0.0013	0.0179	0.0185	0.0151	0.0087	0.0013
	2012	0.0197	0.0021	0.0096	0.0127	0.0180	0.0013	0.0182	0.0188	0.0153	0.0088	0.0013
	2013	0.0209	0.0023	0.0102	0.0135	0.0192	0.0014	0.0194	0.0200	0.0163	0.0093	0.0014
	2014	0.0190	0.0021	0.0093	0.0122	0.0174	0.0013	0.0176	0.0181	0.0148	0.0085	0.0013
	2015	0.0239	0.0026	0.0116	0.0154	0.0219	0.0016	0.0221	0.0228	0.0186	0.0106	0.0016
	2016	0.0241	0.0026	0.0117	0.0155	0.0221	0.0016	0.0223	0.0230	0.0187	0.0107	0.0016

续表

一级指标		财务维度—教育经费投入					客户维度				内部流程维度	学习与成长维度
城区	年份	A1	A2	A3	A4	A5	B5	B7	B8	B9	B11	B12
平谷区	2017	0.0253	0.0027	0.0123	0.0163	0.0231	0.0017	0.0234	0.0241	0.0196	0.0113	0.0017
	2018	0.0234	0.0025	0.0114	0.0151	0.0214	0.0015	0.0216	0.0223	0.0182	0.0104	0.0015
	2019	0.0273	0.0029	0.0133	0.0176	0.0250	0.0018	0.0252	0.0260	0.0212	0.0122	0.0018
	2020	0.0261	0.0028	0.0127	0.0168	0.0239	0.0017	0.0241	0.0249	0.0203	0.0116	0.0017
石景山区	2005	0.0309	0.0033	0.0150	0.0199	0.0283	0.0020	0.0285	0.0295	0.0240	0.0138	0.0020
	2006	0.0326	0.0035	0.0159	0.0210	0.0298	0.0021	0.0301	0.0311	0.0253	0.0145	0.0021
	2007	0.0335	0.0036	0.0163	0.0216	0.0307	0.0022	0.0310	0.0320	0.0260	0.0149	0.0022
	2008	0.0341	0.0037	0.0166	0.0220	0.0312	0.0022	0.0315	0.0326	0.0265	0.0152	0.0022
	2009	0.0344	0.0037	0.0168	0.0222	0.0315	0.0023	0.0318	0.0328	0.0267	0.0153	0.0023
	2010	0.0344	0.0037	0.0168	0.0222	0.0315	0.0023	0.0318	0.0329	0.0267	0.0153	0.0023
	2011	0.0348	0.0038	0.0170	0.0225	0.0319	0.0023	0.0322	0.0333	0.0271	0.0155	0.0023
	2012	0.0253	0.0027	0.0123	0.0163	0.0232	0.0017	0.0234	0.0242	0.0197	0.0113	0.0017
	2013	0.0271	0.0029	0.0132	0.0175	0.0248	0.0018	0.0250	0.0259	0.0211	0.0121	0.0018
	2014	0.0257	0.0028	0.0126	0.0166	0.0236	0.0017	0.0238	0.0246	0.0200	0.0115	0.0017
	2015	0.0293	0.0032	0.0143	0.0189	0.0269	0.0019	0.0271	0.0280	0.0228	0.0131	0.0019
	2016	0.0289	0.0031	0.0141	0.0187	0.0265	0.0019	0.0268	0.0276	0.0225	0.0129	0.0019
	2017	0.0303	0.0033	0.0148	0.0196	0.0278	0.0020	0.0280	0.0290	0.0236	0.0135	0.0020
	2018	0.0375	0.0041	0.0183	0.0242	0.0344	0.0025	0.0347	0.0358	0.0292	0.0167	0.0025
	2019	0.0375	0.0040	0.0183	0.0242	0.0343	0.0025	0.0347	0.0358	0.0291	0.0167	0.0025
	2020	0.0404	0.0044	0.0197	0.0261	0.0370	0.0027	0.0374	0.0386	0.0314	0.0180	0.0027
顺义区	2005	0.0268	0.0029	0.0130	0.0172	0.0245	0.0018	0.0247	0.0255	0.0208	0.0119	0.0018
	2006	0.0185	0.0020	0.0090	0.0119	0.0169	0.0012	0.0171	0.0176	0.0144	0.0082	0.0012
	2007	0.0197	0.0021	0.0096	0.0127	0.0180	0.0013	0.0182	0.0188	0.0153	0.0088	0.0013
	2008	0.0192	0.0021	0.0094	0.0124	0.0176	0.0013	0.0177	0.0183	0.0149	0.0086	0.0013
	2009	0.0197	0.0021	0.0096	0.0127	0.0180	0.0013	0.0182	0.0188	0.0153	0.0088	0.0013
	2010	0.0301	0.0033	0.0147	0.0194	0.0276	0.0020	0.0278	0.0287	0.0234	0.0134	0.0020
	2011	0.0209	0.0023	0.0102	0.0135	0.0191	0.0014	0.0193	0.0199	0.0162	0.0093	0.0014
	2012	0.0278	0.0030	0.0136	0.0179	0.0255	0.0018	0.0257	0.0265	0.0216	0.0124	0.0018
	2013	0.0226	0.0024	0.0110	0.0145	0.0206	0.0015	0.0209	0.0215	0.0175	0.0101	0.0015
	2014	0.0284	0.0031	0.0139	0.0183	0.0260	0.0019	0.0263	0.0272	0.0221	0.0127	0.0019

一级指标		财务维度—教育经费投入					客户维度			内部流程维度	学习与成长维度
城区	年份	A1	A2	A3	A4	A5	B5	B7	B8	B9	B11	B12
顺义区	2015	0.0350	0.0038	0.0171	0.0226	0.0321	0.0023	0.0324	0.0335	0.0272	0.0156	0.0023
	2016	0.0321	0.0035	0.0157	0.0207	0.0294	0.0021	0.0297	0.0307	0.0250	0.0143	0.0021
	2017	0.0313	0.0034	0.0153	0.0202	0.0287	0.0021	0.0290	0.0299	0.0243	0.0140	0.0021
	2018	0.0315	0.0034	0.0154	0.0203	0.0289	0.0021	0.0292	0.0301	0.0245	0.0141	0.0021
	2019	0.0320	0.0035	0.0156	0.0206	0.0293	0.0021	0.0296	0.0305	0.0249	0.0143	0.0021
	2020	0.0309	0.0033	0.0151	0.0199	0.0283	0.0020	0.0286	0.0295	0.0240	0.0138	0.0020
通州区	2005	0.0266	0.0029	0.0130	0.0171	0.0244	0.0018	0.0246	0.0254	0.0207	0.0119	0.0018
	2006	0.0321	0.0035	0.0156	0.0207	0.0294	0.0021	0.0297	0.0306	0.0249	0.0143	0.0021
	2007	0.0324	0.0035	0.0158	0.0209	0.0297	0.0021	0.0299	0.0309	0.0252	0.0144	0.0021
	2008	0.0320	0.0035	0.0156	0.0206	0.0293	0.0021	0.0296	0.0305	0.0249	0.0143	0.0021
	2009	0.0206	0.0022	0.0100	0.0133	0.0188	0.0014	0.0190	0.0196	0.0160	0.0092	0.0014
	2010	0.0218	0.0024	0.0106	0.0141	0.0200	0.0014	0.0202	0.0208	0.0170	0.0097	0.0014
	2011	0.0217	0.0023	0.0106	0.0140	0.0199	0.0014	0.0201	0.0208	0.0169	0.0097	0.0014
	2012	0.0237	0.0026	0.0116	0.0153	0.0217	0.0016	0.0219	0.0226	0.0184	0.0106	0.0016
	2013	0.0223	0.0024	0.0109	0.0144	0.0204	0.0015	0.0206	0.0213	0.0173	0.0099	0.0015
	2014	0.0244	0.0026	0.0119	0.0157	0.0223	0.0016	0.0225	0.0233	0.0189	0.0109	0.0016
	2015	0.0312	0.0034	0.0152	0.0201	0.0286	0.0021	0.0288	0.0298	0.0242	0.0139	0.0021
	2016	0.0275	0.0030	0.0134	0.0177	0.0252	0.0018	0.0254	0.0263	0.0214	0.0123	0.0018
	2017	0.0268	0.0029	0.0131	0.0173	0.0245	0.0018	0.0248	0.0256	0.0208	0.0120	0.0018
	2018	0.0276	0.0030	0.0134	0.0178	0.0252	0.0018	0.0255	0.0263	0.0214	0.0123	0.0018
	2019	0.0296	0.0032	0.0144	0.0191	0.0271	0.0019	0.0274	0.0283	0.0230	0.0132	0.0019
	2020	0.0312	0.0034	0.0152	0.0201	0.0285	0.0021	0.0288	0.0298	0.0242	0.0139	0.0021
东城区	2005	0.0345	0.0037	0.0168	0.0223	0.0316	0.0023	0.0319	0.0330	0.0268	0.0154	0.0023
	2006	0.0290	0.0031	0.0141	0.0187	0.0265	0.0019	0.0268	0.0277	0.0225	0.0129	0.0019
	2007	0.0295	0.0032	0.0144	0.0190	0.0270	0.0019	0.0273	0.0282	0.0229	0.0132	0.0019
	2008	0.0303	0.0033	0.0148	0.0196	0.0278	0.0020	0.0280	0.0290	0.0236	0.0135	0.0020
	2009	0.0306	0.0033	0.0149	0.0197	0.0280	0.0020	0.0283	0.0292	0.0238	0.0136	0.0020
	2010	0.0358	0.0039	0.0174	0.0231	0.0328	0.0024	0.0331	0.0342	0.0278	0.0160	0.0024
	2011	0.0369	0.0040	0.0180	0.0238	0.0338	0.0024	0.0341	0.0352	0.0287	0.0165	0.0024
	2012	0.0391	0.0042	0.0190	0.0252	0.0358	0.0026	0.0361	0.0373	0.0303	0.0174	0.0026

一级指标		财务维度—教育经费投入					客户维度				内部流程维度	学习与成长维度
城区	年份	A1	A2	A3	A4	A5	B5	B7	B8	B9	B11	B12
东城区	2013	0.0376	0.0041	0.0183	0.0242	0.0344	0.0025	0.0348	0.0359	0.0292	0.0168	0.0025
	2014	0.0237	0.0026	0.0116	0.0153	0.0217	0.0016	0.0219	0.0226	0.0184	0.0106	0.0016
	2015	0.0420	0.0045	0.0205	0.0271	0.0385	0.0028	0.0389	0.0401	0.0327	0.0187	0.0028
	2016	0.0407	0.0044	0.0198	0.0262	0.0372	0.0027	0.0376	0.0388	0.0316	0.0181	0.0027
	2017	0.0446	0.0048	0.0218	0.0288	0.0409	0.0029	0.0413	0.0426	0.0347	0.0199	0.0029
	2018	0.0315	0.0034	0.0154	0.0203	0.0288	0.0021	0.0291	0.0301	0.0245	0.0140	0.0021
	2019	0.0342	0.0037	0.0167	0.0221	0.0313	0.0023	0.0316	0.0327	0.0266	0.0153	0.0023
	2020	0.0370	0.0040	0.0180	0.0239	0.0339	0.0024	0.0342	0.0353	0.0288	0.0165	0.0024
密云区	2005	0.0133	0.0014	0.0065	0.0086	0.0122	0.0009	0.0123	0.0127	0.0103	0.0059	0.0009
	2006	0.0168	0.0018	0.0082	0.0108	0.0154	0.0011	0.0155	0.0160	0.0130	0.0075	0.0011
	2007	0.0168	0.0018	0.0082	0.0108	0.0153	0.0011	0.0155	0.0160	0.0130	0.0075	0.0011
	2008	0.0161	0.0017	0.0079	0.0104	0.0148	0.0011	0.0149	0.0154	0.0125	0.0072	0.0011
	2009	0.0167	0.0018	0.0081	0.0108	0.0153	0.0011	0.0154	0.0159	0.0130	0.0074	0.0011
	2010	0.0196	0.0021	0.0095	0.0126	0.0179	0.0013	0.0181	0.0187	0.0152	0.0087	0.0013
	2011	0.0189	0.0020	0.0092	0.0122	0.0173	0.0012	0.0175	0.0180	0.0147	0.0084	0.0012
	2012	0.0212	0.0023	0.0104	0.0137	0.0194	0.0014	0.0196	0.0203	0.0165	0.0095	0.0014
	2013	0.0197	0.0021	0.0096	0.0127	0.0180	0.0013	0.0182	0.0188	0.0153	0.0088	0.0013
	2014	0.0223	0.0024	0.0109	0.0144	0.0204	0.0015	0.0206	0.0213	0.0174	0.0100	0.0015
	2015	0.0284	0.0031	0.0139	0.0183	0.0260	0.0019	0.0263	0.0272	0.0221	0.0127	0.0019
	2016	0.0292	0.0032	0.0142	0.0188	0.0267	0.0019	0.0270	0.0279	0.0227	0.0130	0.0019
	2017	0.0314	0.0034	0.0153	0.0202	0.0287	0.0021	0.0290	0.0300	0.0244	0.0140	0.0021
	2018	0.0307	0.0033	0.0150	0.0198	0.0281	0.0020	0.0284	0.0293	0.0238	0.0137	0.0020
	2019	0.0355	0.0038	0.0173	0.0229	0.0325	0.0023	0.0328	0.0339	0.0276	0.0158	0.0023
	2020	0.0353	0.0038	0.0172	0.0227	0.0323	0.0023	0.0326	0.0337	0.0274	0.0157	0.0023
西城区	2005	0.0663	0.0072	0.0323	0.0428	0.0607	0.0044	0.0613	0.0633	0.0515	0.0296	0.0044
	2006	0.0638	0.0069	0.0311	0.0411	0.0584	0.0042	0.0590	0.0609	0.0496	0.0285	0.0042
	2007	0.0697	0.0075	0.0340	0.0449	0.0638	0.0046	0.0645	0.0665	0.0542	0.0311	0.0046
	2008	0.0658	0.0071	0.0321	0.0425	0.0603	0.0043	0.0609	0.0629	0.0512	0.0294	0.0043
	2009	0.0705	0.0076	0.0344	0.0455	0.0646	0.0046	0.0652	0.0673	0.0548	0.0315	0.0046
	2010	0.0870	0.0094	0.0424	0.0561	0.0796	0.0057	0.0804	0.0830	0.0676	0.0388	0.0057

一级指标		财务维度—教育经费投入					客户维度				内部流程维度	学习与成长维度
城区	年份	A1	A2	A3	A4	A5	B5	B7	B8	B9	B11	B12
西城区	2011	0.0777	0.0084	0.0379	0.0501	0.0711	0.0051	0.0718	0.0742	0.0604	0.0346	0.0051
	2012	0.0830	0.0090	0.0405	0.0535	0.0760	0.0055	0.0768	0.0793	0.0645	0.0370	0.0055
	2013	0.0819	0.0088	0.0399	0.0528	0.0750	0.0054	0.0757	0.0782	0.0636	0.0365	0.0054
	2014	0.0790	0.0085	0.0385	0.0509	0.0723	0.0052	0.0730	0.0754	0.0614	0.0352	0.0052
	2015	0.0687	0.0074	0.0335	0.0443	0.0629	0.0045	0.0635	0.0656	0.0534	0.0307	0.0045
	2016	0.0784	0.0085	0.0382	0.0506	0.0718	0.0052	0.0725	0.0749	0.0609	0.0350	0.0052
	2017	0.0776	0.0084	0.0378	0.0500	0.0710	0.0051	0.0717	0.0741	0.0603	0.0346	0.0051
	2018	0.0739	0.0080	0.0360	0.0476	0.0676	0.0049	0.0683	0.0705	0.0574	0.0329	0.0049
	2019	0.0832	0.0090	0.0406	0.0536	0.0762	0.0055	0.0769	0.0794	0.0647	0.0371	0.0055
	2020	0.0879	0.0095	0.0428	0.0566	0.0804	0.0058	0.0812	0.0839	0.0683	0.0392	0.0058
延庆区	2005	0.0296	0.0032	0.0144	0.0191	0.0271	0.0019	0.0273	0.0282	0.0230	0.0132	0.0019
	2006	0.0329	0.0036	0.0160	0.0212	0.0301	0.0022	0.0304	0.0314	0.0256	0.0147	0.0022
	2007	0.0208	0.0022	0.0102	0.0134	0.0191	0.0014	0.0193	0.0199	0.0162	0.0093	0.0014
	2008	0.0240	0.0026	0.0117	0.0155	0.0219	0.0016	0.0222	0.0229	0.0186	0.0107	0.0016
	2009	0.0238	0.0026	0.0116	0.0153	0.0218	0.0016	0.0220	0.0227	0.0185	0.0106	0.0016
	2010	0.0263	0.0028	0.0128	0.0169	0.0241	0.0017	0.0243	0.0251	0.0204	0.0117	0.0017
	2011	0.0247	0.0027	0.0120	0.0159	0.0226	0.0016	0.0228	0.0235	0.0192	0.0110	0.0016
	2012	0.0262	0.0028	0.0127	0.0169	0.0239	0.0017	0.0242	0.0250	0.0203	0.0117	0.0017
	2013	0.0263	0.0028	0.0128	0.0170	0.0241	0.0017	0.0244	0.0251	0.0205	0.0117	0.0017
	2014	0.0259	0.0028	0.0126	0.0167	0.0237	0.0017	0.0239	0.0247	0.0201	0.0115	0.0017
	2015	0.0299	0.0032	0.0146	0.0193	0.0274	0.0020	0.0277	0.0286	0.0233	0.0134	0.0020
	2016	0.0308	0.0033	0.0150	0.0198	0.0282	0.0020	0.0285	0.0294	0.0239	0.0137	0.0020
	2017	0.0380	0.0041	0.0185	0.0245	0.0348	0.0025	0.0352	0.0363	0.0295	0.0170	0.0025
	2018	0.0318	0.0034	0.0155	0.0205	0.0291	0.0021	0.0294	0.0303	0.0247	0.0142	0.0021
	2019	0.0321	0.0035	0.0156	0.0207	0.0294	0.0021	0.0297	0.0306	0.0249	0.0143	0.0021
	2020	0.0320	0.0035	0.0156	0.0206	0.0293	0.0021	0.0296	0.0305	0.0249	0.0143	0.0021

附表4 北京市各年各区教育经费绩效一级指标综合得分情况

城区	年份	综合得分	财务维度—— 教育经费投入	客户维度	内部流程维度	学习与成长维度
昌平区	2005	0.2026	0.1001	0.0863	0.0141	0.0021
	2006	0.1542	0.0762	0.0657	0.0108	0.0016
	2007	0.2328	0.1150	0.0992	0.0162	0.0024
	2008	0.1639	0.0809	0.0698	0.0114	0.0017
	2009	0.1540	0.0761	0.0656	0.0108	0.0016
	2010	0.1551	0.0766	0.0661	0.0108	0.0016
	2011	0.1719	0.0849	0.0732	0.0120	0.0018
	2012	0.1949	0.0963	0.0830	0.0136	0.0020
	2013	0.2087	0.1031	0.0889	0.0146	0.0021
	2014	0.2177	0.1075	0.0927	0.0152	0.0022
	2015	0.2631	0.1299	0.1121	0.0184	0.0027
	2016	0.2597	0.1283	0.1106	0.0181	0.0027
	2017	0.2711	0.1339	0.1155	0.0189	0.0028
	2018	0.2855	0.1410	0.1216	0.0199	0.0029
	2019	0.3159	0.1560	0.1346	0.0221	0.0033
	2020	0.3457	0.1707	0.1473	0.0241	0.0036
朝阳区	2005	0.3191	0.1576	0.1359	0.0223	0.0033
	2006	0.2727	0.1347	0.1162	0.0190	0.0028
	2007	0.3222	0.1591	0.1372	0.0225	0.0033
	2008	0.3259	0.1610	0.1388	0.0227	0.0034
	2009	0.3294	0.1627	0.1403	0.0230	0.0034

续表

城区	年份	综合得分	财务维度—教育经费投入	客户维度	内部流程维度	学习与成长维度
朝阳区	2010	0.3435	0.1696	0.1463	0.0240	0.0035
	2011	0.3788	0.1871	0.1613	0.0264	0.0039
	2012	0.4192	0.2071	0.1786	0.0293	0.0043
	2013	0.4500	0.2223	0.1917	0.0314	0.0046
	2014	0.4684	0.2314	0.1995	0.0327	0.0048
	2015	0.4691	0.2317	0.1998	0.0327	0.0048
	2016	0.4827	0.2384	0.2056	0.0337	0.0050
	2017	0.5145	0.2541	0.2192	0.0359	0.0053
	2018	0.5158	0.2547	0.2197	0.0360	0.0053
	2019	0.5641	0.2786	0.2403	0.0394	0.0058
	2020	0.5535	0.2734	0.2358	0.0386	0.0057
大兴区	2005	0.2315	0.1144	0.0986	0.0162	0.0024
	2006	0.1884	0.0930	0.0802	0.0131	0.0019
	2007	0.2594	0.1281	0.1105	0.0181	0.0027
	2008	0.1860	0.0919	0.0793	0.0130	0.0019
	2009	0.1933	0.0955	0.0823	0.0135	0.0020
	2010	0.1880	0.0928	0.0801	0.0131	0.0019
	2011	0.2107	0.1041	0.0898	0.0147	0.0022
	2012	0.2257	0.1115	0.0962	0.0158	0.0023
	2013	0.2471	0.1221	0.1053	0.0173	0.0025
	2014	0.2459	0.1214	0.1047	0.0172	0.0025
	2015	0.2531	0.1250	0.1078	0.0177	0.0026
	2016	0.2562	0.1265	0.1091	0.0179	0.0026
	2017	0.2866	0.1416	0.1221	0.0200	0.0030
	2018	0.2906	0.1436	0.1238	0.0203	0.0030
	2019	0.3113	0.1538	0.1326	0.0217	0.0032
	2020	0.3327	0.1643	0.1417	0.0232	0.0034
房山区	2005	0.2905	0.1435	0.1238	0.0203	0.0030
	2006	0.2522	0.1246	0.1075	0.0176	0.0026
	2007	0.2578	0.1273	0.1098	0.0180	0.0027

城区	年份	综合得分	财务维度—教育经费投入	客户维度	内部流程维度	学习与成长维度
房山区	2008	0.2907	0.1436	0.1238	0.0203	0.0030
	2009	0.2834	0.1400	0.1207	0.0198	0.0029
	2010	0.2799	0.1382	0.1192	0.0195	0.0029
	2011	0.2886	0.1425	0.1229	0.0201	0.0030
	2012	0.2925	0.1445	0.1246	0.0204	0.0030
	2013	0.2923	0.1444	0.1245	0.0204	0.0030
	2014	0.2874	0.1420	0.1224	0.0201	0.0030
	2015	0.3004	0.1483	0.1280	0.0210	0.0031
	2016	0.3077	0.1520	0.1311	0.0215	0.0032
	2017	0.3527	0.1742	0.1502	0.0246	0.0036
	2018	0.3431	0.1694	0.1461	0.0239	0.0035
	2019	0.3600	0.1778	0.1533	0.0251	0.0037
	2020	0.3637	0.1797	0.1550	0.0254	0.0037
丰台区	2005	0.2876	0.1421	0.1225	0.0201	0.0030
	2006	0.2931	0.1448	0.1249	0.0205	0.0030
	2007	0.3123	0.1543	0.1331	0.0218	0.0032
	2008	0.3065	0.1514	0.1306	0.0214	0.0032
	2009	0.2277	0.1124	0.0970	0.0159	0.0023
	2010	0.2355	0.1163	0.1003	0.0164	0.0024
	2011	0.2230	0.1101	0.0950	0.0156	0.0023
	2012	0.2457	0.1213	0.1047	0.0171	0.0025
	2013	0.2372	0.1171	0.1010	0.0166	0.0024
	2014	0.2449	0.1209	0.1043	0.0171	0.0025
	2015	0.2765	0.1365	0.1178	0.0193	0.0028
	2016	0.2743	0.1355	0.1169	0.0191	0.0028
	2017	0.2707	0.1337	0.1153	0.0189	0.0028
	2018	0.3118	0.1540	0.1328	0.0218	0.0032
	2019	0.3524	0.1740	0.1501	0.0246	0.0036
	2020	0.3504	0.1731	0.1493	0.0245	0.0036
海淀区	2005	0.2916	0.1440	0.1242	0.0204	0.0030
	2006	0.2346	0.1159	0.0999	0.0164	0.0024

续表

城区	年份	综合得分	财务维度—教育经费投入	客户维度	内部流程维度	学习与成长维度
海淀区	2007	0.2420	0.1195	0.1031	0.0169	0.0025
	2008	0.2424	0.1197	0.1033	0.0169	0.0025
	2009	0.2272	0.1122	0.0968	0.0159	0.0023
	2010	0.2307	0.1139	0.0983	0.0161	0.0024
	2011	0.2245	0.1109	0.0956	0.0157	0.0023
	2012	0.2666	0.1317	0.1136	0.0186	0.0027
	2013	0.2650	0.1309	0.1129	0.0185	0.0027
	2014	0.2767	0.1367	0.1179	0.0193	0.0029
	2015	0.3021	0.1492	0.1287	0.0211	0.0031
	2016	0.2526	0.1248	0.1076	0.0176	0.0026
	2017	0.2744	0.1355	0.1169	0.0192	0.0028
	2018	0.2993	0.1478	0.1275	0.0209	0.0031
	2019	0.2853	0.1409	0.1215	0.0199	0.0029
	2020	0.2856	0.1410	0.1216	0.0199	0.0029
怀柔区	2005	0.2434	0.1202	0.1037	0.0170	0.0025
	2006	0.2702	0.1335	0.1151	0.0189	0.0028
	2007	0.3110	0.1536	0.1325	0.0217	0.0032
	2008	0.3224	0.1592	0.1373	0.0225	0.0033
	2009	0.3221	0.1591	0.1372	0.0225	0.0033
	2010	0.3431	0.1695	0.1462	0.0239	0.0035
	2011	0.3521	0.1739	0.1500	0.0246	0.0036
	2012	0.3790	0.1872	0.1614	0.0265	0.0039
	2013	0.4142	0.2045	0.1764	0.0289	0.0043
	2014	0.4120	0.2035	0.1755	0.0288	0.0042
	2015	0.4497	0.2221	0.1916	0.0314	0.0046
	2016	0.4482	0.2214	0.1909	0.0313	0.0046
	2017	0.4533	0.2239	0.1931	0.0316	0.0047
	2018	0.4713	0.2328	0.2008	0.0329	0.0049
	2019	0.4897	0.2418	0.2086	0.0342	0.0050
	2020	0.4999	0.2469	0.2130	0.0349	0.0051

续表

城区	年份	综合得分	财务维度—教育经费投入	客户维度	内部流程维度	学习与成长维度
门头沟区	2005	0.3349	0.1654	0.1427	0.0234	0.0034
	2006	0.3399	0.1679	0.1448	0.0237	0.0035
	2007	0.3870	0.1911	0.1649	0.0270	0.0040
	2008	0.4152	0.2051	0.1769	0.0290	0.0043
	2009	0.4079	0.2014	0.1737	0.0285	0.0042
	2010	0.4178	0.2064	0.1780	0.0292	0.0043
	2011	0.4465	0.2205	0.1902	0.0312	0.0046
	2012	0.4631	0.2287	0.1973	0.0323	0.0048
	2013	0.4794	0.2368	0.2042	0.0335	0.0049
	2014	0.4991	0.2465	0.2126	0.0348	0.0051
	2015	0.5106	0.2522	0.2175	0.0356	0.0053
	2016	0.5037	0.2488	0.2146	0.0352	0.0052
	2017	0.5334	0.2634	0.2272	0.0372	0.0055
	2018	0.5490	0.2712	0.2339	0.0383	0.0057
	2019	0.5751	0.2840	0.2450	0.0401	0.0059
	2020	0.6021	0.2974	0.2565	0.0420	0.0062
平谷区	2005	0.1545	0.0763	0.0658	0.0108	0.0016
	2006	0.1694	0.0837	0.0722	0.0118	0.0017
	2007	0.1765	0.0872	0.0752	0.0123	0.0018
	2008	0.1105	0.0546	0.0471	0.0077	0.0011
	2009	0.1039	0.0513	0.0443	0.0073	0.0011
	2010	0.1120	0.0553	0.0477	0.0078	0.0012
	2011	0.1239	0.0612	0.0528	0.0087	0.0013
	2012	0.1259	0.0622	0.0536	0.0088	0.0013
	2013	0.1338	0.0661	0.0570	0.0093	0.0014
	2014	0.1214	0.0600	0.0517	0.0085	0.0013
	2015	0.1526	0.0753	0.0650	0.0106	0.0016
	2016	0.1540	0.0760	0.0656	0.0107	0.0016
	2017	0.1615	0.0798	0.0688	0.0113	0.0017
	2018	0.1494	0.0738	0.0636	0.0104	0.0015
	2019	0.1743	0.0861	0.0743	0.0122	0.0018

城区	年份	综合得分	财务维度—教育经费投入	客户维度	内部流程维度	学习与成长维度
平谷区	2020	0.1669	0.0824	0.0711	0.0116	0.0017
石景山区	2005	0.1972	0.0974	0.0840	0.0138	0.0020
	2006	0.2083	0.1029	0.0887	0.0145	0.0021
	2007	0.2140	0.1057	0.0912	0.0149	0.0022
	2008	0.2180	0.1077	0.0929	0.0152	0.0022
	2009	0.2198	0.1086	0.0937	0.0153	0.0023
	2010	0.2199	0.1086	0.0937	0.0153	0.0023
	2011	0.2226	0.1099	0.0948	0.0155	0.0023
	2012	0.1618	0.0799	0.0689	0.0113	0.0017
	2013	0.1731	0.0855	0.0737	0.0121	0.0018
	2014	0.1645	0.0813	0.0701	0.0115	0.0017
	2015	0.1874	0.0926	0.0798	0.0131	0.0019
	2016	0.1849	0.0913	0.0788	0.0129	0.0019
	2017	0.1938	0.0957	0.0826	0.0135	0.0020
	2018	0.2398	0.1184	0.1022	0.0167	0.0025
	2019	0.2395	0.1183	0.1020	0.0167	0.0025
	2020	0.2583	0.1276	0.1100	0.0180	0.0027
顺义区	2005	0.1710	0.0844	0.0728	0.0119	0.0018
	2006	0.1181	0.0583	0.0503	0.0082	0.0012
	2007	0.1259	0.0622	0.0536	0.0088	0.0013
	2008	0.1226	0.0605	0.0522	0.0086	0.0013
	2009	0.1260	0.0622	0.0537	0.0088	0.0013
	2010	0.1923	0.0950	0.0819	0.0134	0.0020
	2011	0.1334	0.0659	0.0568	0.0093	0.0014
	2012	0.1776	0.0877	0.0757	0.0124	0.0018
	2013	0.1441	0.0712	0.0614	0.0101	0.0015
	2014	0.1818	0.0898	0.0774	0.0127	0.0019
	2015	0.2239	0.1106	0.0954	0.0156	0.0023
	2016	0.2053	0.1014	0.0874	0.0143	0.0021
	2017	0.2002	0.0989	0.0853	0.0140	0.0021
	2018	0.2015	0.0995	0.0859	0.0141	0.0021

续表

城区	年份	综合得分	财务维度—教育经费投入	客户维度	内部流程维度	学习与成长维度
顺义区	2019	0.2045	0.1010	0.0871	0.0143	0.0021
	2020	0.1973	0.0975	0.0841	0.0138	0.0020
通州区	2005	0.1700	0.0839	0.0724	0.0119	0.0018
	2006	0.2049	0.1012	0.0873	0.0143	0.0021
	2007	0.2069	0.1022	0.0881	0.0144	0.0021
	2008	0.2044	0.1009	0.0871	0.0143	0.0021
	2009	0.1315	0.0649	0.0560	0.0092	0.0014
	2010	0.1395	0.0689	0.0594	0.0097	0.0014
	2011	0.1390	0.0686	0.0592	0.0097	0.0014
	2012	0.1516	0.0749	0.0646	0.0106	0.0016
	2013	0.1425	0.0704	0.0607	0.0099	0.0015
	2014	0.1556	0.0769	0.0663	0.0109	0.0016
	2015	0.1993	0.0984	0.0849	0.0139	0.0021
	2016	0.1758	0.0868	0.0749	0.0123	0.0018
	2017	0.1713	0.0846	0.0730	0.0120	0.0018
	2018	0.1762	0.0870	0.0750	0.0123	0.0018
	2019	0.1891	0.0934	0.0806	0.0132	0.0019
	2020	0.1992	0.0984	0.0848	0.0139	0.0021
东城区	2005	0.2208	0.1090	0.0940	0.0154	0.0023
	2006	0.1853	0.0915	0.0789	0.0129	0.0019
	2007	0.1885	0.0931	0.0803	0.0132	0.0019
	2008	0.1938	0.0957	0.0826	0.0135	0.0020
	2009	0.1954	0.0965	0.0832	0.0136	0.0020
	2010	0.2286	0.1129	0.0974	0.0160	0.0024
	2011	0.2358	0.1165	0.1004	0.0165	0.0024
	2012	0.2496	0.1233	0.1063	0.0174	0.0026
	2013	0.2403	0.1187	0.1023	0.0168	0.0025
	2014	0.1515	0.0748	0.0646	0.0106	0.0016
	2015	0.2685	0.1326	0.1144	0.0187	0.0028
	2016	0.2599	0.1284	0.1107	0.0181	0.0027
	2017	0.2851	0.1408	0.1214	0.0199	0.0029

城区	年份	综合得分	财务维度——教育经费投入	客户维度	内部流程维度	学习与成长维度
东城区	2018	0.2013	0.0994	0.0857	0.0140	0.0021
	2019	0.2187	0.1080	0.0932	0.0153	0.0023
	2020	0.2365	0.1168	0.1007	0.0165	0.0024
密云区	2005	0.0849	0.0419	0.0362	0.0059	0.0009
	2006	0.1073	0.0530	0.0457	0.0075	0.0011
	2007	0.1071	0.0529	0.0456	0.0075	0.0011
	2008	0.1031	0.0509	0.0439	0.0072	0.0011
	2009	0.1067	0.0527	0.0454	0.0074	0.0011
	2010	0.1250	0.0617	0.0532	0.0087	0.0013
	2011	0.1207	0.0596	0.0514	0.0084	0.0012
	2012	0.1357	0.0670	0.0578	0.0095	0.0014
	2013	0.1258	0.0621	0.0536	0.0088	0.0013
	2014	0.1427	0.0705	0.0608	0.0100	0.0015
	2015	0.1818	0.0898	0.0774	0.0127	0.0019
	2016	0.1865	0.0921	0.0794	0.0130	0.0019
	2017	0.2005	0.0990	0.0854	0.0140	0.0021
	2018	0.1961	0.0968	0.0835	0.0137	0.0020
	2019	0.2269	0.1121	0.0966	0.0158	0.0023
	2020	0.2253	0.1113	0.0960	0.0157	0.0023
西城区	2005	0.4239	0.2094	0.1806	0.0296	0.0044
	2006	0.4078	0.2014	0.1737	0.0285	0.0042
	2007	0.4454	0.2200	0.1897	0.0311	0.0046
	2008	0.4207	0.2078	0.1792	0.0294	0.0043
	2009	0.4506	0.2225	0.1919	0.0315	0.0046
	2010	0.5557	0.2745	0.2367	0.0388	0.0057
	2011	0.4963	0.2451	0.2114	0.0346	0.0051
	2012	0.5306	0.2621	0.2260	0.0370	0.0055
	2013	0.5234	0.2585	0.2230	0.0365	0.0054
	2014	0.5048	0.2493	0.2150	0.0352	0.0052
	2015	0.4392	0.2169	0.1871	0.0307	0.0045
	2016	0.5011	0.2475	0.2134	0.0350	0.0052

续表

城区	年份	综合得分	财务维度—教育经费投入	客户维度	内部流程维度	学习与成长维度
西城区	2017	0.4957	0.2448	0.2112	0.0346	0.0051
	2018	0.4720	0.2331	0.2011	0.0329	0.0049
	2019	0.5317	0.2626	0.2265	0.0371	0.0055
	2020	0.5614	0.2773	0.2392	0.0392	0.0058
延庆区	2005	0.1889	0.0933	0.0805	0.0132	0.0019
	2006	0.2103	0.1039	0.0896	0.0147	0.0022
	2007	0.1331	0.0657	0.0567	0.0093	0.0014
	2008	0.1532	0.0756	0.0652	0.0107	0.0016
	2009	0.1519	0.0750	0.0647	0.0106	0.0016
	2010	0.1679	0.0829	0.0715	0.0117	0.0017
	2011	0.1576	0.0778	0.0671	0.0110	0.0016
	2012	0.1671	0.0825	0.0712	0.0117	0.0017
	2013	0.1683	0.0831	0.0717	0.0117	0.0017
	2014	0.1654	0.0817	0.0705	0.0115	0.0017
	2015	0.1913	0.0945	0.0815	0.0134	0.0020
	2016	0.1967	0.0971	0.0838	0.0137	0.0020
	2017	0.2430	0.1200	0.1035	0.0170	0.0025
	2018	0.2031	0.1003	0.0865	0.0142	0.0021
	2019	0.2049	0.1012	0.0873	0.0143	0.0021
	2020	0.2044	0.1010	0.0871	0.0143	0.0021